DIEDERICHS MÄRCHEN DER WELTLITERATUR

*Begründet von Friedrich von der Leyen*
*Herausgegeben von Hans-Jörg Uther*

# PORTUGIESISCHE MÄRCHEN

*Herausgegeben von*
*Harri Meier und*
*Dieter Woll*

rororo

ROWOHLT

*Veröffentlicht im Rowohlt Taschenbuch Verlag GmbH,*
*Reinbek bei Hamburg, Mai 1992*

*Umschlaggestaltung Hanke / Lembke / Rothfos*
*(Illustration: Britta Lembke)*
*Gesetzt aus der Bembo (Linotronic 500)*
*Gesamtherstellung Clausen & Bosse, Leck*
*Printed in Germany*
*1290-ISBN 3 499 35071 8*

# PORTUGIESISCHES FESTLAND

1

## *Die Tochter des Maurenkönigs*

*Ein Maurenkönig hatte zwei Töchter.* Die jüngste wollte die christliche Religion lernen und traf sich im verborgenen mit dem Kammerdiener, der sie unterrichtete. Als die ältere sie eines Tages aus dem Zimmer des Kammerdieners kommen sah, sagte sie zu ihr: «Wart nur, Schwester, der Vater wird noch alles erfahren.»

«O weh, Mädchen», sagte der Kammerdiener, «wenn der König erfährt, daß Ihr von mir das Beten lernt, sind wir verloren.»

«Hab keine Angst; steh morgen ganz früh auf, sattle zwei Pferde, und dann reiten wir in deine Heimat.»

So tat er. Sie füllte drei Säcke, einen mit Asche, einen mit Salz und einen mit Kohlen, und sie ritten beide in die Welt hinaus. Als der König von der Flucht erfuhr, sandte er seine Truppen aus, um den Kammerdiener und die Tochter ergreifen zu lassen. Sie sollten die beiden töten, wo immer sie sie träfen. Die Reiterei ritt mit gesenktem Zügel davon und hatte sie schon beinahe erreicht, als der Kammerdiener hinter sich blickte und rief: «O weh, Mädchen! Wir sind verloren.»

«Hab keine Angst.» Und das Mädchen schüttete den Sack mit Asche aus, und es entstand sofort ein so dichter Nebel, daß die Truppen keinen Schritt mehr vorwärts tun konnten. Und sie kehrten zum König zurück und sagten:

«Es ist ein so großer Nebel entstanden,
Daß weder Weg noch Steg wir fanden.»

Der König ließ sie erneut ausrücken, und sie sollten ihm die Prinzessin und den Kammerdiener gefangen herbringen.

«O weh, Mädchen, wir sind verloren!» sagte der Kammerdiener, als er die Reiterei sah, wie die sie beinahe einholte.

«Hab keine Angst.» Und sie schüttete den Sack mit Salz aus, und es entstand sofort ein großes Meer, über das die Soldaten nicht hinwegkonnten.

Sie kehrten wieder um und sagten zum König:

«Wir sind, Herr, bis an ein Meer geritten,
Das hat unsren Pferden den Weg abgeschnitten.»

Der König gab erneut den Befehl, sie sollten die Tochter und den Kammerdiener ergreifen.

«O weh, Mädchen! Wir sind verloren.»

«Hab keine Angst.»

Und sie schüttete den Sack mit Kohle aus, und sofort wurde es finstere Nacht mit Gewitterrollen und Blitzen. Die Truppen kehrten um und sagten zum König:

«Wir mußten, Herr König, von dannen uns trollen
Vor soviel Blitzen und Donnerrollen.»

Der Kammerdiener war schon in die Nähe seiner Heimat gelangt, und die Prinzessin sagte zu ihm:

«Ich hab dich vom Tode errettet, aber wenn du jetzt in deine Heimat kommst, wirst du dich nicht mehr an mich erinnern.» So geschah es. Sie legte voller Trauer Witwenkleidung an und machte einen Gasthof auf, um leben zu können. Der Kammerdiener lud drei Freunde ein und sagte zu ihnen:

«Wir wollen einer nach dem anderen in diesem Gasthof übernachten.»

Der erste ging los und sagte, er wolle die Nacht über dort bleiben. Die Besitzerin des Gasthofs war einverstanden, und er war sehr froh darüber. Als er auf das Zimmer ging, begann er sich auszuziehen und wieder anzuziehen, sich auszuziehen und wieder anzuziehen, und so fort, bis es Morgen wurde und er ganz ermüdet war. Sobald es Tag wurde, sagte die Wirtin, die alles vom oberen Stockwerk aus beobachtet hatte, er solle sich schleunigst davonmachen, denn er habe ihr Haus lächerlich gemacht. Nun kam der zweite, und er bat ebenfalls, übernachten zu dürfen. Er verbrachte die ganze Nacht damit, sein Hemd auszuziehen und wieder anzuziehen, ohne aufhören zu können. Am Morgen wurde er mit der gleichen Grobheit auf die Straße gesetzt. Da kam der dritte. Er bat darum, übernachten zu dürfen, und sie willigte ein. Als er sich schlafen legen wollte, sagte er, er habe großen Durst.

«Nun, dann geht in den Garten und schöpft Wasser aus dem Brunnen.»

Die ganze Nacht drehte der arme Mann das Schöpfwerk, und erst als es Tag war, erschien die Wirtin, ließ ihn anhalten und setzte ihn auf die Straße, weil er ihr Haus lächerlich gemacht habe. Da kam der vierte Freund an, und auch er bat darum, übernachten zu dürfen. Er war sehr froh, als ihm das gestattet wurde, denn die anderen hatten immer Stillschweigen über das gewahrt, was ihnen widerfahren war. Als die Wirtin schon im Bett lag, sagte er: «O je, ich hab vergessen, die Haustür zuzumachen.»

Und die ganze Nacht über ging der Gast hin und her, um die Haustür zuzumachen, bis er am Morgen erschöpft war und die Wirtin ihn hinaussetzte, weil er ihr die Tür kaputtmachen wollte. Die vier Freunde kamen zusammen und erzählten sich gegenseitig, was vorgefallen war. Aber selbst jetzt erinnerte sich der Kammerdiener, der einer von ihnen war, ganz und gar nicht an die Geliebte, die er so undankbar im Stich gelassen hatte. Als er nun drauf und dran war, in seinem Heimatort zu heiraten, mußte er, wie es üblich war, drei Tage vor der Hochzeit für seine Nachbarn ein Essen geben. Also lud er auch die verwitwete Wirtin ein. Sie kam, und als alle zu Tisch saßen, sollte jeder seine Geschichte erzählen.

«Frau Wirtin, trotz Ihres Kummers müssen auch Sie Ihre Geschichte erzählen.»

Die Wirtin bat, man solle ihr zwei Schüsselchen bringen. Sie schlug sie gegeneinander, und es erschienen ein Täuberich und eine Taube. Und die Taube sagte:

«Erinnerst du dich nicht daran, wie du mich hinter dem Rücken meines Vaters das Beten gelehrt hast?»

Da sagte der Täuberich:

«O ja.»

«Und erinnerst du dich nicht, wie meine Schwester sagte, sie werde alles unserem Vater erzählen, und du ausriefst: ‹O weh, wir sind verloren›?»

Und so fragte sie weiter, und der Täuberich antwortete auf alles, was sich mit der Tochter des Maurenkönigs zugetragen hatte. Erst nach langem Fragen begannen die Gäste auf die Dinge aufmerksam zu werden, die sich mit den vier Freunden zugetragen hatten, und der Kammerdiener erkannte seine Undankbarkeit. «Königliche Herrin, dieser Pflichtvergessene bin ich, und hiermit hebe ich sofort diese Heirat auf, um die zur Frau zu nehmen, die um meinetwillen Vater und Mutter und ihre Heimat verlassen hat.»

## 2

## *Der Affe und sein Schwanz*

*Es war einmal ein Affe,* der war so häßlich, daß die Jungen sagten, wenn sie ihn auf der Straße sahen:

«Ist der häßlich! Wenn er sich den Schwanz abschneiden ließe, würde er sicher besser aussehen.»

Der Affe war es leid, immer diesen Spott zu hören. Er ging zum Barbier und sagte zu ihm:

«Herr Barbier, schneiden Sie mir den Schwanz ab.»

Und der Barbier schnitt ihm den Schwanz ab. Als er sich nun so ohne Schwanz zeigte, da brachen die Jungen in Hohngelächter aus und sagten zu ihm:

«Mit dem Schwanz warst du schon häßlich, aber jetzt bist du noch häßlicher.»

Der Affe ärgerte sich, ging wieder zum Barbier und verlangte von ihm, er solle ihm den Schwanz wieder ankleben. Der sagte, den Schwanz wieder ankleben, das könne er nicht. Da nahm ihm der Affe aus Rache ein Rasiermesser weg und verschwand.

Am Fluß traf er eine Frau, die war dabei, Sardinen auszunehmen, und er sagte zu ihr:

«Nimm dies Rasiermesser hier, mit dem kannst du den Fisch besser ausnehmen.»

Die Frau dankte ihm und behielt das Messer. Als er kurz darauf eine Rute abschneiden wollte, sagte der Affe bei sich: ‹Hätte ich der Frau nicht das Messer gelassen, so wäre das jetzt einfach zu machen.›

Er kehrte wieder um und forderte das Messer von der Frau zurück. Die aber sagte zu ihm, es sei ihr ins Wasser gefallen und weggetrieben. Da stahl er ihr eine Sardine. Bald darauf begegnete er einem Müller, der aß gerade ein Stück Brot, und er gab ihm die Sardine dazu. Der Müller war sehr zufrieden und verzehrte die Sardine.

Der Affe spazierte weiter und kam an einem Backofen vorbei. Er bekam Appetit auf Brot, und da fiel ihm die Sardine ein.

Wieder kehrte er um und verlangte von dem Müller die Sardine zurück. Der antwortete, daß er sie schon aufgegessen habe. Der Affe nahm ihm dafür einen Sack Mehl weg und setzte seinen Weg fort. Er kam an einer Schule vorbei und gab der Lehrerin das Mehl, sie solle Kuchen für die Mädchen daraus backen. Als er es dann aber bereute, ging er zurück und wollte das Mehl wiederhaben. Sie habe schon Kuchen daraus gebacken und sie den Kindern zu essen gegeben, antwortete die Lehrerin. Da nahm er ein Mädchen mit zu sich nach Hause.

Als er sich nun frisch gewaschen und gekleidet wieder auf der Straße zeigte, fragte ihn ein Mann, der Gitarren verkaufte: «Warum hast du dich denn als Affe so herausgeputzt?»

Er antwortete, daß er ein Mädchen bei sich zu Hause habe. Der Mann berichtete das der Familie des Mädchens, und die nahm es ihm, so schnell sie konnte, wieder weg.

Da stahl der Affe dem Gitarrenhändler eine Gitarre. Verzweifelt stieg er auf ein Dach, klimperte auf der Gitarre und sagte: «Aus dem Schwanz machte ich ein Rasiermesser, aus dem Rasiermesser eine Sardine, aus der Sardine einen Sack Mehl, aus dem Mehl ein Mädchen, aus dem Mädchen eine Gitarre, schrumm schrumm fallera, ich geh nach Afrika...» purzelte vom Dach herunter und war tot.

## *3*

## *Der Prinz mit den Eselsohren*

*Es war einmal ein König,* der war sehr traurig, weil er keine Kinder hatte, und er ließ drei Feen rufen, die sollten bewirken, daß die Königin ihm einen Sohn schenkte. Die Feen versprachen ihm, seinen Wunsch zu erfüllen, und sagten ihm, sie würden bei der Geburt des Prinzen zugegen sein.

Nach neun Monaten wurde dem Königspaar ein Sohn geboren, und die Feen schenkten dem Kind ihre Gaben. Die erste Fee sprach: «Du sollst der schönste Prinz der Welt werden.»

Die zweite Fee sprach: «Du sollst sehr tugendhaft und verständig werden.»

Die dritte Fee sprach: «Dir sollen Eselsohren wachsen.»

Die drei Feen gingen wieder fort, und bald darauf wuchsen dem Prinzen Eselsohren. Der König befahl unverzüglich, eine Mütze herzustellen, die der Prinz immer tragen sollte, um die Ohren damit zu verdecken.

Der Prinz wurde von Tag zu Tag schöner, und niemand am Hof wußte, daß er Eselsohren hatte. Er kam in das Alter, in dem er rasiert werden mußte, da ließ der König den Barbier rufen und sagte zu ihm:

«Du wirst den Prinzen rasieren, aber wenn du jemandem sagst, daß er Eselsohren hat, mußt du sterben.»

Der Barbier hatte große Lust zu erzählen, was er gesehen hatte, aber die Angst, sterben zu müssen, ließ ihn schweigen. Eines Tages ging er zur Beichte und sagte zu seinem Beichtvater: «Ich habe ein Geheimnis, das ich bewahren muß, aber wenn ich es nicht jemandem anvertrauen kann, sterbe ich, und wenn ich es jemandem anvertraue, läßt der König mich töten. Sagt mir, Herr Pfarrer, was ich tun soll.»

Der Beichtvater antwortete ihm, er solle in ein Tal gehen, dort ein Loch graben und das Geheimnis so oft da hineinsprechen, bis er von dieser Last befreit sei, und dann das Loch mit Erde wieder zuschütten. Der Barbier tat es, und nachdem er das Loch zugeschüttet hatte, ging er ganz erleichtert nach Hause zurück. Nach einiger Zeit wuchs an der Stelle, wo der Barbier das Loch gegraben hatte, Schilfrohr. Wenn die Hirten mit ihren Herden dort vorbeikamen, schnitten sie das Rohr und machten sich Flöten daraus, und wenn sie dann auf den Flöten spielten, so erklangen Stimmen, die sagten: «Prinz mit den Eselsohren.»

Diese Neuigkeit verbreitete sich allmählich in der ganzen Stadt, und da befahl der König, einer der Hirten solle zu ihm kommen und auf solch einer Flöte spielen. Und es erklangen immer dieselben Melodien und Stimmen, die sprachen:

«Prinz mit den Eselsohren.» Auch der König selbst spielte, und bei jedem Mal hörte er wieder die Stimmen. Da ließ der König die Feen zu sich rufen und bat sie, dem Prinzen die Eselsohren wegzunehmen. Sie kamen und ließen den ganzen Hof versammeln und befahlen dem Prinzen, die Mütze abzunehmen. Wie groß war da die Freude des Königs, der Königin und des Prinzen, als sie sahen, daß er keine Eselsohren mehr hatte!

Von jenem Tag an hörte man aus den Flöten, die die Hirten aus dem Schilfrohr machten, nicht mehr die Worte: «Prinz mit den Eselsohren.»

## 4

## *Die kluge Maria*

*Es war einmal ein Vater,* der hatte sieben Töchter, von denen war die älteste so klug, daß sie allgemein die kluge Maria genannt wurde.

Als der Mann zu einer langen Reise aufbrechen mußte, ließ er für jede seiner Töchter ein Kleid schneidern. Die Kleider aber sollten sie nicht tragen, die sollten einstweilen sauber aufbewahrt werden, ohne einen Fleck – «sowie ich euch stets sehen möchte, und wenn etwas passiert, werden sie es mir sofort sagen».

Der Mann ging fort. Vorher sagte er der Ältesten, sie solle auf ihre Schwestern gut achtgeben, und keine von ihnen dürfe ein Zimmer betreten, das er abgeschlossen hatte.

Die Mädchen waren nun allein, und die kluge Maria war voller Neugierde, weil die Tür zu dem einen Zimmer verschlossen war, und immer mit dem Gedanken beschäftigt, wie sie in das Zimmer hineinkommen könnte. Schließlich gelang es ihr, einen Schlüssel zu finden, der paßte, und sie ging hinein und sah einen unterirdischen Saal mit Bogengewölben und am Ende eines Ganges eine kleine Tür. Deren Schloß war ganz verrostet, aber sie bekam es auf und erblickte einen wunderschönen Garten voll von Blumen und von reichbeladenen Obstbäumen. Da sie niemanden sah und Äpfel für ihr Leben gern aß, pflückte sie einige, tat sie in ihre Schürze und machte sich davon.

Zu Hause gab sie den Schwestern von den Äpfeln, erzählte aber nichts. Die waren froh und zufrieden und verlangten nur nach noch mehr. Um ihnen den Wunsch zu erfüllen, ging sie wieder in den Garten, und jedesmal kam sie mit Blumen oder Früchten heim. Der Garten gehörte aber dem König, und sein Gärtner hatte bemerkt, daß etwas fehlte, und beklagte sich wegen der Diebereien. Er selbst legte sich auf die Lauer und sah ein Mädchen. Aber er konnte nicht herausbekommen, auf welchem Wege es wieder verschwand.

Da versteckte sich auch der König, und eines Tages, als die kluge Maria die Schürze voller Äpfel hatte und sich wieder davonmachen wollte, verstellte er ihr den Weg und sagte zu ihr:

«Mädchen, wie bist du hier hereingekommen?»

«Mein Vater hat den Schlüssel zu einer Tür, die hierherführt. Durch die bin ich gekommen, aber ich wußte nicht, daß es der Garten Eurer Majestät ist. Weil ich hier nie jemanden sah, habe ich sogar geglaubt, es sei ein Zaubergarten.»

Und sie flehte den König an, ihr zu verzeihen und ihr nichts zu tun, weil sie Blumen und Früchte genommen hatte, die ihm gehörten. Da sie sehr hübsch war, hatte der König alles andere im Sinn, als sie zu töten, und ließ es gut sein, aber darauf sagte er, er sei unsäglich müde und sie sollte ihn den Kopf in ihren Schoß legen lassen. Sie willigte ein und strich ihm mit der Hand über das Haar, bis er einschlief. Sobald sie sah, daß er eingeschlafen war, erhob sie sich ganz leise, legte ihm den Kopf auf die Bank und ging eilends fort.

Als der König erwachte, war er böse und schwor, sich zu

rächen. Eines Abends verkleidete er sich als Armer und machte sich auf den Weg. Kurz darauf erschien an der Tür der Mädchen ein Mann in zerlumpten Kleidern, der sah sehr alt aus und wollte ihnen Fische verkaufen und bat sie, ihn für die Nacht im Hause schlafen zu lassen.

Die kluge Maria wollte nicht und zankte mit ihren Schwestern, aber da sie allein gegen alle sechs war, die darauf bestanden, ihn einzulassen, sagte die kluge Maria:

«Ach so! Wenn es so steht, dann gebe Gott, daß die Fische keine Fischchen geben. Ich für mein Teil schließ mich in mein Zimmer ein und laß mich nicht mehr blicken.»

So geschah es. Sie schloß sich ein, und der arme Mann blieb mit den anderen Mädchen allein. Aber mitten in der Nacht brach er in die Zimmer aller sechs ein, um Maria zu suchen, an der er sich rächen wollte. Doch ihre Tür war fest verschlossen, da half alles nichts.

Am Morgen ging der König verkleidet wieder fort, und die sechs Mädchen fanden ihre Kleider voller Flecken. Da weinten sie bitterlich, die Älteste aber hielt ihnen eine Predigt, sie sollten mit dem Weinen aufhören, das sei zu nichts mehr nütze, es wäre vernünftiger gewesen, sie hätten nicht das Gegenteil von dem getan, was sie ihnen gesagt hatte.

Die Zeit verging, und eines Tages, als der König mit seinen Höflingen bei Tische saß, wurde ihm gemeldet, jemand wolle dem König Fischchen zum Geschenk machen, sie aber nur ihm persönlich überreichen. Er ließ den Galicier, der sie brachte, hereinkommen, und siehe da, er trug ein vergoldetes Körbchen voller Blumen, in dem lagen sechs hübsche neugeborene Babies.

Der König merkte sofort, daß die kluge Maria das ausgeheckt hatte. Die Kleinen ließ er zuverlässigen Ammen übergeben und beschloß, Maria, auf die er nun doppelt wütend war, zu töten. Er ließ ihr sagen, sie solle sich zur Hochzeit fertig machen, er wolle sie heiraten. Die Arme war sehr betrübt darüber, aber was konnte sie anderes tun? Es gab ein großes Fest mit viel Tanz, sie aber ließ in dieser Zeit eine Puppe so groß wie sie aus Süßholz machen, legte sie ins Hochzeitsbett und sich selbst unter das Bett.

Der König kam herein und führte mit seinem Schwert einen Schlag, um sie zu töten, aber da sprang ihm ein Stück Süßigkeit an den Mund, und er bereute, was er getan hatte, denn er mußte einsehen, daß Maria ebenso klug wie hübsch war. Nachdem sein Zorn verflogen war, gewann er sie sehr lieb und seufzte:

«Ach, kluge Maria,
Süß im Sterben,
Und bitter zu erwerben!»

Als sie sah, daß der König ihretwegen bekümmert war, kam sie unter dem Bett hervor und stellte sich vor ihn und erzählte, was sie getan hatte, um seiner ersten Wut zu begegnen. Sie kniete vor ihm nieder und sagte zu ihm als ihrem Ehegemahl, er möge sie töten, wenn er wolle. Aber er hatte sie so liebgewonnen, daß von Sterben keine Rede mehr war.

Sie aber wurde glücklich als Königin, und als ihr Vater heimkam, bat sie ihn, ihren Schwestern zu verzeihen, weil sie die Mitschuld trug und in den Garten des Königs gegangen war.

Die Schwestern heirateten Edelleute des königlichen Hofes, und so ging alles gut aus.

## 5

## *Die Steinsuppe*

*Ein Mönch ging betteln.* Er kam an die Tür eines Bauern, aber sie wollten ihm nichts geben. Der Klosterbruder war zum Umfallen hungrig und sagte:

«Na, dann will ich sehen, daß ich mir eine Steinsuppe mache.» Und er hob einen Stein vom Boden auf, putzte die Erde ab und begann ihn zu betrachten, ob er sich für eine Suppe eignete. Die Leute aus dem Haus konnten sich vor Lachen über den Klosterbruder und über seinen Einfall nicht halten. Da sagt der Klosterbruder:

«Wie, habt ihr nie Steinsuppe gegessen? Ich kann euch sagen, das ist eine leckere Sache.»

Sie antworteten ihm:

«Nun, dann zeig uns das mal.»

Das wollte der Klosterbruder nur hören. Nachdem er den Stein saubergemacht hatte, sagte er:

«Könnt ihr mir wohl einen Topf leihen?»

Man gab ihm einen Topf aus Steingut. Er füllte ihn mit Wasser und legte den Stein hinein.

«Wenn ihr mich jetzt den Topf ans Feuer stellen ließet...»

Man ließ ihn gewähren. Sobald der Topf zu sieden begann, sagte er:

«Mit ein wenig Schmalz würde die Suppe vorzüglich werden.» Man holte ihm etwas Schmalz. Die Suppe kochte und kochte, und die Leute aus dem Hause ließen den Mund offenstehen vor Verwunderung. Da probiert der Klosterbruder die Suppe und sagt:

«Sie ist ein wenig fade; es fehlt unbedingt eine Prise Salz.»

Man gab ihm auch noch das Salz. Er schmeckte die Suppe ab und sagte:

«Wenn jetzt noch ein paar junge Kohlblätter dazukämen, würde die Suppe himmlisch schmecken.»

Die Frau des Hauses ging in den Garten und brachte ihm zwei Kohlköpfe. Der Klosterbruder säuberte sie, zerpflückte sie zwischen den Fingern und ließ die Blätter in den Topf fallen. Als die Kohlblättchen gar waren, sagte er:

«Also, ein Stückchen Wurst würde der Sache die Krone aufsetzen...»

Man brachte ihm ein Stück Wurst, er warf es in den Topf,

und während es kochte, zog er Brot aus seinem Rucksack und schickte sich an, gemächlich zu essen. Die Suppe roch, daß es eine Wonne war. Er aß und leckte sich die Lippen ab, und nachdem er den Topf geleert hatte, blieb der Stein auf dem Boden zurück. Die Leute aus dem Haus hingen mit den Augen an ihm und fragten ihn:

«Sagt, Herr Klosterbruder, und der Stein?»

Da antwortete der Klosterbruder:

«Den Stein, den wasch ich und nehm ihn für das nächste Mal mit.»

Und so kam er zu einem Essen, wo man ihm nichts geben wollte.

## 6

## *Die alte Frau und der Dieb*

*Es war einmal eine alte Frau,* die hatte ihre Enkelin bei sich im Hause, und die Großmutter verwahrte Eier unter dem Bett. Da kam ein Räuber, der legte sich unter das Bett, und die Alte sagte zu ihrem Enkelkind:

«Kind, hol mir die Eier unter dem Bett heraus, die wollen wir zum Abendessen zubereiten.»

Die Kleine tat das und sah ein paar riesengroße Augen unter dem Bett hervorblicken, und sie sagte:

«O weh, Großmütterchen, unter dem Bett sind zwei riesengroße Augen.»

Da sagte sie:

«Schau noch mal nach, das wird nur die Katze sein.»

«Nein, Großmütterchen, es sind riesengroße Augen.»

«Dann laß mich mal selber nachsehen.»

Und da war es ein Räuber. Er hatte Schlüssel, eine Totenhand und ein paar Revolver und Dolche bei sich. Da sagte die Alte zu ihm:

«Kommt doch zu mir und meiner Enkelin ans Feuer.» Und dann sagte sie zu ihrer Enkelin:

«Als der Großvater noch lebte, hatte er eines Tages einen großen Furunkel auf dem Rücken. Da sagte ich zu ihm: ‹Komm, ich quetsch dir den Furunkel auf.› Und er sagte: ‹Hilfe, man will mich umbringen!›»

Und der Räuber sagte:

«Schrei doch nicht so, Alte. Es könnte dich jemand hören.» Und sie:

«Nein: ‹Hilfe, Räuber wollen mich umbringen.›»

Und die Leute liefen vor der Tür zusammen.

«Was ist denn nur los, Alte?»

«Der Räuber hier will mich umbringen.»

Und da führten sie ihn ab und brachten ihn hinter Schloß und Riegel.

Zu Ende ist der Schwank, Gott sei Lob und Dank.

Als ich einen Teller Erbsen wollt kriegen, entpuppte sich alles als lauter Lügen.

## 7

## *Das Bäuerlein*

*Es war einmal ein Bauersmann,* der arbeitete auf einem großen Landgut. Als der König auf der Jagd vorbeikam, fragte er ihn, wovon er lebe.

«Ich lebe von meiner Arbeit, zwölf Heller am Tag, die teile ich in drei Teile. Der erste ist für meine alten Eltern, die nicht mehr arbeiten können, der zweite der Unterhalt für meine Frau und mich, und den dritten verleih ich sozusagen auf Zinsen, der ist nämlich für meine Kinder.»

Dem König gefiel diese Antwort, und er sagte zu dem Bauersmann, er solle niemandem sagen, wie er die zwölf

Heller einteilte, ohne daß er vorher hundertmal das Gesicht des Königs angesehen habe. Und das versprach er.

Als er wieder auf seinem Schloß war, ließ der König alle seine Edelleute zusammenrufen, und er fragte sie, ob sie erraten könnten, wer jeden Tag die zwölf Heller, die er mit seiner Arbeit verdiente, in drei Teile teilte, und wie er das mache. Die Edelleute dachten hin und dachten her, bis sie schließlich entdeckten, wer gemeint war, und den Mann aufsuchten. Er wollte jedoch unter keinen Umständen sagen, wie er seine zwölf Heller einteilte. Die Edelleute drangen so sehr in ihn, daß er schließlich sagte: «Ich erkläre es nur, wenn ich hundert Goldmünzen bekomme.» Den Edelleuten blieb nichts anderes übrig, als seine Forderung zu erfüllen, dann sagte er ihnen, wie er die zwölf Heller einteilte. Darauf gingen die Edelleute in den Palast zurück und erzählten es dem König.

Der ließ den Bauersmann unverzüglich rufen. «Betrüger, du hast es verraten, ohne vorher hundertmal das Gesicht des Königs anzusehen.»

«Nein, Herr König, das habe ich hundertmal auf den Münzen gesehen, die Eure Edelleute mir gegeben haben.»

«Du bist ein kluger Kopf», sagte der König, und er fragte ihn, was für ein Geschenk er sich wünsche. Da antwortete er: «Ich möchte, daß jeder Mann, der Angst vor seiner Frau hat, mir fünf Groschen geben muß.»

«Das ist alles, was du dir wünschst?»

«Ja, Herr König, damit komme ich gut hin.»

«Dann werde ich ein solches Dekret erlassen.»

Der Mann aber wurde bei dem Hagel von Fünfgroschenstücken reich und reicher und fuhr schon in seiner eigenen Kutsche. Eines Tages fuhr er am königlichen Palast vorbei, und der König, der am Fenster stand, ließ ihn anhalten und zu sich rufen. «Wie kannst du dir so viel leisten, wo du nur fünf Groschen von jedem Mann bekommst, der Angst vor seiner Frau hat?» Da erzählte ihm der Mann, daß er unterwegs eine wunderschöne Prinzessin gesehen habe... In diesem Augenblick kam die Königin herein, und der König sagte:

«Sprich leise, da kommt die Königin.»

«Also auch Eure königliche Majestät! Dann rückt mal gefälligst fünf Groschen heraus!»

Der König gab sie ihm, und unser Mann lebt noch immer herrlich und in Freuden von den fünf Groschen, die ihm jeder Mann bezahlen muß, der Angst vor seiner Frau hat.

## 8

## *Das väterliche Erbteil*

*Ein Mann hatte zwei Söhne,* von denen sagte der jüngere eines Tages zu ihm:

«Lieber Vater, gib mir mein Erbteil, denn ich will in die Welt hinausziehen und mein Glück versuchen.»

Da gab der Vater ihm, was ihm von seiten seiner Mutter zustand, und er zog in die weite Welt hinaus.

Es verging eine geraume Zeit, und als der Junge sah, daß er kein Vermögen zusammenbekam, vielmehr nur sein Erbteil nach und nach verausgabte, beschloß er, nach Hause zurückzukehren. In seinem Heimatort erfuhr er, daß sein Vater verstorben war und daß sein Bruder das Haus in einen Palast verwandelt hatte, wo er auf großem Fuße lebte. Da ging der Junge zu seinem Bruder, erzählte ihm, wie es ihm ergangen war, und der Bruder antwortete ihm:

«Ich kann dir nicht weiterhelfen, denn unser Vater hat mir nichts vererbt, und für dich hat er nur diesen alten Kasten hinterlassen, den sollte ich nicht öffnen.»

Da nahm der Junge das väterliche Erbe entgegen und zog in eine andere Gegend. Unterwegs wollte er sehen, was in dem Kasten war, und machte ihn auf. Und siehe da, es kam ein kleiner Neger heraus, winzig klein, und der sagt zu ihm:

«Befiehl mir, was ich tun soll, Herr!»

«Ich befehle dir, daß du mir einen Palast herbeischaffst mit allem, was dazugehört, mit Kutschen und mit Lakaien, die mich bedienen.»

Gesagt, getan: es war alles zur Stelle, wie er wünschte. Jetzt lebte der Junge glücklich und zufrieden in seinem Palast, der viel schöner war als der des Königs, bis er eines Tages die Nachricht erhielt, sein Bruder werde ihn besuchen. Der Bruder wurde mit großer Festlichkeit empfangen und fragte ihn, wie er in so kurzer Zeit so viel zusammengebracht habe.

«Das war das Erbteil, das mir unser Vater hinterlassen hat.»

«Aber», so erwiderte der Bruder, «dein Erbteil war doch ein alter Kasten.»

«Jawohl, so war es, aber in diesem Kasten liegt das Geheimnis.»

Da gelang es dem Bruder, ihm den Kasten zu stehlen und zu entfliehen, ohne daß es jemand bemerkte. In seine Heimat zurückgekehrt, öffnete er den Kasten, und sofort sagte der Neger: «Befiehl, was ich tun soll, Herr!»

«Ich will, daß mein Bruder seinen Palast verliert und sich im Gefängnis wiederfindet und daß mein Palast sich in einen verwandelt, der tausendmal schöner ist, als der seine es war.»

Alles ging in Erfüllung, und er sagte außerdem zu dem kleinen Neger:

«Ich will, daß die Tochter des Grafen Soundso mich heiratet und ich den Grafentitel bekomme.»

Alles ging in Erfüllung, wie er es wünschte, und den Kasten führte er nun immer bei sich und legte ihn beim Schlafen unter sein Kopfkissen, damit niemand ihn ihm wegnehmen konnte.

Nun hatte der Bruder, der im Gefängnis war, einen Hund und eine Katze, und sobald die erfuhren, daß ihr Herr gefangen war, taten sie alles, um zu ihm zu kommen. Als sie das erreicht hatten und hörten, daß der Graf, der Bruder ihres Herrn, ihm den Kasten gestohlen hatte, beschlossen sie beide, den Kasten aus dem Palast zurückzuholen. Weil sie dazu aber das Meer überqueren mußten, machten sie sich ein Boot aus Kürbisschale.

Im Palast erfuhren sie sogleich, daß der Graf den Kasten beim Schlafen unter seinen Kopf legte, und da sagte der Hund zur Katze:

«Ich leg mich unter das Bett, und du gehst in die Küche, tauchst deinen Schwanz in Essig und hältst ihn dann dem Grafen unter die Nase, und wenn er niest, zieh ich den Kasten weg, und wir reißen damit aus.»

So taten sie's, und sobald sie aus dem Palast heraus waren, stiegen sie in ihr Boot und fuhren los. Da erblickten sie ein Schiff mit Mäusen, die hißten, als sie sie sahen, sofort die Kriegsflagge, aber die beiden hegten nur friedliche Absichten und taten den Mäusen nichts und erzählten ihnen, warum sie unterwegs waren. Da sagten die Mäuse:

«Wenn ihr uns nötig habt, stehen wir zu eurer Verfügung.»

«Besten Dank», antworteten der Hund und die Katze.

Kurz vor dem Ziel ihrer Reise gerieten sie nun in Streit darüber, wer dem Herrn den Kasten bringen sollte, und bei diesem Hin- und Herreden fiel ihnen der Kasten ins Meer. Da sagte der Hund in seiner Aufregung:

«Der König der Fische stehe mir bei!»

Und sofort erschien ein großer Fisch, der sagte zu ihm: «Hier bin ich, sag, was du willst!»

«Ich war mit der Katze unterwegs, und wir hatten einen Kasten bei uns, der ist uns ins Meer gefallen, und nur Eure Majestät kann uns helfen.»

«Ich weiß von nichts, aber ich werde meine Untertanen rufen, vielleicht wissen die etwas darüber.»

Da kamen Fische in Massen und auch eine Languste, die zog ein gebrochenes Bein hinter sich her.

«Ich hab den Kasten gesehen, er ist mir nämlich aufs Bein gefallen und hat es mir gebrochen.»

Der König der Fische gebot ihr, den Kasten herbeizubringen, und dann gab er ihn dem Hund, und sowohl der als auch die Katze zogen nach tausend Dankesbezeugungen weiter zum Gefängnis ihres Herrn und beschlossen, jetzt den Kasten gemeinsam auf dem Rücken zu tragen.

Der Herr war sehr froh, öffnete den Kasten und befahl dem kleinen Neger:

«Ich will, daß dieses Gefängnis verschwindet; ich will einen Palast gegenüber dem meines Bruders und will die Königstochter heiraten.»

So geschah es, und da ging er zu seinem Bruder und sagte zu ihm:

«Ich könnte dir Böses antun, aber will es nicht, vielmehr will ich mit dir meinen ganzen Reichtum teilen, und wir wollen von heut an gute Freunde sein.»

Ich habe vergessen zu sagen, daß der Hund und die Katze Halsbänder aus reinem Gold und Edelsteine trugen und daß sie sehr alt wurden.

## 9

## *Die drei Zitronen der Liebe*

*Es war einmal ein Prinz,* der ging auf die Jagd. Er hatte großen Durst, und er fand drei Zitronen. Eine davon machte er auf, und da erschien ihm ein wunderschönes Mädchen, das sagte:

«Gib mir Wasser, sonst muß ich sterben.»

Der Prinz hatte nichts zu trinken bei sich, und da starb das Mädchen. Der Prinz zog weiter, und da auch ihm der Durst zusetzte, machte er noch eine Zitrone auf. Diesmal erschien ihm ein anderes Mädchen, das war noch schöner als das erste und sagte ebenfalls:

«Gib mir Wasser, sonst muß ich sterben.»

Es war kein Wasser da, und das Mädchen starb. Der Prinz zog traurig weiter und gelobte, die andere Zitrone erst aufzumachen, wenn er an einen Brunnen käme. So tat er auch. Er machte die letzte Zitrone auf, und diesmal hatte er Wasser zur Hand, und das Mädchen blieb am Leben. Sein Zauber war gebrochen, und da es sehr schön war, versprach der Prinz, es zu heiraten, und er brach auf zum Schloß, um Kleider zu holen und es dann als seine Braut an den Hof heimzuholen. Während der Prinz fort war, schaute das Mädchen zwischen den Zweigen hervor, hinter denen es versteckt war, und sah eine Negerin kommen, die im Wasser ein Krüglein füllen wollte. Aber die Negerin sah nun im Wasser ein wunderschönes Gesicht abgebildet und meinte, sie selber sei es, und sie zerbrach das Krüglein mit den Worten:

«Ein so schönes Gesicht und Wasser schleppen! Das geht nicht an.»

Das Mädchen konnte sich ein Lachen nicht verkneifen. Die Negerin schaute auf, erblickte es und sprach voller Wut und Tücke schmeichelnde Worte und rief das Mädchen zu sich und begann, ihm den Kopf nach Läusen abzusuchen. Als das Mädchen einen Augenblick nicht achtgab, steckte sie ihm eine Nadel ins Ohr, und das Mädchen verwandelte sich auf der Stelle in eine Taube. Als der Prinz zurückkam, fand er statt des Mädchens eine häßliche, schmutzige Negerin und fragte verwundert:

«Wo ist denn das Mädchen, das ich hier zurückgelassen habe?»

«Das bin ich», sagte die Negerin. «Die Sonne hat mich braungebrannt, während Eure Hoheit mich hier allein gelassen hat.»

Der Prinz gab ihr die Kleider und nahm sie mit sich aufs Schloß, wo alle höchst erstaunt waren über seine Wahl. Er wollte sein Wort nicht brechen und fraß seine Scham still in sich hinein. Als der Gärtner seine Blumen begoß, sah er eine weiße Taube durch den Garten fliegen, die ihn fragte:

«Herr Gärtner, gebt mir Bescheid:
Wie geht es dem König,
Der die Negerin freit?»

Voller Verwunderung antwortete er:

«Sie essen und trinken
In Saus und Braus,
Und das arme Täubchen
Weiß nicht ein noch aus!»

Der Gärtner berichtete dem Prinzen davon, der verwunderte sich sehr und sagte:

«Fang es mit einer Schlinge aus Stoff.»

Am nächsten Tag flog die Taube durch den Garten und stellte die gleiche Frage. Der Gärtner antwortete ihr, und das Täubchen flog weiter umher und sagte:

«Ein königliches Täubchen läßt sich nicht mit einer Schlinge aus Stoff fangen.»

Der Gärtner berichtete alles dem Prinzen. Da sagte der zu ihm: «Dann leg ihr eine Schlinge aus Silber.»

Das tat er, aber das Täubchen flog davon und wiederholte:

«Ein königliches Täubchen läßt sich nicht mit einer Schlinge aus Silber fangen.»

Als der Gärtner ihm das Vorgefallene erzählte, sagte der Prinz: «Dann leg ihm jetzt eine Schlinge aus Gold.»

Das Täubchen ließ sich mit der Schlinge fangen. Und als der Prinz ganz traurig in den Garten kam, fand er es und begann es zu streicheln. Als er ihm mit der Hand über den Kopf strich, fand er im Ohr eine Nadel. Er zog sie heraus, und im gleichen Augenblick erschien ihm das Mädchen, das er am

Brunnen zurückgelassen hatte. Er fragte es, warum ihm dieses Unglück widerfahren war, und das Mädchen erzählte ihm, wie die Negerin Maria sich im Brunnen gesehen hatte, wie sie das Krüglein zerbrochen und ihm den Kopf nach Läusen abgesucht hatte, bis sie ihm die Nadel ins Ohr stach. Der Prinz nahm es mit sich aufs Schloß als seine Frau, und vor versammeltem Hof fragte er es, was mit der Negerin Maria geschehen solle.

«Aus ihrer Haut soll eine Trommel gemacht werden, die ertönen soll, wenn ich ausgehe, und aus ihren Knochen eine Leiter, auf der ich in den Garten hinuntersteigen kann.»

Der König ließ genau ausführen, was es gesagt hatte, und sie lebten glücklich ihr ganzes Leben lang.

*10*

## *Der kleine Hans*

*Es waren einmal drei Brüder,* einer von ihnen hieß der kleine Hans. Der kleine Hans war eine Handspanne groß, sein einer Bruder ein und eine halbe Handspanne und sein anderer eine halbe. Vater und Mutter starben, da zogen die drei in die Welt hinaus. Sie kamen an das Schloß eines Königs und klopften an das Tor und fragten, ob der König wohl einen Diener brauche. Es war der König der Türken. Er fragte sie, ob sie lesen könnten. Sie antworteten: «Nein.» Da sie nicht lesen konnten, schickte der König sie wieder fort. Da gingen sie in ein anderes Schloß, um dort ihre Dienste anzubieten. Bei diesem König sagten sie, sie könnten lesen. Der König bestellte den kleinen Hans zum Buchhalter, den, der nur eine halbe Handspanne groß war, zum Gärtner und den, der ein und eine halbe Handspanne groß war, zum Aufseher über seine Feldarbeiter.

Die beiden Brüder waren sehr neidisch auf den kleinen Hans, weil er immer im Haus bleiben konnte und sie aufs Feld gehen mußten. Sie wollten nun dem kleinen Hans eine Falle stellen, um ihn zu töten. Sie gingen also zum König und sagten zu ihm, der kleine Hans sei imstande, dem Türkenkönig eine wunderschöne Decke, die er besaß, zu entwenden.

Der kleine Hans machte sich auf den Weg, aber der Türkenkönig hatte an seinem Schloßtor einen Papagei, der schrie immer, sobald er jemanden erblickte:

«Du armer Türkenkönig wirst bestohlen!»

Der kleine Hans kam an das Tor. Er hatte viele Kuchen bei sich, denn er wollte sehen, ob er den Papagei zum Schweigen brächte, und er fragte ihn, ob er Kuchen haben wolle.

Der Papagei sagte ja, und der kleine Hans stieg zum Schloß hinauf und legte sich unter das Bett des Königs. In der Nacht begann er die Decke bald nach der einen, bald nach der anderen Seite zu ziehen. Den König ärgerte das so sehr, daß er schließlich die Decke auf den Fußboden warf. Sofort nahm der kleine Hans die Decke an sich und machte sich mit ihr auf und davon. Erst als er durch das Tor entschwunden war und sich schon ein Stück vom Schloß entfernt hatte, kam es dem Papagei in den Sinn zu rufen:

«Eile herbei, Türkenkönig, du wirst bestohlen!»

Der Türkenkönig erschien am Tor, erblickte den kleinen Hans noch und sagte zu ihm:

«Geh nur zu, denn du wirst noch öfter wiederkommen, bis du eines Tages hierbleibst.»

Und der kleine Hans antwortete ihm:

«Ja, ich komme zurück, ich komme wieder, und eines Tages nehme ich dich selbst mit.»

Er kam bei seinem König an und gab ihm die wunderschöne Decke. Als die Brüder sahen, daß er noch mit dem Leben davongekommen war, sagten sie zum König, Hänschen sei imstande, den Papagei zu holen, der das Schloßtor des Türkenkönigs bewachte. Der kleine Hans ging wieder hin und hatte viele Kuchen bei sich und gab sie dem Papagei und sagte zu ihm, er möge doch den Schnabel halten, wenn er ihn jetzt mitnehme.

Als der Papagei die Kuchen gefressen hatte und der kleine Hans ihn mitnehmen wollte, rief der Papagei:

«Eile herbei, Türkenkönig, du wirst bestohlen!»

Der Türkenkönig erschien und nahm den kleinen Hans fest, führte ihn ins Schloß zurück, fesselte ihn an Händen und Füßen und sagte zur Köchin, sie solle den kleinen Hans schlachten und ihn zum Essen zubereiten. Dann ging der Türkenkönig wieder fort. Und die Köchin machte sich daran, einen Schinkenknochen durchzusägen. Als der kleine Hans dies sah, sagte er:

«Warum willst du den selbst durchsägen? Mach mir doch die Hände frei, dann säge ich dir den Knochen in einem Augenblick durch.»

Da antwortete sie:

«Nein, denn dann läufst du mir fort.»

Und er sagte:

«Aber nein, bind mir ruhig die Hände los, mit gefesselten Füßen kann ich doch nicht fliehen.»

Da band die Köchin ihm die Hände los, und er machte sich schnell ganz frei. Er ging auf die Köchin zu, schlug ihr den Kopf ab, nahm den Körper und kochte ihn statt des seinen. Dann kämmte er ihr die Haare und legte ihren Kopf ins Bett, so daß er nur ein wenig herausguckte. Dann ging er zum Papagei und schnitt ihm die Zungenspitze ab und sagte zu ihm, er werde ihn töten, falls er ein Sterbenswörtchen von sich gebe, wenn er ihn mitnehme. Dann versteckte sich der kleine Hans hinter dem Tor, und als der Türkenkönig wieder im Schloß war, nahm er den Papagei und floh. Und der Türkenkönig fand die Köchin tot vor, und er wurde sehr böse und zornig auf den kleinen Hans. Der kam indessen bei seinem König an und übergab ihm den Papagei. Da wurden die Brüder noch neidischer auf ihn und erklärten, der kleine

Hans sei imstande, den Türkenkönig selbst zu holen. Der kleine Hans sagte ja, er wolle ihn wohl holen, aber man müsse ihm einen Wagen zurechtmachen, der mit sieben Schlüsseln zu verschließen sei. Dann stieg er in den Wagen, kam an das Tor des Türkenkönigs und fragte:

«Wer will sehen, wie der kleine Hans getötet wird?»

Der Türkenkönig sprang heraus und rief:

«Ich, ich!»

Der kleine Hans antwortete ihm, ohne sich zu zeigen:

«Kommt hier in diesen Wagen hinein, dann seid Ihr eher da.» Sobald der kleine Hans den Türkenkönig im Wagen hatte, verschloß er den mit den sieben Schlüsseln und sagte:

«Wer will sehen, wie der Türkenkönig getötet wird?»

Dann übergab er ihn seinem König. Der befahl nun, den Türkenkönig zu erschießen, und darauf erzählte der kleine Hans seinem König, daß er an allem ganz unschuldig sei und daß alles seine Brüder erfunden hätten. Der König fragte ihn, wie er nun seine Brüder dafür bestrafen wolle. Der kleine Hans antwortete, der König solle sie auf die Turmspitze steigen und da tanzen lassen. Kaum waren die Brüder oben angelangt, da fielen sie vom Turm herunter. Als der König nun sah, daß der kleine Hans in allem geschickt war, gab er ihm seine Tochter zur Frau und behielt ihn bei sich im Schloß.

*11*

## *Das Ei und der Edelstein*

*Es war einmal eine Frau,* die hatte eine Tochter und eine Stieftochter. Sie lebten allein zu Haus, und das eine Mädchen mußte immer in der Küche sein und wurde schlecht behandelt, während das andere nur ruhig am Fenster saß und hochmütig von oben herunterschaute. Da kam eines Tages eine Alte vorbei, die bat um Almosen. Die Stolze sagte:

«Geh weg, Alte, wir haben kein Brot im Haus.»

Die andere sagte:

«Ich kann dir nichts geben außer diesem Ei, das ein Huhn gerade gelegt hat.»

Und sie gab der Alten das Ei. Die zerbrach es, und da war in dem Ei ein großer Edelstein, ein echter Brillant. Die Alte nahm ihn und gab ihn dem Mädchen.

«Trag diesen Stein immer an deinem Hals, denn solange du ihn bei dir hast, fällt alles Glück dir zu.»

Das Mädchen hängte den Stein um seinen Hals. Die Schwester, die neidisch war, suchte nun auch ein Ei und gab es der Alten. Sie sagte, sie möchte es aufschlagen. Doch als die Alte es tat, lief das Ei, das faul war, aus, und die stinkende Flüssigkeit floß ihr über Hände und Gesicht. Die Alte ging fort. Nun geschah es, daß bald darauf der König am Haus vorbeikam und das Mädchen mit dem Edelstein erblickte. Er fand sie so schön, daß er sich sogleich in sie verliebte und sie holen ließ und sie heiratete. So wurde sie Königin. Und weil sie von Herzen gut war, baten die Stiefmutter und die Stiefschwester sie, bei ihr im Schloß leben zu dürfen, und sie erlaubte es.

Eines Tages mußte der König in den Krieg ziehen und längere Zeit fortbleiben, die Königin aber ließ er im Schloß zurück. Da versuchte die Stiefmutter, die die geheime Kraft des Edelsteins erkannt hatte, mit ihrer Tochter zusammen der Königin den Brillanten wegzunehmen. Und als diese eines Tages im Bad war und die Stiefschwester zu ihr ging, um ihr das Badetuch überzuwerfen, stahl sie ihr den Stein, ohne daß die Königin es bemerkte. Sie wurde nur sehr betrübt. Die Stiefschwester verließ mit der Mutter zusammen das Schloß, um zum König zu gehen, der im Krieg war, denn die beiden glaubten, daß er nun die Stiefschwester für seine Frau halten werde. Unterwegs ruhten sie eine Weile aus und schliefen dabei ein. Ein Adler, der vorbeiflog, sah den Edelstein leuchten, stieß herab und schnappte ihn und schluckte ihn hinunter. Die beiden Frauen, die das Fehlen des Edelsteins nicht bemerkten, zogen bald darauf ihres Weges weiter und kamen vor das Zelt des Königs. Sie baten um die Erlaubnis, eintreten zu dürfen, und sagten, die Königin sei da und wolle ihn besuchen, weil sie große Sehnsucht nach ihm habe. Der König aber erkannte, wer sie waren, und er ließ sie gehörig ausprügeln und hinauswerfen. Da erst bemerkte das Mädchen, daß sie den Stein nicht mehr hatte, und sie machte sich mit ihrer Mutter eilig von dannen.

Als der König in sein Reich zurückkehrte, kam die Königin ihm entgegen. Aber da sie den Stein nicht hatte, erkannte der König sie nicht, und er sprach: «Die ist so dumm wie die anderen auch.» Und man warf sie hinaus. Sie kehrte in das Schloß zurück, aber da wollte man sie nur noch als Küchenmagd annehmen. Als nun eines Tages ein großes Essen für die Hochzeit des Königs bereitet wurde und sie dafür einen Adler zurechtmachen mußte, da fand sie in seinem Bauch einen großen Edelstein. Sie nahm ihn an sich und bat den Küchenmeister, bei Tisch bedienen zu dürfen. Es wurde ihr erlaubt. Sie hing sich den Stein um den Hals, und kaum war sie in den Saal getreten, erkannte der König sie und erinnerte sich wieder und fragte sie, wie alles gekommen sei. Sie erzählte ihm ihre Geschichte, und der König ließ sie sogleich zu seiner Rechten Platz nehmen, und die andere Prinzessin mußte wieder abziehen.

## 12

## Sohn bist du und wirst Vater werden

*In längst vergangenen Zeiten* war es in einigen Ländern Sitte, daß die Söhne ihre Väter, wenn sie alt waren und nicht mehr arbeiten konnten, auf einen Berg brachten und sie dort verhungern ließen. So trug auch einmal, wie es Brauch war, ein junger Mann seinen Vater auf dem Rücken hinauf und gab ihm eine Decke, damit er sich gegen die Kälte schützen könne, bis er starb. Der alte Mann sagte zu seinem Sohn:

«Hast du ein Messer?»

«Ja, Vater, wozu wollt Ihr es haben?»

«Hör zu, schneid die Decke, die du mir gegeben hast, mitten durch und nimm die eine Hälfte mit dir, damit auch du dich einhüllen kannst, wenn dein Sohn dich hierherbringt.»

Der junge Mann dachte nach, dann nahm er seinen Vater wieder auf den Rücken und kehrte mit ihm nach Hause zurück.

Und so endete dieser unselige Brauch.

## 13

## Die Lügenkette

*Es war einmal ein Pächter,* der konnte, weil das ganze Jahr kein Regen gefallen war und eine große Dürre herrschte, seine Pacht nicht bezahlen, denn sein Morgen Land, dem ein Bewässerungsgraben fehlte, gab nicht genug her. So ging er zum Besitzer und bat ihn, ihm für dieses Mal die Pacht zu erlassen. Wenn Gott sie ihm nicht schenken wolle, sei nichts zu machen. Dabei schluchzte er wie ein Kind.

Der Besitzer, der noch weitere Ländereien hatte und nicht

hartherzig war, erließ ihm die Pacht, aber unter der Bedingung, daß er ihm am andern Tag eine Lüge erzählte, so groß wie heute und morgen zusammen.

Der arme Kerl bedankte sich für das Entgegenkommen, wurde aber bald nachdenklich, besorgt, schließlich traurig wie die Nacht, denn was für eine Lüge könnte er da erzählen?

Krank vor Kummer kam er nach Hause zurück und berichtete alles seiner Frau. Das Ehepaar hatte einen Sohn, der war schon ins Kraut geschossen, aber nicht ganz bei Verstand. Als er die Unterhaltung hörte, lachte er laut los, dann beruhigte er seine Eltern und sagte:

«Wenn es weiter nichts ist, ist uns die Pacht schon erlassen.»

«Hör auf, dummes Stück, du weißt nicht, was du da redest», sagte der Vater, der nur um so niedergeschlagener war.

«Vater, wenn Ihr Euch nicht zutraut, die Lüge zu erzählen, dann laßt mich hingehen, und habt keine Sorge, die Pacht werde ich ihm gut bezahlen.»

«Du bist närrisch! Was du da sagst, ist ohne Sinn und Verstand», sagte die Mutter.

«Das ist ja gerade das Richtige», antwortete der Sohn. Jedenfalls ließen sie ihn hingehen und überließen es ihm, dem Besitzer des Feldes die Lüge, so groß wie heute und morgen, zu erzählen. Als er ankam, empfing ihn der Herr schmunzelnd, weil er schon ahnte, weswegen er erschienen war, und fragte:

«Nun, was gibt es?»

«Nun, Herr, es war ein arg schlechtes Jahr, aber das hat nichts zu sagen. Mein Vater hatte so viele Bienenstöcke, daß es schwer war, sie alle zu zählen. Aber eines schönen Tages zählte er die Bienen, und am Ende fehlte ihm eine. Verzweifelt nahm er seine Axt auf die Schulter, aber wo wollte er die Biene suchen? Auf der Baumkrone einer Erle. Er hieb sie um, um das Tier zu fangen, und brachte es mit nach Hause. Die

Biene aber trug so viel Honig, daß mein Vater damit alle Töpfe füllte, die wir hatten, und immer noch Honig übrigblieb. Und wollt Ihr wissen, was ihm da einfiel? Er griff unter sein Hemd, holte zwei Flöhe heraus, tötete sie und machte daraus zwei Schläuche, die er auch noch mit Honig füllte. Da kommt plötzlich ein Huhn und frißt ihm die Biene auf. Mein Vater, halb traurig, halb wütend, wirft die Axt nach dem Huhn, und die verschwindet im Nu in dessen Gefieder. Natürlich will mein Vater seine Axt nicht drangeben. Er geht also auf die Suche, aber glaubt Ihr's oder glaubt Ihr's nicht, sie war nirgends zu finden. Da steckte er das Huhn in Brand, und nachdem das Feuer einen Tag und eine Nacht gewütet hatte, siehe da, da findet er das Loch der Axt, die das Feuer schon ganz zu Asche verbrannt hatte. Er nimmt es und geht damit zum Schmied. Der konnte nur noch einen Angelhaken daraus machen. Mein Vater geht damit an den Fluß zum Angeln. Mit dem Erfolg, daß gleich beim ersten Auswerfen der Angel ein Packsattel anbeißt, beim zweitenmal ein Hufeisen, beim dritten, hast du nicht gesehen, ein toter Esel. Der war drei Tage vorher ertrunken und zuckte noch mit den Wimpern. Mein Vater nimmt sein Pferd und reitet im Galopp zum Schmied, der ihm rät, dem Esel eine Medizin aus Bohnensaft einzuflößen. Mein Vater tat alles genauso, wie ihm gesagt worden war, aber einmal fiel ihm ein Tropfen von dem Trank in das eine Eselsohr. Und siehe da, die Bohnen fangen an zu sprießen und zu wachsen, es wurde ein riesiges Bohnenfeld daraus, so daß wir nachher nur noch Bohnen verkauft, Bohnen gegessen, Bohnen verschenkt haben und ich Euch noch fünfzehn Fuhren Bohnen mitbringe, um Euch die Pacht zu bezahlen. Sie stehen draußen auf dem Vorplatz, und Eure Knechte können mir beim Abladen helfen.»

«Junge, du kannst besser lügen als der Teufel in Person!»

«Na, dann ist ja unsere Pachtschuld bezahlt, Herr!»

## 14

## *Das betrunkene Küken*

*Es war einmal ein betrunkenes Küken,* das ging auf einen Hügel, um kleine Zweige zu suchen, und fand dort eine Geldbörse und sagte:

«Ich will diese Börse dem König bringen.»

Es machte sich mit der Börse im Schnabel auf den Weg, aber da es über einen Fluß setzen mußte und es nicht konnte, sagte es:

«Fluß, tritt zurück, damit ich hinübergehen kann.»

Aber der Fluß kümmerte sich nicht darum, und da trank das Küken das ganze Wasser aus.

Es ging weiter und traf einen Fuchs auf dem Weg und sagte zu ihm: «Laß mich vorbei.»

Da der Fuchs sich nicht rührte, fraß es ihn auf.

Es ging weiter und stieß auf eine Kiefer und sagte zu ihr:

«Geh aus dem Weg, damit ich vorbeikann.»

Da sie sich nicht regte, verschluckte es sie.

Noch weiter traf es einen Wolf und fraß ihn und später eine Eule, und es machte mit ihr dasselbe.

Als es in das Schloß des Königs kam, sagte es, es wolle den König sprechen, und es gab ihm die Geldbörse, und der König befahl darauf, es in den Hühnerstall zu sperren und es gut zu behandeln. Als das betrunkene Küken sich im Hühnerstall befand, begann es zu krähen:

«Kikerikiii,
Meine Börse mit Geld,
Man bringe mir sie.»

Als es sah, daß man ihm die Börse nicht brachte, ließ es den Fuchs heraus, den es verschlungen hatte, und der fraß die ganze Hühnerschar auf.

Man erstattete nun dem König Meldung von dem Vorfall, und er befahl, das betrunkene Küken in einen Gläserschrank zu sperren. Der Befehl wurde ausgeführt, aber das betrunkene Küken krähte unentwegt weiter:

«Kikerikiii,
Meine Börse mit Geld,
Man bringe mir sie.»

Als man ihm die Geldbörse nicht brachte, ließ es die Kiefer heraus, und alle Gläser im Gläserschrank brachen entzwei.

Da befahl der König, das betrunkene Küken in einen Pferdestall zu sperren. Dort krähte es die ganze Zeit:

«Kikerikiii,
Meine Börse mit Geld,
Man bringe mir sie.»

Dann ließ es den Wolf heraus, und der Wolf fraß die Pferde. Darauf befahl der König, das betrunkene Küken in eine Ölkanne zu stecken, aber es ließ nun die Eule heraus, und die trank das ganze Öl aus.

Da der König nun nicht mehr wußte, was er tun sollte, ließ er den Backofen anheizen und das betrunkene Küken dort hineinstecken. Aber selbst im Backofen begann es zu krähen:

«Kikerikiii,
Meine Börse mit Geld,
Man bringe mir sie.»

Und es ließ den Fluß heraus, den es getrunken hatte, und das Schloß des Königs stand schon fast ganz unter Wasser, da befahl der König, man solle dem betrunkenen Küken die

Geldbörse bringen und es dann fortschicken, bevor es den ganzen Fluß herauslassen könnte.

Da zog das betrunkene Küken mit der Geldbörse im Schnabel wieder von dannen.

## 15

## *Der Junge und der Mond*

*Es war einmal ein Vater,* dessen Sohn stieg schon, als er noch ganz klein war, immer auf den Gipfel eines Berges, um zum Mond hinaufzuschauen. Eines Tages ging der Vater zu ihm und fragte ihn, weswegen er denn zum Mond hinaufschaue. Der Junge antwortete:

«Der Mond hat mir oft gesagt, Vater, Ihr würdet mir einmal gegen meinen Willen Wasser auf die Hände schütten wollen.» Da ging der Vater nach Hause und erzählte seiner Frau, was der Junge ihm gesagt hatte, und sie antwortete ihm:

«Ich verstehe, unser Sohn will sagen, daß wir eines Tages noch seine Diener sein werden. Das beste wird sein, wir werfen ihn ins Meer.»

Da holte der Vater einen Kasten, legte den Jungen hinein und warf ihn ins Meer. Der Kasten trieb drei Tage lang auf dem Wasser, bis er in einem fernen Land ankam, und die Fischer, die darin einen Schatz vermuteten, brachten ihn dem König. Der König ließ ihn aufmachen, um zu sehen, was darin sei, und als er sah, daß es ein schöner Knabe war, sagte er, er wolle ihn als seinen Adoptivsohn in seine Obhut nehmen.

Der König ließ nun den Jungen erziehen wie einen Prinzen, und als er zwanzig Jahre alt wurde, gab er ihm Geld, damit er mit großem Gefolge auf Reisen ging, so wie es ihm zustand. Nun waren der Vater und die Mutter des Jungen in Armut geraten und zogen an einen Ort, wo sie einen Gasthof aufmachten, um sich ihren Lebensunterhalt zu verdienen, und sie hatten immer große Gewissensbisse wegen des Unrechts, das sie dem Sohn angetan hatten.

Da kam der Prinz mit seiner Begleitung in diesen Ort und suchte Unterkunft bei seinem Vater, ohne daß er ihn erkannte. Kaum war er da, eilte der Vater herbei, um dem Prinzen Wasser zum Waschen auf die Hände zu gießen. Aber der Prinz lehnte ab, und der Vater erschrak. Da fragte ihn der Prinz, der das bemerkte: «Warum bist du erschrocken, als du mir Wasser auf die Hände gießen wolltest?

Der Vater antwortete:

«Ich habe mich soeben daran erinnert, daß ich einen Sohn hatte, der, wenn er noch lebte, in Eurem Alter wäre, und daß ich ihn ins Meer geworfen habe, weil er mir eines Tages sagte, ich würde ihm noch einmal Wasser in die Hände gießen, damit er sie sich waschen könnte, und er würde es zurückweisen.»

«Aber was habe ich mit deinem Sohn zu tun?» antwortete der Prinz.

«Gar nichts, Ihr seid ein Königssohn, und ich bin ein armer Gastwirt.»

Da erzählte der Prinz dem König alles, und nach vielem Fragen und Antworten kam heraus, daß der Prinz der Sohn des Gastwirtes war. Der wollte nun, daß der Sohn zu ihm und zu seiner Mutter zöge, aber der König befahl, sie sollten statt dessen ins Schloß ziehen, denn nach seinem Tod solle der Prinz an seiner Stelle König sein.

## 16

# *Gevatter Tod*

*Es war einmal ein Mann,* der hatte so viele Söhne, daß es niemanden in der Gemeinde mehr gab, der nicht sein Gevatter war, und sieh da, die Frau bekam noch einen Sohn. Was sollte der Mann tun? Er ging herum, um zu sehen, ob er nicht jemanden träfe, den er bitten könnte, sein Gevatter zu werden. Da traf er einen armen Alten, den fragte er, ob er nicht sein Gevatter werden wolle.

«Ja, gern, aber weißt du denn, wer ich bin?»

«Was weiß ich, ich suche nur jemanden als Paten für meinen Sohn.»

«Nun, ich bin Gott.»

«Dann kann ich dich schon nicht brauchen, denn du machst die einen reich und die anderen arm.»

Er ging weiter. Und er traf einen armen Mann und fragte ihn, ob er sein Gevatter werden wolle.»

«Ja gern, aber weißt du denn, wer ich bin?»

«Nein.»

«Nun, ich bin der Tod.»

«Dich kann ich brauchen, denn du behandelst alle gleich.»

Die Taufe fand also statt, und nachher sagte der Tod zu dem Mann: «Weil du mich zum Gevatter genommen hast, will ich dich reich machen. Du spielst den Arzt und ziehst umher, um die Kranken zu heilen. Du gehst hinein, und wenn du siehst, daß ich am Kopfende des Bettes stehe, ist das ein Zeichen, daß der Kranke nicht mit dem Leben davonkommt, und du brauchst ihm keine Medizin zu geben. Aber wenn ich am Fußende stehe, heißt das, daß er davonkommt. Hüte dich, diejenigen zu heilen, bei denen ich am Kopfende stehe, denn dann erwischt's dich.»

So geschah es. Der Mann ging in die Häuser der Kranken, und wenn er den Gevatter am Kopfende des Krankenbettes sah, wiegte er bedenklich den Kopf, aber wenn er am Fußende stand, verschrieb er, was ihm in den Sinn kam. Ihr könnt euch vorstellen, daß er Ruhm und Ansehen gewann und ein Heidengeld verdiente! Aber einmal kam er in das Haus eines sehr reichen Kranken, und der Tod stand am Kopfende. Unser Arzt wiegte den Kopf. Man sagte ihm, er bekäme soundsoviel tausend Mark, wenn er den Kranken vor dem Tod bewahrte, und er sagte:

«Sei unbesorgt, ich helf dir auf», und er nimmt den Kranken und dreht ihn so, daß der Kopf zu liegen kam, wo die Füße waren, und er kommt mit dem Leben davon.

Als er nach Hause ging, tritt ihm der Gevatter in den Weg. «Ich komme dich abzuholen wegen des Verrats, den du an mir begangen hast.»

«Dann laß mich ein Vaterunser beten, bevor ich sterbe.»

«Gut, dann bete.»

Aber er dachte nicht daran zu beten! Und der Gevatter ging, um sein Wort nicht zu brechen, ohne ihn davon.

Eines Tages trifft der Mann den Gevatter, als er wie tot am Weg lag, und er erinnerte sich an das Gute, das er ihm getan hatte, und sagte:

«Mein lieber Gevatter, da liegst du nun und bist tot, laß mich ein Vaterunser für deine Seelenruhe beten.»

Als er fertig war, erhob sich der Tod und sagte: «Nachdem du jetzt also das Vaterunser gebetet hast, komm mit mir!»

Der Mann war schlau, aber der Tod noch schlauer, oder etwa nicht?

17

## *Der Raub des königlichen Schatzes*

*Es war einmal eine Frau,* die hatte drei Söhne. Die Söhne sagten eines Tages zueinander:

«Wollen wir dem König seinen Schatz rauben?»

Sie gingen wirklich los und erbeuteten viel Geld. Da sagte der König: «Keine Angst, mein lieber Dieb, dich bekomme ich schon.»

Und er ließ in seiner Schatzkammer ein Faß voll Teer aufstellen, und als die Brüder das nächste Mal kamen, da blieb der erste, der hineinging, im Teer stecken. Seine Brüder wußten nicht, was sie nun machen sollten, schließlich hieben sie ihrem Bruder den Kopf ab.

Als der König am anderen Tag die Leiche sah, aber nicht wußte, wer es war, ließ er sie durch die Straßen schleifen. Die Mutter der Söhne stand am Fenster, und kaum erblickte sie ihren Sohn, da schrie sie laut auf und fiel ohnmächtig um. Die Leute von der Polizei aber, die überall herumspürten, liefen dorthin. Da sagten die beiden anderen Brüder, die dabeistanden:

«O weh, jetzt sind wir verloren.»

Und der eine von ihnen sagte zu dem anderen:

«Ich werfe mich auf den Boden und strample kräftig mit den Beinen, dann mußt du dich sehr aufgeregt gebärden und sagen: ‹Hilfe, mein Bruder liegt im Sterben, mein Bruder liegt im Sterben.›»

Die Polizei kam und fragte, was es da gebe, und da sagte der Bruder, er wisse nicht, was sein Bruder habe, er habe einen Anfall bekommen, und seine Mutter sei in Ohnmacht gefallen, als sie das gesehen habe. Als die Polizei das hörte, ging sie fort, und der König erfuhr nicht, wer der Dieb war, der ihm sein Geld gestohlen hatte.

## 18

## *Doktor Grille*

*Eines Tages ging über die Brücke von Coimbra* ein Kohlenhändler mit einem Esel, der mit Kohlen beladen war. Und er sah viele Studenten, die saßen auf der Brücke und aßen Kuchen, Bonbons und Mandeln. Der Kohlenhändler dachte bei sich:

‹Wenn man so schöne Dinge essen will, muß man wohl Student sein.›

Gesagt, getan. Er verkaufte die Kohlen und den Esel in der Stadt, zog sich die Kohlensäcke an und setzte sich auf die Brücke, um die Rinde vom Maisbrot zu essen, weil er nicht genug Geld hatte, um Kuchen zu kaufen. Die Studenten wunderten sich sehr über den neuen Kollegen und fragten ihn:

«Hallo, junger Fuchs, was studierst du denn?»

Da antwortete er:

«Ich studiere Wahrsagerei.»

Es waren einige Tage vergangen, da wurde bekannt, daß dem König von Portugal ein Schatz gestohlen worden war und daß er demjenigen einen hohen Lohn ausgesetzt habe, der den Dieb ausfindig mache. Die Studenten erzählten nun dem König, daß ein Student da sei, der Wahrsagerei studiere. Der König ließ ihn gleich zu sich ins Schloß kommen und sagte zu ihm, er wolle einmal sehen, ob er in der Wissenschaft, die er studiere, schon vorgeschritten sei. Nun hieß der Kohlenhändler X. Y. Grille. Der König ging mit geschlossener Hand auf ihn zu und fragte ihn: «Was hab ich in der Hand?»

Da der Student ganz bestürzt war und nicht wußte, was er antworten sollte, seufzte er schwer und sagte:

«Ach, Grille, Grille, wem bist du da in die Hände geraten!»

Da machte der König die Hand auf und sagte, da er nicht wußte, daß der Student Grille hieß:

«Du hast richtig geraten, ich habe wirklich eine Grille darin.» Der König war nun sehr zufrieden und der Student nicht weniger. Bald danach wollte der König erproben, ob der Student noch mehr raten konnte, und er ließ ein Schwein schlachten, füllte eine Flasche mit dem Blut, ging zum Studenten und fragte ihn:

«Wessen Blut ist dies?»

Er wußte wieder nicht, was er sagen sollte, und antwortete:

«Ja, hier muß man schon Schwein haben.»

Der König antwortete:

«Du hast richtig geraten, in der Flasche hier habe ich Schweineblut.»

Und dann sagte der König zu ihm:

«Ich gebe dir jetzt drei Tage Zeit, um die Diebe, die meinen Schatz gestohlen haben, ausfindig zu machen.»

Es sprach sich schnell am Hof herum, daß ein Wahrsager im Schloß sei, um die Diebe ausfindig zu machen. Zwei Diener des Königs gingen nun zu dem Studenten und sagten zu ihm:

«Wir geben Euch viel, viel Geld, wenn Ihr dem König nicht sagt, daß wir beide den Schatz gestohlen haben.»

Dies wollte der Student ja nur hören. Er ließ sogleich den König rufen und sagte:

«Euer Majestät muß wissen, daß zwei von Euren Dienern den Schatz geraubt haben.»

Als der König die Wahrheit wußte, ließ er die Diener festnehmen, und sie gaben ihm den Schatz zurück. Und der König sagte zu dem Studenten, er wolle ihm nun eine gute Belohnung geben, und er möge doch noch einige Tage im Schloß bleiben. Während dieser Tage geschah es, daß der Königstochter beim Essen ein Knochen im Hals steckenblieb. Die Ärzte des Königs wagten nicht, ihn ihr herauszuziehen, und da wandte sich der König wieder an seinen Studenten und sagte ihm, er wolle ihn reich belohnen, wenn er die Prinzessin rettete. Der Student sagte nun zur Prinzessin, sie solle sich bäuchlings auf den Boden legen, und er begann, Butterkugeln auf sie zu werfen. Da mußte die Prinzessin loslachen, und als sie so hell auflachte, flog der Knochen plötzlich hinaus. Nun gab der König dem Studenten einen Haufen Geld zur Belohnung und sagte zu ihm:

«Weil du so viel weißt, mache ich dich zum Arzt in meinem Krankenhaus und in meinem königlichen Schloß.»

Zu dieser Zeit herrschte in der Stadt eine furchtbare Epidemie, und der Arzt machte den Kranken eine Visite. Als er sie alle untersucht hatte, sagte er zu ihnen:

«Wer von euch am kränksten ist, soll morgen aufgeschnitten werden, damit wir ihn einmal von innen untersuchen können.» Als nun die Kranken dies hörten, standen sie alle auf, die einen auf Stöcke gestützt, die anderen auf Krücken. Sie verließen das Krankenhaus, denn sie mochten jetzt nicht mehr krank sein. Und es sprach sich in der Stadt herum, daß der neue Arzt so viel wußte, daß allein bei seinem Anblick die Kranken schon wieder gesund wurden. Als der Arzt dies vernahm, entschloß er sich, nun an der Universität Medizin zu studieren. Nach einiger Zeit konnte er sich den Doktorhut aufsetzen und nannte sich nun Doktor Grille.

## 19

## *Der Werwolf**

*Der Mann sagte zu seiner Frau:*

«Geh nicht an den Brunnen!»

Sie wollte den Teig ansetzen und Brot backen... Dann sagte er: «Geh nicht an den Brunnen!»

* Zur Erzählform dieses Stückes vgl. die Anmerkung.

«Nun, warum soll ich nicht an den Brunnen gehen?»

Der Mann ging weg. Die Frau ließ ihn weggehen und ging an den Brunnen. Unterwegs begegnete er ihr, riß ihr das Kopftuch in Fetzen, machte ihr den Krug zu Scherben... Daraufhin ging sie bekümmert und verärgert nach Hause.

«Was ist los mit dir, was ist dir zugestoßen?» fragte der Mann.

«Was soll schon los sein? Man hat mir mein Zeug zerrissen, den Krug...»

Da sah die Frau den... die Fetzen des Kopftuchs an seinen Zähnen. Und rief aus:

«Ach, das warst du! Du hast ja die Fetzen noch an den Zähnen!»

«Ich soll das gewesen sein?»

«Du warst es!»

Da sagte er:

«Ja, ich war es. Du mußt meinen Fluch von mir nehmen.»

«Wie soll ich den von dir nehmen?»

«Wie du ihn von mir nehmen sollst? Du stellst dich an eine Wand, wenn es Nacht ist, komme ich vorbei. Ich bin es, mit dem Hintern, du nimmst einen Ochsenstachel,... nimmst einen Ochsenstachel, gibst mir einen kräftigen Stich, daß Blut kommt! Wenn nämlich kein Blut kommt, muß ich dich umbringen!»

Sie nahm den Ochsenstachel, stach ihn damit, daß es blutete. Da war alles gut. Sie hatte ihn von seinem Fluch, Werwolf zu sein, befreit.

## 20

## Die drei Feen

*Es waren einmal ein Mann und eine Frau,* die hatten keine Kinder und waren daher sehr unzufrieden mit ihrem Leben. Eines Tages ging die Frau zum heiligen Antonius beichten und erzählte ihm ihren Kummer. Der Heilige gab ihr drei Äpfel, die sollte sie auf nüchternen Magen essen. Die Frau ging nach Hause, legte die drei Äpfel auf die Kommode und machte sich daran, das Essen zu bereiten. Als der Mann nach Hause kam, sah er die drei Äpfel und aß sie auf.

Da ging die Frau wieder zum heiligen Antonius, und er sagte zu ihr:

«Dann muß nun dein Mann die Schmerzen erdulden, die du haben solltest.»

Als nun die Zeit kam, begann der Mann zu schreien. Man holte einen Sachverständigen, der schnitt ihm den Bauch auf, um ihn zu erleichtern. Und der verzweifelte Mann befahl, das Kind im Wald auszusetzen. Ein Adler stieß vom Himmel herab und packte das Kind mit dem Schnabel und zog es mit der Milch auf, die er den Kühen abzapfte, die auf der Weide waren, und kleidete es mit der Wäsche, die er von den Wäscheleinen wegnahm. Er baute ihm ein kleines Häuschen aus Stroh, und da wuchs nun das kleine Geschöpf heran und wurde ein wunderhübsches Mädchen.

Eines Tages kam ein Prinz vorbei, der in dem Gebirge jagte. Er sah das hübsche Mädchen und fragte, ob sie mit ihm gehen wolle. Sie sagte ja, das wolle sie gern. Als er sie auf seinen Wagen hob, kam plötzlich der Adler herbei, um sie ihm wegzunehmen, da er es aber nicht konnte, hackte er ihr im letzten Augenblick ein Auge aus. Der Prinz aber liebte das Mädchen trotz ihres großen Fehlers wie vorher. Er nahm sie mit sich und verbarg sie im Schloß in seinem Zimmer. Als die Königin nun ihren Sohn immer in seinem Zimmer eingeschlossen fand, wollte sie wissen, was wohl darin war. Und sie ließ eine große Jagd veranstalten, die mehrere Tage dauerte. Als alle fort waren, kam die Königin durch eine Tür, die nur sie allein kannte, in das Gemach des Prinzen. Als sie eintrat, erblickte sie das Mädchen.

«Ach, bist du es, schielendes Einaug, die meinen Sohn bestrickt? Komm heraus, um dir das Schloß und den Garten anzusehen!» Das Mädchen ging mit der Königin, und als sie im Garten waren, führte die Königin es an einen tiefen Brunnen und stieß es hinein. Als der Sohn von der Jagd zurückkam, ging sie sogleich zu ihm und sagte: «Das schielende Einaug, das du in deinem Zimmer eingeschlossen hattest, ist in Windeseile davongelaufen, als die Tür geöffnet wurde, und niemand hat es zurückbringen können.» In der Nacht kamen drei Feen am Brunnen vorbei und hörten, wie etwas darin seufzte.

«Was ist das? Was mag das sein?»

«Das ist eine Mädchenstimme.»

Sie näherten sich dem Brunnenrand, um besser zu hören. Dann sagte die eine:

«Ich schenke dir, daß du aus dem Brunnen herauskommst und von vollkommener Schönheit bist.»

«Und ich schenke dir eine silberne Schere, mit der sollst du demjenigen die Zunge abschneiden, der dich zweimal nach derselben Sache fragt.»

«Und ich schenke dir ein Schloß genau gegenüber dem Schloß der Königin, das soll von außen alt aussehen, aber von drinnen aus lauterem Gold und Silber sein.»

Am nächsten Tage entsetzten sich alle am Hofe sehr, als sie dem königlichen Schloß gegenüber ein großes altes Schloß sahen, ohne daß sie sich erinnerten, wie und wann es erbaut worden war. Am meisten entsetzte sich die Königin, und sie befahl ihrem alten Kammerherrn herauszubekommen, was das sei und wer darin wohne.

Der Kammerherr ging in das alte Schloß, blieb aber voll

Verwunderung stehen, als er das Innere erblickte. Da erschien ihm ein prächtig gekleidetes Mädchen, das er nun nach den Dingen fragte, die die Königin wissen wollte. Es antwortete:

«Sage deiner Königin,
meine Mutter ersehnte mich,
mein Vater bekam mich,
in die Dornen warf man mich,
ein Adler hat mich groß gemacht,
mich fand der Prinz dann auf der Jagd,
die Königin stieß mich in den Bronnen,
drei Feen aber waren mir hold gesonnen,
sie brachten mich an diesen Ort,
und niemals geh ich von hier fort.»

Der Kammerherr konnte diese Auskunft nicht gleich im Kopf behalten und bat daher das Mädchen, sie zu wiederholen. Da sagte es:

«Schneide los, Schere!»

Und im selben Augenblick fiel ihm die Zunge aus dem Mund. Der Kammerherr ging ins Schloß zurück und konnte nur noch sagen: «Lo-lo-ro, lo-lo-ro.»

Da schickte die Königin einen anderen hin, aber dem geschah dasselbe. Schließlich ging der Prinz hin, und als er die Verse gehört hatte, die das Mädchen sprach, sagte er sie der Königin her. Sie aber wollte sich mit eigenen Augen von alldem überzeugen, und dann erlaubte sie ihrem Sohn, das Mädchen zu heiraten.

21

## *Bruder Johannes Unbesorgt*

*Der König hörte immer* von dem Klosterbruder Johannes Unbesorgt sprechen als von einem Mann, der sich über nichts in dieser Welt aufregte.

«Nun, wir wollen sehen, ich werde ihn schon in Bedrängnis bringen.»

Er ließ ihn zu sich rufen und sagte zu ihm:

«Ich will dir ein Rätsel aufgeben, und wenn du mir innerhalb von drei Tagen nicht zu antworten weißt, lasse ich dich töten. Du sollst mir sagen:

Wieviel wiegt der Mond?
Wieviel Wasser enthält das Meer?
Was denke ich?

Bruder Johannes Unbesorgt ging bei dem Gedanken an die Antwort, die er wohl geben sollte, in ziemlicher Verwirrung aus dem Schloß fort. Der Müller, den er unterwegs traf, war ganz erstaunt, Bruder Johannes Unbesorgt hängenden Kopfes und grübelnd zu sehen.

«He, Bruder Johannes Unbesorgt, was soll denn das bedeuten, daß man Euch so traurig sieht?»

«Der König hat mir gesagt, er würde mich töten lassen, wenn ich innerhalb von drei Tagen nicht auf folgende Fragen antworte: Wieviel der Mond wiegt, wieviel Wasser das Meer enthält und was er, der König, denkt.»

Der Müller brach in Gelächter aus und sagte zu ihm, er brauche keine Angst zu haben. Er solle ihm sein Mönchsgewand leihen, dann werde er verkleidet zum König gehen und ihm die richtigen Antworten geben.

Nach drei Tagen bat der Müller als Klosterbruder verkleidet beim König um eine Audienz. Der König fragte ihn:

«Nun, wieviel wiegt denn der Mond?»

«Eure Majestät muß wissen, daß er nicht mehr als ein Pfund wiegen kann, denn man sagt, er bestehe aus vier Vierteln.»

«Das stimmt. Aber jetzt weiter: Wieviel Wasser enthält das Meer?»

Da antwortete der Müller:

«Das läßt sich leicht feststellen, aber da Eure Majestät nur nach dem Wasser des Meeres gefragt hat, muß Eure Majestät erst alle Flüsse zustopfen lassen, denn ohne dies ist nichts zu machen.» Der König fand die Antwort gut. Aber böse darüber, daß Bruder Johannes Unbesorgt aus allen schwierigen Lagen einen Ausweg wußte, fuhr er fort:

«Aber jetzt kommt's: wenn du nicht weißt, was ich denke, lasse ich dich töten!»

Der Müller antwortete:

«Nun, Eure Majestät denkt, daß sie mit Bruder Johannes Unbesorgt spricht, dabei spricht Eure Majestät in Wirklichkeit mit dessen Müller.»

Er ließ das Mönchsgewand fallen, und der König war baß erstaunt über die Gerissenheit des Schlaumeiers.

## 22

## *Der Granatbaum des Affen*

*Es war einmal ein Affe,* der saß auf einem Ölbaum und fraß einen Granatapfel. Da fiel ein Kern des Granatapfels auf die Erde neben den Olivenbaum, und nach kurzer Zeit wuchs aus der Erde ein kleiner Granatbaum hervor. Als der Affe dieses Bäumchen erblickte, ging er zum Besitzer des Ölbaums und sagte zu ihm:

«Fäll den Ölbaum, mein Granatbaum wächst sonst nicht!»

Und der Mann antwortet: «Ich denke nicht daran.»

Da ging der Affe zum Richter und sagte:

«Richter, verhafte den Mann, er fällt den Ölbaum nicht, und mein Granatbaum wächst dann nicht.»

Der Richter antwortet: «Ich denke nicht daran.»

Da ging der Affe zum König und sagte:

«König, nimm dem Richter sein Amt, er verhaftet den Mann nicht, der fällt den Ölbaum nicht, und mein Granatbaum wächst dann nicht.»

Und der König antwortet: «Ich denke nicht daran.»

Da ging der Affe zur Königin.

«Königin, erzürne dich mit dem König, er nimmt dem Richter sein Amt nicht, der verhaftet den Mann nicht, der fällt den Ölbaum nicht, und mein Granatbaum wächst dann nicht.»

Und die Königin antwortet: «Ich denke nicht daran.»

Da ging der Affe zur Maus.

«Maus, nage am Rock der Königin, sie erzürnt sich mit dem König nicht, der nimmt dem Richter sein Amt nicht, der verhaftet den Mann nicht, der fällt den Ölbaum nicht, und mein Granatbaum wächst dann nicht.»

Und die Maus antwortet: «Ich denke nicht daran.»

Da ging er zur Katze.

«Hör, Katze, friß die Maus, sie nagt am Rock der Königin nicht, die erzürnt sich mit dem König nicht, der nimmt dem Richter sein Amt nicht, der verhaftet den Mann nicht, der fällt den Ölbaum nicht, und mein Granatbaum wächst dann nicht.»

Und die Katze antwortet: «Ich denke nicht daran.»

Da ging er zum Hund.

«Hör, Hund, beiß die Katze, sie frißt die Maus nicht, die nagt am Rock der Königin nicht, die erzürnt sich mit dem König nicht, der nimmt dem Richter sein Amt nicht, der verhaftet den Mann nicht, der fällt den Ölbaum nicht, und mein Granatbaum wächst dann nicht.»

Und der Hund antwortet: «Ich denke nicht daran.»

Da ging er zum Knüppel und sagte:

«Knüppel, hau den Hund, er beißt die Katze nicht, die frißt die Maus nicht, die nagt am Rock der Königin nicht, die erzürnt sich mit dem König nicht, der nimmt dem Richter sein Amt nicht, der verhaftet den Mann nicht, der fällt den Ölbaum nicht, und mein Granatbaum wächst dann nicht.»

«Ich denke nicht daran.»

Da ging er zum Feuer.

«Feuer, verbrenn den Knüppel, er haut den Hund nicht, der beißt die Katze nicht, die frißt die Maus nicht, die nagt am Rock der Königin nicht, die erzürnt sich mit dem König nicht, der nimmt dem Richter sein Amt nicht, der verhaftet den Mann nicht, der fällt den Ölbaum nicht, und mein Granatbaum wächst dann nicht.»

«Ich denke nicht daran.»

Da ging er zum Wasser.

«Hör, Wasser, lösch das Feuer, es verbrennt den Knüppel nicht, der haut den Hund nicht, der beißt die Katze nicht, die frißt die Maus nicht, die nagt am Rock der Königin nicht, die erzürnt sich mit dem König nicht, der nimmt dem Richter sein Amt nicht, der verhaftet den Mann nicht, der fällt den Ölbaum nicht, und mein Granatbaum wächst dann nicht.»

«Ich denke nicht daran.»

Da ging er zum Ochsen.

«Hör, Ochse, trink das Wasser, es löscht das Feuer nicht, das verbrennt den Knüppel nicht, der haut den Hund nicht, der beißt die Katze nicht, die frißt die Maus nicht, die nagt am Rock der Königin nicht, die erzürnt sich mit dem König nicht, der nimmt dem Richter sein Amt nicht, der verhaftet den Mann nicht, der fällt den Ölbaum nicht, und mein Granatbaum wächst dann nicht.»

«Ich denke nicht daran.»

Da ging er zum Schlachter.

«Schlachter, töte den Ochsen, er trinkt das Wasser nicht,

das löscht das Feuer nicht, das verbrennt den Knüppel nicht, der haut den Hund nicht, der beißt die Katze nicht, die frißt die Maus nicht, die nagt am Rock der Königin nicht, die erzürnt sich mit dem König nicht, der nimmt dem Richter sein Amt nicht, der verhaftet den Mann nicht, der fällt den Ölbaum nicht, und mein Granatbaum wächst dann nicht.»

«Ich denke nicht daran.»

Da ging er zum Tod.

«Hör, Tod, hol den Schlachter ab, er tötet den Ochsen nicht, der trinkt das Wasser nicht, das löscht das Feuer nicht, das verbrennt den Knüppel nicht, der haut den Hund nicht, der beißt die Katze nicht, die frißt die Maus nicht, die nagt am Rock der Königin nicht, die erzürnt sich mit dem König nicht, der nimmt dem Richter sein Amt nicht, der verhaftet den Mann nicht, der fällt den Ölbaum nicht, und mein Granatbaum wächst dann nicht.»

Der Tod ging zum Schlachter, um ihn abzuholen; der sagte: «Hol mich nicht ab, ich will den Ochsen töten.»

Der Ochse sagte: «Töte mich nicht, ich will das Wasser trinken.»

Das Wasser sagte: «Trink mich nicht, ich will das Feuer löschen.»

Das Feuer sagte: «Lösch mich nicht, ich will den Knüppel verbrennen.»

Der Knüppel sagte: «Verbrenn mich nicht, ich will den Hund hauen.»

Der Hund sagte: «Hau mich nicht, ich will die Katze beißen.»

Die Katze sagte: «Beiß mich nicht, ich will die Maus fressen.»

Die Maus sagte: «Friß mich nicht, ich will den Rock der Königin annagen.»

Die Königin sagte: «Nag nicht an meinem Rock, ich will mich mit dem König erzürnen.»

Der König sagte: «Erzürne dich nicht mit mir, ich will dem Richter sein Amt nehmen.»

Der Richter sagte: «König, nimm mir mein Amt nicht, ich will den Mann verhaften.»

Der Mann sagte: «Richter, verhafte mich nicht, ich will den Ölbaum fällen.»

Und der Mann fällte den Ölbaum, und der Affe bekam seinen Granatbaum.

## 23

## *Der König und die Königin*

*Es war einmal eine Königin,* die war schön wie keine andere und der König sehr eifersüchtig.

Um nun sicher zu sein, daß niemand anders seine Gemahlin sähe und ihr zu nahe käme, ließ er vor die Türen ihrer Gemächer Mehl streuen. So würde man die Spuren sehen, wenn jemand es wagte, dort einzutreten.

Ein kecker Graf beschloß nun, die Königin während des Schlafs zu beobachten. Und wie gedacht, so getan. Als der mißtrauische König sah, daß auf der Mehlschicht Fußspuren waren, wollte er seine Frau nicht mehr sehen. Das brachte der armen Königin, die ihn über alles liebte, großen Kummer, und sie ließ schließlich den König bitten, er möge ein großes Fest geben und dazu den ganzen Hof einladen. Der König überlegte das lange hin und her, und schließlich willigte er in ihren Wunsch ein.

Als man beim Abendessen war, schlug die Königin vor, jeder solle eine Geschichte erzählen, und sie selbst begann mit dem folgenden Spruch:

«War einst begehrtes Weinspalier,
Jetzt bin ich weniger als ein Stück Holz.
Von meinem Gemahl nun verschmäht,
Weiß nicht, ob aus Überdruß oder aus Stolz.»

Als der König das hörte, erwiderte er ohne Zögern:

«Als das Gemach ich betreten,
Diebesspuren ich seh.
Ob der Dieb auch gegessen,
Ist das Rätsel, das mich bewegt.»

Da erhob sich der Graf, der sofort begriff, was das bedeuten sollte, und wollte seinen Fehler wiedergutmachen und sagte:

«In das Zimmer ging ich,
Fand prächtige Trauben,
Berührte sie nicht,
Gott ist Zeuge, so sollt ihr's glauben.»

Von da an lebten der König und die Königin wieder glücklich miteinander, und der König war nun von seinem Fehler geheilt.

## 24

## ***Peter Tunichtgut***

*Eine arme Frau hatte einen Sohn,* der war arg beschränkt, und weil er nie etwas richtig machte oder richtig sagte, hieß er nur der Peter Tunichtgut. Die Frau hatte nur diesen Sohn und liebte ihn darum sehr. Eines Tages brachte die Frau ein Stück Leinen nach Hause, das jemand weggeworfen hatte, und sagte:

«Mit diesem Tuch können wir unsere Löcher flicken.»

Als die Frau ausgegangen war und sich in der Kirche eine Zeitlang aufhielt, nahm der Junge das Tuch, schnitt es in kleine Fetzen und stopfte es in die Löcher an der Wand des Hauses. Als die Mutter zurückkam, sagte er ganz stolz zu ihr:

«Sieh mal, Mutter, wie schön unsere Löcher gestopft sind.» Die Mutter sah die Dummheit, klagte über ihr bitteres Los und ließ ihn versprechen, das nie wieder zu tun.

Am anderen Tag schickte sie ihn auf den Markt. Er sollte da ein kleines Schwein kaufen und es dann nach Hause bringen. Sie wartete und wartete, und als der Sohn nicht wiederkam, ging sie ihm entgegen. Da fand sie ihn auf dem Boden liegend mit dem Schwein auf dem Rücken, denn er hatte gemeint, er müsse es auf dem Rücken nach Hause bringen, und dafür war es reichlich schwer. Die Frau weinte, war außer sich und erklärte ihm:

«So etwas bringt man nach Hause, indem man an seinem Bein eine Schnur festbindet, und treibt es dann mit einem Stock vor sich her.»

Peter Tunichtgut merkte sich das. Nach einigen Tagen schickte die Mutter ihn wieder auf den Markt, einen Krug zu kaufen. Als er nach Hause kam, hatte er nur noch den Henkel in der Hand.

«Was soll denn das, Peter? Wo ist denn der Krug, den du kaufen solltest?»

Da sagte er zur Mutter:

«Ich hab ihm ein Schnürchen an den Henkel gebunden und ihn mit einem Stock vor mir hergetrieben. So habt Ihr es mir doch neulich erklärt.»

Die Mutter begann wieder zu jammern und sagte zu ihm: «Wenn du Vernunft annehmen würdest, hättest du den Krug in die Hand genommen oder ihn in Stroh gelegt und auf einem Wagen mitgebracht, der in unsere Richtung fuhr.»

Nicht lange danach sollte er in einem Laden ein Dutzend Nadeln kaufen. Peter Tunichtgut kaufte die Nadeln, und als ein Wagen mit Stroh des Weges kam, nahm er die Gelegenheit wahr und legte die Nadeln in das Stroh. Zu Hause angekommen, fragt ihn die Mutter nach den Nadeln.

«Die kommen gleich. Sie liegen im Strohwagen des Nachbarn, ich habe sie so hergeschafft, wie Ihr mir das neulich gesagt habt.» Die Mutter war der Dummheiten schon überdrüssig und hatte Angst, ihn noch irgendwohin zu schicken. Eines Tages kaufte sie Gekröse für das Mittagessen ein und sagte zu Peter Tunichtgut: «Geh eben zum Fluß und wasch das Gekröse, und bring es mir ja schön sauber nach Hause.»

«Aber wie kann ich denn wissen, wann das Gekröse schön sauber ist?»

«Frag halt jemanden, der wird es dir schon sagen.»

Da ging Peter Tunichtgut, wusch das Gekröse und wusch, und da niemand vorbeikam, wusch er unentwegt weiter. Bis er schließlich von weitem ein Boot kommen sah, das mit Segeln und Rudern gleichzeitig fuhr, denn es herrschte Windstille, und er begann zu winken und zu rufen. Die Leute auf dem Boot dachten, er wolle mitgenommen werden, und hielten mit großer Anstrengung gegen die Strömung auf das Ufer zu, als Peter Tunichtgut fragte: «Sie, können Sie mir sagen, ob dieses Gekröse hier schön sauber ist?»

Die Leute auf dem Boot gerieten außer sich, sprangen an Land, verprügelten ihn und sagten am Ende:

«Du mußt sagen: ‹Der Wind soll tüchtig blasen!›»

Dann fuhren sie weiter. Peter Tunichtgut machte sich auf den Weg nach Hause, da kam er an einem Feld vorbei, wo Weizen gemäht und die Garben aufgestellt wurden, und er hub an:

«Der Wind soll tüchtig blasen, der Wind soll tüchtig blasen.» Die Schnitter gerieten in Verzweiflung, kamen und schlugen ihn und sagten:

«Du Dummkopf, weißt du denn nicht, daß der Wind uns dann den Weizen auseinanderweht? Der darf aber doch nicht auf die Erde fallen.»

Und sie ließen ihn weiterziehen. Peter ging seines Weges und kam an ein Feld, wo Männer ein Netz aufspannten, um Vögel zu fangen, und er begann:

«Es kommt drauf an, daß keiner zur Erde fällt, daß keiner zur Erde fällt.»

Da kamen die Männer herbei, schlugen ihn windelweich und riefen:

«Du mußt sagen: ‹Viel Blut muß fließen.›»

Da kommt Peter an einen Weg, wo zwei Männer miteinander stritten und andere sie auseinanderzerren wollten, und er mischt sich mit großem Geschrei ein:

«Viel Blut muß fließen, viel Blut muß fließen.»

Man kann sich denken, wie sie sich auf ihn stürzten und ihn prügelten! Dann sagten sie zu ihm:

«Du mußt sagen: ‹Gott möge sie trennen, Gott möge sie trennen.›»

Da zieht Peter Tunichtgut weiter und trifft auf einen großen Zug von Leuten, die einem Brautpaar das Geleit gaben, das gerade geheiratet hatte. Da hebt er an:

«Gott möge sie trennen, Gott möge sie trennen.»

Die Hochzeitsgäste prügelten ihn durch und sagten zu ihm:

«Lieber Mann, du mußt sagen: ‹Davon jeden Tag aufs neue.›»

Als er weiterzieht, begegnet er dem Leichenzug eines Toten, der in dem Ort sehr angesehen gewesen war, und beginnt zu schreien: «Davon jeden Tag aufs neue, jeden Tag aufs neue.»

Die Leute, die mit in dem Leichenzug gingen, hatten nicht Hände genug, ihn zu verprügeln, und sagten zu ihm:

«Du mußt sagen: ‹Möge der Herrgott ihn gleich zu sich in den Himmel rufen.›»

Da geht er weiter, und es kam eine Taufgesellschaft des Weges, da läßt Peter Tunichtgut sich vernehmen:

«Möge der Herrgott es gleich zu sich in den Himmel rufen!»

Die Paten des Kindes sahen darin ein böses Vorzeichen und schlugen Peter Tunichtgut windelweich. Der ergriff die Flucht, und wenn er nicht nach Hause zurückgekehrt wäre, zöge er noch heute durch die Welt und handelte sich überall Prügel ein.

## *25*

## *Der Hase und der Wolf*

*In alter Zeit,* in der Zeit der Tiere, da war der Wolf König und befahl, daß man ihm jeden Tag ein Stück Wild zum Fressen brächte. Eines schönen Tages kam die Reihe an den alten Hasen. Wie der wohl darüber dachte?

«Ich, in meinem Alter, soll noch vom Wolf gefressen werden? Das kommt ja gar nicht in Frage! Ich muß sehen, wenn es Nacht wird, einen Brunnen mit einer Wand zu finden, und der Mond muß scheinen.»

Es wurde wirklich eine Nacht mit Mondschein, und der Hase setzte sich auf die Brunnenwand und sah seinen eigenen Schatten und räsonierte:

«Gut, sehe ich meinen Schatten, so wird auch der Wolf den Schatten sehen, wenn er sich hierhersetzt, und dann werden wir schon einen Ausweg finden.»

Als es schon stockfinstere Nacht war, zog er zum Haus des Wolfs. Der stand schon an der Tür und sagte:

«Na, zu so später Nachtzeit kommst du her?»

«Herr Wolf, Ihr habt doch gesagt, daß Ihr keinen anderen Wolf in Eurer Nähe sehen wollt, und ich habe heute den ganzen Tag einen gesehen.»

«Und wo ist der?»

«Kommt bitte mit mir!»

Der Wolf ging mit.

«So, jetzt steigt auf diesen Brunnenrand! Dann seht Ihr den Wolf.» Er tat das.

«Wollt Ihr nun sehen, wo der Wolf ist? Da ist er!»

Der Wolf fiel in den Brunnen hinein und war tot. Der alte Hase aber lebte noch lange, und man erzählte sich überall seine Geschichte.

## *26*

## *Die vier Söhne*

*Es waren einmal ein Vater und eine Mutter,* die hatten vier Söhne, und sie waren sehr arm. Da starben Vater und Mutter, und die Söhne sagten zueinander:

«Nun müssen wir sehen, wie wir uns durchs Leben schlagen. Wir teilen auf, was wir haben, und ziehen los, unser Brot zu verdienen.»

Sie hatten eine Leiter, denn der Vater war Dachdecker gewesen, die bekam der eine von ihnen. Sie hatten eine Katze, die bekam der zweite. Sie hatten einen Hahn, den bekam der dritte. Sie hatten eine Sichel, die bekam der letzte.

«So, jetzt kann jeder seine eigenen Wege gehen.»

Sie zogen also los. Der Dachdecker kam in einen Ort, da sagte man ihm:

«Wohin willst du denn mit der Leiter?»

«Ich bin Dachdecker.»

«Nun, dann hör mal zu, wir brauchen dringend einen Dachdecker. An unserem Haus fehlt das Dach.»

Also gut, er stieg auf die Leiter und deckte das Dach. Er schaute von oben herab und sah, wie der Herr des Hauses, der sehr reich war, sein Geld in die Schublade tat. Da wartet er ab, bis alle aus dem Hause sind, schleicht sich ganz still an die Schublade heran und machte sich mit dem Geld aus dem Staub. Der war also schon mal reich und gut versorgt.

Der mit dem Hahn zog anderswohin und kam in ein Dorf,

das war sehr weit von seinem Heimatort entfernt, und da sagte man zu ihm:

«Wohin gehst du denn mit diesem Hahn?»

«Dieser Hahn ist von besonderer Art. Wenn der Morgen noch fern ist, kräht er schon. Er kräht, sobald er den Tag nur von weitem spürt.»

«Was du nicht sagst!»

«Was ich sage, stimmt.»

«Hier bei uns macht jede Nacht jemand einen weiten Weg, um den Morgen zu erkunden. Sobald der Morgen sich von weitem naht, kommt er zurück und gibt den anderen Bescheid.»

«Was ihr nicht sagt!»

«Stell dir vor, was wir für eine Mühe haben! Also, den Hahn kaufen wir dir ab. Wieviel verlangst du dafür?»

«Ich weiß nicht.»

«Also, wir geben dir soundso viel!»

Es war eine Unmenge Geld, so daß er ebenfalls reich wurde. Sie behielten dafür den Hahn.

Der mit der Katze zog in eine andere Richtung. Dort waren alle Leute in der Messe. Er ging hinein. Beim Altar stand, so heißt es, jeden Sonntag einer, der mit einem Stecken die Mäuse verjagte, sonst wären die gekommen und hätten alles aufgefressen. Und neben der Hostie oben, da stand auch einer, denn sie wären sogar an die Hostie gegangen, wenn er nicht dagewesen wäre. Es war eine wahre Mäuseplage, man sah nichts als Mäuse, und sie waren mit Stöcken hinter den Mäusen her.

Der Junge sah sich das während der Messe an, und nach der Messe sagt er:

«Was macht ihr denn da mit diesen Stöcken?»

Man sagt ihm:

«Die Mäuse fressen uns hier alles auf, und wenn wir nicht gut achtgeben, gehen sie sogar an die Hostie.»

Da sagt er:

«Dann seht mal her: ich hab hier ein Tierchen, wenn ich das loslasse, bleibt keine einzige übrig.»

«Was du nicht sagst!»

Und er ließ das Tier aus dem Sack, in dem er es mit sich herumtrug, und – mein lieber Freund! – da gab's vielleicht ein Hin- und Herspringen in der Kirche! Da versammelte sich die ganze Gemeinde.

«Wieviel verlangst du für das Tierchen? Sag schon!»

«Ich weiß nicht.»

«Wir geben dir soundso viel, ein Vermögen!» sagten sie.

«Na, dann nehmt nur die Katze!»

Der Junge war überglücklich. Sie nahmen die Katze, und er ging seiner Wege. Er war schon weit gegangen, da sagten die Männer zueinander:

«Mann, wir haben den Jungen gar nicht gefragt, was das Tierchen frißt.»

Da sagt einer: «Schnell hinter ihm her!»

Er lief hinter ihm her. Der andere war schon weit weg, und da ruft er:

«He, Meister, was frißt das Tierchen denn?»

«Das Tierchen frißt dasselbe wie wir Menschen.»

Der Mann kehrt um und sagt zu den anderen: «O weh, er sagt, das Tierchen frißt Menschen.»

Da sagen sie zueinander:

«Um Gottes willen, was sollen wir nur tun, es frißt Menschen.»

Schließlich ließen sie die Katze los und schlugen sie tot, weil es hieß, sie fresse Menschen. Der Bursche aber war reich geworden.

Nun, und der mit der Sichel zieht in eine andere Richtung. Er kam an eine Stelle, wo einer das Korn festhielt und der andere es mit einer Axt abhieb, die war schwerer als ein Schmiedehammer.

«Na, ihr macht euch ja eine Arbeit. Schneidet man hier auf diese Weise das Korn?»

Sie sagte: «Ja, Herr. Wir wüßten keine andere Art, das Korn zu schneiden.»

«Dann schaut mal her! Ich habe hier ein Tier, das schneidet es im Handumdrehen.»

«Zeig her!»

Da begann er das Korn zu mähen. Und er mähte, daß es eine wahre Freude war.

«Das müssen wir dir abkaufen», sagten sie, «du mußt es uns verkaufen.»

«Nein, ich verkaufe es nicht, höchstens für viel Geld.»

Nun, sie gaben ihm eine Menge Geld und bekamen die Sichel. Sie bekamen die Sichel, und ein Mädchen begann damit zu schneiden. Es arbeitete so flott, daß es sich dabei einen Finger abschnitt. Da sagten sie:

«O weh, was der Bursche uns da gebracht hat. Das ist ein Tier, das beißt, es hat sogar einen Finger abgebissen.»

Sie sagten:

«Was sollen wir tun? Wir müssen es töten. Wir wollen Holz aufhäufen, und da werfen wir es hinein, und wenn die Sichel drin ist, zünden wir es an.»

Als das Holz richtig brannte, wurde die Sichel glühend rot.

Da sagen sie:

«Haha, das Biest ist wütend. Seht mal, wie es rot anläuft.»

Und einer sagt:

«Na, es hat zwar dem Mädchen den Finger abgebissen, aber...»

Und damit stieß er mit einer Stange hinein, und die Sichel flog in die Luft, kam herunter und drang ihm in die Stirn. Mein lieber Freund! Da begannen vielleicht alle zu schreien... Es galt nun, die Sichel herauszuholen: Alles floh vor dem Feuer, und niemand ließ sich mehr in der Nähe der Sichel blicken. Man ließ sie liegen, und damit hatte sich's.

## 27
## *Die Geschichte von der Barke Noah*

*Noah hieß die Frau des Mannes,* den Gott auserwählte, um die Welt fortleben zu lassen, die auszurotten er beschlossen hatte. Dieser Mann war der göttlichen Liebe würdig wegen seiner Güte und Ehrbarkeit. Deswegen erschien Gott eines Tages dem Mann der Noah und sagte zu ihm:

«Wenn du Fische bei deinem Herdfeuer aus dem Boden wachsen siehst, dann versammle alle die Deinen und außerdem ein Paar von allen Tieren, die es auf der Erde gibt. Bau dir eine große Barke und steck sie am gleichen Tag alle hinein.»

Der gute Mann, der Gott liebte und dafür der Worte Gottes teilhaftig wurde, beschloß, den göttlichen Ratschlägen zu folgen, und versammelte alle Tiere um sich, um mit ihrer Hilfe die Barke der Vorsehung zu bauen. Sogar die Schlange half ihm mit ihrem Körper das Bauholz sägen und das Äffchen mit seinem Schwanz. Als die Barke fertig war, lebte der ehrbare Mann wieder wie zuvor und wartete jederzeit auf das Zeichen des Himmels.

Eines Nachmittags nun war er mit einigen seiner Landarbeiter auf dem Feld. Das Tagewerk war beendet, und sie warteten alle mit großem Hunger auf Noah, die ihnen das Essen bringen sollte. Aber sie blieb lange aus. Als sie, des Wartens überdrüssig und ausgehungert, schon alle Hoffnung aufgeben wollten, erschien schließlich Noah vollbepackt mit Essen.

«Na, Frau», sagte ihr Mann zu ihr, «wir dachten schon, du kämst überhaupt nicht mehr.»

«Was denkst du, Mann? Ich hab nichts getan als Fisch gebraten. Es tauchten so viele Sardinen neben dem Feuer auf, daß ich schon dachte, es nähme nie mehr ein Ende.»

Da erkannte der Mann sofort, daß Gott ihm das Zeichen

gesandt hatte. Daher wandte er sich zu den Arbeitern und fragte sie, ob sie lieber mit Geld oder mit Weizen bezahlt sein wollten. Dieses Getreide war nämlich damals kostbarer als Geld. Sie wollten nun hoch hinaus und erbaten sich von Noahs Mann ein Feld voll Weizen. Auch der schwere Regen, der bald einsetzte, brachte sie nicht davon ab. Und so starben sie alle, denn nach den ersten Tropfen fielen weitere und immer mehr, ohne aufzuhören.

Wie Gott ihm geraten hatte, nahm Noahs Mann ein Paar von jeder Tierart in seine Barke auf. Jedem wies er ein eigenes Quartier an. Der Esel, starrköpfig, wie er ist, wollte nicht hinein. Die arme Frau geriet in Schweiß, bis sie ihn schließlich hineingetrieben hatte. Viele Tage vergingen, und die ganze Welt verschwand unter dem Wasser. Dann ließ man einen Raben los, der sollte Nachricht von der Erde bringen. Der Rabe kam erst nach langer Zeit wieder zurück. Er war gefräßig und verbrachte daher lange Zeit damit, den Leuten die Augen auszupicken. Das bedeutete, daß die Zeit noch nicht gekommen war, wo sie aus der Barke aussteigen konnten.

Etwas später ließen sie eine Taube los, die kam mit einem Ölzweig wieder. Als Noahs Mann das sah, sagte er:

«Welt in Sicht!»

Da stiegen sie voller Freude aus der Barke aus. Die Paare wurden über die ganze Erde verstreut und die Kinder Noahs ebenfalls, damit Bruder und Schwester nicht untereinander heirateten. Die ersten Ehen, die geschlossen wurden, waren solche zwischen Vettern und Kusinen.

Und deswegen müssen ein Vetter und eine Kusine, wenn sie untereinander heiraten, noch heute eine Summe Geldes zahlen.

## 28

## *Die naschhafte Fischersfrau*

E*s war einmal ein Fischer,* dem kochte seine Frau nie das Abendessen. Denn sie war so naschhaft, daß sie nur für sich alle möglichen guten Dinge zubereitete, ihr Mann aber nur Brot mit Oliven oder mit Obst zu essen bekam.

Eines Tages, als der Mann über sein Los klagte, weil Gott ihm eine solche Frau gegeben habe, wo er doch so tüchtig arbeitete, zog er wieder das Netz aus dem Wasser und sah darin einen riesigen Fisch. Als er ihn packen wollte, sagte der zu ihm:

«Berühr mich nicht, denn ich bin der Fischkönig und will dir in deinem Kummer helfen, weil du dich eben noch so sehr beklagt hast.»

«Ja, ich bin sehr unglücklich», sagte der Fischer, «denn das ganze Jahr über rackere ich mich ab und bekomme nicht einen einzigen Tag ein Abendessen, das mir den Magen wärmt, weil meine Frau es mir nicht kochen will.»

«Hör zu», sagte der Fisch, «hier sind vier Puppen, die stellst du jede in eine Ecke der Küche, ohne daß deine Frau es sieht. Du wirst sehen, dann hast du morgen abend ein richtiges Essen.»

Dann verschwand der Fisch.

Als es an der Zeit war, ging der Fischer nach Hause und versteckte die Puppen in der Küche, ohne daß seine Frau es sah, dann aß er sein Brot und etwas dazu und legte sich schlafen. Und am anderen Morgen stand er auf und ging los wie gewöhnlich.

Als es ihr paßte, stand auch die Fischersfrau auf, machte das Herdfeuer an und sagte:

«Auf, ihr Beine, schnell angefangen!
Der für euch sorgt, ist zum Fluß gegangen.

Will mein Mann Magenwärme,
Dann geh er in die Taverne.»

Als sie aber anfangen wollte zu essen und den ersten Bissen zum Munde führte, hört sie eine Stimme, die sagte:

«Was hat die denn vor?»

«Sie will essen.»

«Und das ohne den Mann?»

«Sie nascht, wann sie nur kann.»

Die Frau erschrak und durchsuchte das ganze Haus, aber sie sah nichts. Noch ängstlich, aber schon etwas beruhigter, wollte sie sich wieder ans Essen machen, aber da hörte sie die gleichen Stimmen:

«Was hat die denn vor?»

«Sie will essen.»

«Und das ohne den Mann?»

«Sie nascht, wann sie nur kann.»

Diesmal war ihr der Appetit vergangen, und sie floh voller Angst. Weil aber der Hunger sie zwickte, entschloß sie sich schließlich, bis der Mann wieder da wäre, Kartoffeln für das Essen zurechtzumachen.

Sobald er abends zurückkam, ging sie ihm an der Tür entgegen und sagte:

«Komm zum Essen, lieber Mann, du hast sicher Hunger.»

Den Mann verwunderte das sehr, er fragte aber nicht weiter. Sie aßen beide reichlich, und am nächsten Morgen, als er aus dem Haus ging, legte sie ihm ans Herz, nicht zu spät heimzukommen, sie werde ein gutes Abendessen für ihn haben.

Doch weil sie glaubte, es sei vielleicht alles nur Einbildung gewesen, machte sie wieder Anstalten, sich etwas Besonderes zuzubereiten. Da hörte sie dieselben Stimmen und dieselben Fragen wie am Tag vorher, und von nun an besserte sie sich, aß nie mehr ohne ihren Mann, und beide lebten gut.

Nach einiger Zeit brachte der Fischer dem Fischkönig die

Puppen zurück, damit er sie auch jemand anderem leihen könnte, der sie nötig hätte. Denn naschhafte Leute gibt es mehr als genug.

## 29

## Die Flucht nach Ägyten und die Spinne

*Als die Muttergottes und der heilige Josef* und das Jesuskind nach Ägypten flohen, suchten sie in einer Scheune Unterkunft. Und was tat die Spinne da? – Sie spann ein feingewirktes Netz vor die Tür, und als die Juden vorbeikamen, sagten sie: «Na, hier sind sie sicher nicht hineingegangen, denn hier wohnt seit vielen Jahren niemand mehr. Man braucht nur die vielen Spinnweben zu sehen!»

Und so blieben der heilige Josef und das Jesuskind und die Muttergottes wohlversteckt.

## 30

## Der König und der Schmied

*Es war einmal ein Schmied,* der arbeitete fast immer in seiner Werkstatt von früh bis spät. Er wohnte in der Nähe des Königschlosses, und da den König das ständige Hämmern auf dem Amboß störte, ließ er den Schmied zu sich bestellen und sagte zu ihm:

«Warum arbeitest du soviel? Laß diese Plackerei sein, ich will mit für deinen Unterhalt sorgen. Arbeite nur tagsüber, denn das reicht, um dich abzurackern.»

Darauf antwortete der Schmied:

«Herr, wir alle müssen uns mit dem Los abfinden, das Gott uns zugeteilt hat. Ich bin sehr arm, und da ich für meine Frau und eine Schar Kinder zu sorgen habe, die Gott uns geschenkt hat, muß ich mich abrackern, um uns durchzubringen. Deshalb kann ich nicht anders als von früh bis spät arbeiten.»

Der König entließ ihn und sagte, er solle nach Hause gehen, bald werde er ihm etwas schicken, damit er nicht mehr soviel zu arbeiten brauche.

Am nächsten Tag ließ der König einen großen Kuchen bakken, der war ganz mit Goldstücken gespickt, und schickte ihn dem Schmied als Geschenk, wobei er im stillen sagte:

‹Mit soviel Goldstücken wird er es nicht nötig haben zu arbeiten, und wird auch ohne dies seine Frau und die Kinderschar ernähren können.›

Als der Schmied den Kuchen bekam und der so schön aussah, sagte er zu seiner Frau:

«Der König hat versprochen, uns zu unterstützen, damit wir leben können, aber er hat mir nur wenig Hilfe zuteil werden lassen, wenn er mir einen Kuchen schenkt. Der ist zwar groß und schön, aber er reicht kaum aus, jedem unserer Kinder ein Stück davon zu geben, das sie satt macht. Er nützt uns wenig, deswegen ist mir der Gedanke gekommen, ihn unserem Gevatter zu schenken, der ist reich und wird den Kuchen sehr zu schätzen wissen. Vielleicht gibt er uns dafür Brot, das sicherlich besser geeignet ist, den Hunger unserer Kinder zu stillen als der Kuchen.»

Die Frau war mit dem Vorschlag ihres Mannes einverstanden, und so kam der Kuchen in die Hände des reichen Gevatters, der beim Aufschneiden die wahre Goldader darin entdeckte und die Goldstücke den vielen anderen zugesellte, die er schon hatte, dem armen Schmied dagegen einen Sack voll Brot gab, über den der sich riesig freute und sich überglücklich fühlte!

Als der Schmied weiterhin arbeitete wie zuvor, war der König höchst erstaunt und sagte:

«Der Schmied hat mein Geschenk sicherlich zu gering gefunden und arbeitet deswegen wie zuvor. Jetzt will ich ihm eine größere Summe geben, dann wollen wir sehen, ob er noch Lust hat, seinen Hammer anzurühren!»

Aber der Schmied gelangte nicht mehr in den Genuß der zweiten Geldsendung, denn er starb vorher, und in seinen Händen fand sich ein Blatt, auf dem stand geschrieben:

Zur Armut ward dieser Mann geboren,
Ich selber hab ihn zur Armut erkoren.
Wenn du aber meinst, er besitze zu wenig,
So mach ihn lebendig, lieber König!

*31*

## *Die Spinne*

*Es war einmal ein Junge,* dessen Vater und Mutter wollten, daß er ein Handwerk erlernte. Er mußte sich fügen und lernte das Schusterhandwerk. Als der Vater gestorben war, wollte er nicht mehr arbeiten, und seine Mutter wurde sehr böse und jagte ihn aus dem Haus. Der Junge sagte zu seiner Mutter, er werde in einem Jahr als reicher Mann wiederkommen und das erste weibliche Wesen heiraten, das er träfe. Dann nahm er in einem Korb sein Schusterwerkzeug mit und zog los.

Er wanderte viele Meilen weit durch Wälder, und als er eine Steinplatte sah, setzte er sich darauf, zog ein Stück Brot aus dem Korb und begann zu essen. Unter der Steinplatte kam eine große Spinne hervor, und der Junge sagte zu ihr, kaum hatte er sie gesehen:

«Komm her, du sollst meine Frau sein.»

Die Spinne schlüpfte in den Korb, und er machte ein Loch

in das Brot, das er bei sich hatte, und ließ die Spinne hineinkriechen. Er wanderte und wanderte, da sah er in der Ferne ein altes Haus. Er ging hinein, stellte den Korb auf den Boden, und die Spinne kam heraus und kletterte an der Wand hoch. Sie kletterte bis zur Decke und spann da ihr Netz. Der Bursche wandte sich ihr zu und sagte: «So wünsche ich mir die Frauen bei der Arbeit!»

Die Spinne antwortete ihm nicht. Der Bursche ging in ein nahegelegenes Dorf auf die Suche nach Arbeit. Da es dort keinen Schuster gab, war er sehr willkommen, und man gab ihm zu tun. Als er sah, daß er allmählich reich wurde, besorgte er ein Dienstmädchen, das sollte seiner Frau bei der Arbeit helfen, und brachte es mit in das alte Haus, wo die Spinne zurückgeblieben war. Auch ein Öfchen und Geschirr für das Essen hatte er beschafft. Dann ließ er das Dienstmädchen mit der Spinne allein und ging wieder fort.

Das Dienstmädchen war sehr verwundert. Die Spinne sagte zu ihm, es solle eine bestimmte Tür aufmachen, im Hühnerstall ein Huhn schlachten und dann den Schrank öffnen, darin werde es alles Nötige finden.

Als der Bursche zurückkam, fand er das Haus sauber gefegt vor und ein Abendessen mit allem, was es an Leckerem gibt. Er wandte sich zu der Spinne hinauf und sagte:

«Ich hab mit meiner Frau einen guten Fang getan!»

Die Spinne begann, Deckchen zu sticken und sie herabzuwerfen. Nachdem sie so ein Jahr lang zusammengelebt hatten, war der Bursche schon sehr reich und brauchte sich nicht mehr anzustrengen, denn ihm flog alles zu, was er nötig hatte. Da sagte er, er wolle in seine Heimat zurückkehren, er habe seiner Mutter gesagt, er werde sie nach Ablauf eines Jahres besuchen. Er ließ zwei Pferde satteln und sagte zu dem Dienstmädchen:

«Du wirst die Rolle meiner Frau spielen, denn ich werde meiner Mutter sagen, ich sei verheiratet.»

Das Dienstmädchen war's zufrieden, stieg auf und ritt mit

ihm. Die Spinne kam von der Decke herabgeklettert und ging in den Hühnerstall und sah nur einen Hahn. Da stieg sie auf seinen Rücken und ritt hinter den beiden her.

Als die Reiter bei der Steinplatte im Wald angekommen waren, hielten sie an und schauten zu Boden. Da hob der Hahn an zu krähen:

> Kikerikiki,
> Kikerikikin,
> Er ist der König
> und ich die Königin.

In diesem Augenblick tat sich die Steinplatte auf und verwandelte sich in ein prächtiges Schloß. Die Spinne verwandelte sich in eine schöne Prinzessin und heiratete den Burschen. Der wurde König und sie Königin. Dann ließen sie seine Mutter holen, und das Dienstmädchen blieb als Kammerjungfer bei ihnen.

## *32*

## *Der gute und der schlechte Christ*

*Eines Tages ging Christus* in Begleitung des heiligen Petrus über Land. Da begegneten sie einem Mann, der auf den Knien mit großer Inbrunst ein Gebet sprach.

«Gott sei dir gnädig, du elende Kreatur!» sagte da Christus zu ihm.

Einige Zeit später sahen sie einen Mann, der arbeitete auf dem Felde und fluchte mit lauter Stimme.

«Gott sei dir gnädig, fromme Seele», begrüßte ihn unser Herrgott. Der heilige Petrus verwunderte sich sehr darüber und fragte ihn nach dem Grund, warum er den, der doch in

Worten sündigte, auf diese Art begrüßte, den aber, der seine Christenpflicht gewissenhaft zu erfüllen schien, so ganz anders.

«Die Antwort wirst du noch heute erfahren.»

Als der Tag sich neigte und beide von ihrer langen Wanderung müde waren, klopften sie an eine Tür. Da öffnete ihnen ein unfreundlicher Mann und wies sie ohne weitere Umstände ab. Das war der, den sie auf ihrem Weg getroffen hatten, als er allem Anschein nach so inbrünstig betete. Dann suchten sie Unterkunft in einem anderen Haus. Das gehörte dem Bauern, den sie vorher auf dem Felde hatten arbeiten sehen. Der bewirtete sie sogleich mit Essen, ließ sie sich am Herdfeuer aufwärmen und gab ihnen ein Bett für die Nacht.

«Siehst du, Petrus, nicht immer sind die, die beten, die Gottgefälligen, sondern es sind die, die guten Herzens sind. Der, den wir beim Gebet gesehen haben, dachte in Wirklichkeit darüber nach, wie er am besten seinem Nachbarn einen Hammel stehlen könne. Der dagegen so laut fluchte, tat es aus Verzweiflung, aber sein Herz war rein.»

## *33*

## *Der Fuchs und der Wolf*

D*er Fuchs und der Wolf* stahlen einmal ein Schaf und begruben es oben an einem Abhang mit der Absicht, es am nächsten Tag zu verzehren.

Da beschloß der Fuchs, ein Leckermaul und Schlaumeier, wie er war, den Wolf zu betrügen und sich allein an der Beute gütlich zu tun. Als der Wolf nun am nächsten Tag kam und den Fuchs zu dem verabredeten Mahl aufforderte, antwortete dieser: «Leider kann ich nicht, Gevatter, ich muß heute als Pate bei einer Taufe dabeisein.»

«Wie heißt denn dein Patenkind?» fragte der andere.

«Ich-hab-mit-dir-angefangen», antwortete der Schlaukopf, ohne daß der Wolf ahnte, daß er damit zum Ausdruck brachte, er habe von dem vergrabenen Schaf schon gekostet.

Am nächsten Tag wiederholte der Fuchs seine List. Er machte sich allein an das Essen, und als der Wolf seine Aufforderung wiederholte, antwortete er wie am Tage zuvor.

«Und wie heißt heute dein Patenkind?» fragte der Wolf.

«Ich-hab-dich-zur-Hälfte», antwortete der Fuchs.

Er hatte sich nämlich schon die Hälfte von dem Schaf einverleibt. Am dritten Tag wiederholte sich der Auftritt von neuem. Als der Wolf nach dem Namen des letzten Patenkindes fragte, antwortete der Fuchs:

«Ich-hab-dich-zu-Ende.»

Er hatte sein Festessen tatsächlich beendet.

Der Wolf war aber nicht nur dumm, sondern auch bösartig. Darum beschloß er zu tun, was der Fuchs schon längst getan hatte. Kaum war Gevatter Fuchs verschwunden, da begab er sich an die Stelle, an der er das vergrabene Schaf noch zu finden meinte. Der Fuchs aber, der das vorausgesehen hatte, hatte ein paar Wurzeln in der Grube gelassen, damit der Wolf in seiner Verwirrung glaubte, es wäre der Schwanz des Schafes.

Alles geschah, wie der Listige es sich ausgedacht hatte. Der Wolf kam, sah die Wurzeln und stürzte sich darauf mit der Gewalt, die Hunger und Bosheit ihm eingaben. Die Wurzeln lösten sich beim ersten Ansturm, der Wolf verlor das Gleichgewicht, kugelte den Abhang hinab und ertrank in dem Bach, der unten vorbeifloß, zur hellen Freude seines treulosen Freundes Fuchs.

## 34

## *Der Anstreicher und der Teufel*

*Es war einmal ein Anstreicher,* wenn der die Wände kalkte, malte er den Teufel darauf, und wenn er sich zum Essen hinsetzte, gedachte er nicht des Herrgotts, sondern sagte:

«Komm her, Teufel, komm und iß mit mir.»

Er rief ihn so oft an, daß der ihm schließlich in Gestalt eines Jungen erschien.

«Gib mir einen Löffel, damit ich mitessen kann.»

Er wußte schon nicht mehr, wie er den Besuch loswerden sollte, und so aßen sie beide zusammen. Der Teufel sagte:

«Jetzt hab *ich* bei *dir* gegessen, und jetzt lad *ich* dich ein, bei *mir* zu essen.»

«Wann soll das denn sein?»

«Sag du nur, wann es sein soll, ich stell dir dann ein Pferd vor die Tür, und du kommst zu mir geritten.»

So geschah es, und an dem vereinbarten Tag stellt sich der Teufel in Gestalt eines Pferdes vor seine Tür. Sie kamen in der Hölle an, und da sagte der Teufel:

«Geh ruhig hinein und hab keine Angst.»

Der Mann ging hinein. Drinnen war ein Tisch reichlich gedeckt mit allem, was man sich nur denken konnte.

«Ich hab nie einen solchen Tisch gesehen, auf dem man alles findet, was man sich wünscht.»

«Du bist aber auch sehr gut zu *mir*: du gibst mir alles. Wenn du eine Kuh hütest, sagst du: ‹Der Teufel soll dich holen!›, und ich hole sie mir. Du jagst ein Huhn zum Teufel, und es geschieht dasselbe. Du jagst irgendein anderes Tier zum Teufel, und ich kann es mir nehmen.»

Der Mann hatte eine Nachbarin, die war Näherin, und er sah sie in der Hölle sitzen und an der Nähmaschine arbeiten. Da sagte er zu dem Teufel:

«Die Frau da ist meine Nachbarin.»

«Wer für mich arbeitet, lebt noch auf der Welt und ist doch schon mein. Die Frau ist wegen der Stoffreste hier, die sie einer Kundin zu stehlen pflegt. Sie verleiht das Geld, das sie verdient, und nimmt Zinsen dafür. Deswegen ist sie hier.»

«Aber kann sie denn hier nicht wieder heraus?»

«Das kann sie, wenn sie eine rechte Beichte ablegt und alles verkauft, was sie hat, die Hälfte davon ihrem Sohn gibt und alles zurückerstattet, was sie gestohlen hat. Dann kann ich ihr kein Haar krümmen.»

Als der Mann wegging, sagte der Teufel zu ihm: «Ich will, daß du wiederkommst.»

«Wann denn?»

Sie vereinbarten einen Tag. Der Mann erzählte dem Sohn der Frau alles, was er in der Hölle gesehen hatte, und fragte ihn, ob er mitkommen wolle.

«Nein, lieber nicht.»

«Du kannst deine Mutter sehen. Aber wenn du nicht willst, dann warte auf mich, ich geh und schneid ihr einen Zipfel vom Kleid ab.»

So geschah es. Er ging zu der Frau hin und schnitt ihr einen Zipfel vom Kleid ab.

«Du willst es nicht glauben, aber schau her.»

«Am Kleid meiner Mutter fehlt ein Zipfel, aber das haben die Hexen getan.»

«Nein, nein, das war ich.»

Der Zipfel war haargenau derjenige, der an dem Kleid fehlte. Der Junge sah, daß der Mann die Wahrheit sagte, und erzählte seiner Mutter alles, was der Teufel gesagt hatte und was sie tun müsse. Kaum hatte sie alles getan, da starb sie, und die Strafe war zu Ende. Der Anstreicher rief nie im Leben mehr nach dem Teufel und wurde gerettet, weil er die andere Seele gerettet hatte. So gibt es, wie man sagt, Böses, das um des Guten willen geschieht.

## 35

## *Das Geld für den Hausbau*

*Es war einmal ein Kaufmann,* der war verheiratet und sehr reich und hatte nur einen einzigen Sohn. Nun gab es einen armen Bettler, der bettelte in der Gegend und pflegte die empfangenen Almosen im Haus des Kaufmanns zusammenzutun und zu Geld zu machen. Der Kaufmann und der Bettler waren gute Freunde, und immer wenn sie sich verabschiedeten, bot der Arme dem Kaufmann seine Dienste an, wenn er deren bedürfe, und bat ihn, sich in seinem Hause auszuruhen, wenn sein Weg ihn dort vorbeiführe.

«Von wo seid Ihr, guter Alter?»

«Ich bin vom Gebirge, und wenn Ihr einmal dahin kommt, dann fragt nur nach dem alten Carvalho!»

Eines Tages kam der Kaufmann auf seinen Geschäftsreisen wirklich ins Gebirge, und es fiel ihm ein, nach dem alten Carvalho zu fragen. Alle zeigten ihm, wo er wohnte, und waren voll des Lobes über den Genannten. Aus Neugier machte er sich auf den Weg zu ihm und war erstaunt, schließlich einen palastartigen Bau mit einem prächtigen Garten vor sich zu sehen. Er klopfte an und fragte, ob er hier richtig wäre, er wolle zum alten Carvalho.

«Ja, das ist hier, kommt nur herein.»

Er trat ein und wurde in einen prunkvollen Saal mit kostbaren Möbeln geführt. Dann erschien der arme Carvalho in der Person des wohlhabenden Gutsbesitzers.

Sie begrüßten sich als alte Freunde und plauderten über dieses und jenes. Nach einer Weile erschien in dem Saal ein hübsches junges Mädchen von wohl achtzehn Jahren, elegant gekleidet und mit reichem Schmuck.

Der Kaufmann wunderte sich über soviel Reichtum und Vornehmheit. Als es Zeit war aufzubrechen, verabschiedete er sich und versprach, bald mit seiner Frau und seinem Sohn wiederzukommen. Als er zu Hause war, erzählte er Frau und Sohn von dem alten Carvalho und allem, was er nun gesehen hatte, und sie faßten sogleich den Plan, den Gutsbesitzer vom Gebirge um die Hand seiner Tochter für ihren Sohn zu bitten.

Eines Tages machten sich die drei zum Besuch im Gebirge auf und wurden dort sehr freundlich empfangen. Nachdem sie über alles mögliche geplaudert hatten, schlug der Kaufmann dem alten Carvalho die Sache mit der Heirat vor. Der erklärte sich sofort einverstanden unter der Voraussetzung, daß auch seine Tochter dem Vorschlag geneigt war. Die Tochter wurde also gefragt und antwortete, daß ihr die Heirat sehr genehm wäre, wenn sie auch dem Wunsch ihres Vaters entspräche.

Da drang der Kaufmann darauf, daß die Hochzeit schon in wenigen Tagen gefeiert würde.

«Das kann nicht sein», antwortete der Gutsbesitzer vom Gebirge. «Ich gebe meiner Tochter keine Mitgift und nehme auch keine Mitgift an, die Ihr Eurem Sohn geben wollt. Ich habe mein Haus mit Almosen aufgebaut, und wenn Euer Sohn meine Tochter heiraten will, muß er meinen Lebensweg einschlagen. Hat er erst drei Jahre lang um Almosen gebettelt, dann gebe ich ihm meine Tochter zur Frau.»

Dem Kaufmannsehepaar gefiel diese Antwort durchaus nicht, aber als ihr Sohn erklärte, er sei bereit, die Bedingung zu erfüllen und auf Almosen auszugehen, um nur die schöne Tochter des Gutsbesitzers zu heiraten, erwiderten sie nichts.

Und so geschah es wirklich. Nach drei Jahren hatte der Kaufmannssohn eine stattliche Summe beisammen, heiratete das Mädchen, und beide waren sehr glücklich miteinander.

## 36

## Die Würste des Herrn Pastor

*Ein Mann stahl dem Pastor ein paar Würste.* Da ging er zu dem Pastor beichten, den er bestohlen hatte, und sagte:

«Herr Pastor, ich habe Würste gestohlen. Was soll ich tun?» Der Pastor sagte zu ihm:

«Gib sie dem Besitzer zurück!»

«Wollen Sie sie haben?»

Der Pastor sagte:

«Bring sie dem Besitzer!»

«Herr Pastor, wollen Sie sie denn haben?»

«Ich nicht.»

«Ja also, ich wollte sie dem Besitzer geben, aber er wollte sie nicht.»

«Na, dann iß sie selber.»

Einige Tage darauf bemerkte der Pastor, daß seine Würste fort waren. Er rief den Mann zu sich und sagte zu ihm:

«Elender Dieb, du hast mir die Würste gestohlen!»

«Ja, das hab ich. Und Sie, Herr Pastor, haben mir gesagt, ich solle sie dem Besitzer bringen, und da Sie sie nicht wollten, hab ich sie gegessen.»

«Da hast du recht getan», sagte der Pastor.

## 37

## Der Turm von Babel

*Es war einmal ein König,* der hatte einen Sohn, der ganz aus der Art geschlagen war. Sein Hauptvergnügen war es, auf den Festen, die das Volk feierte, beim Tanz die Gitarre zu spielen. Er war darum im Volke sehr beliebt, aber die Großen des Reiches sahen ihn mit scheelen Augen an, und auch dem König und der Königin gefiel seine Lebensart nicht. Eines Tages beschloß der König, ihn auf Reisen zu schicken, um ihn auf diese Weise von seiner Lust abzubringen, seine Zeit auf den Tanzbelustigungen des Volkes zu verlieren. Der Prinz segelte also mit einem großen Schiff fort, dessen Kapitän ein wegen seiner Tapferkeit berühmter Mann war. Schon seit Tagen waren sie auf hoher See, als der Matrose vom Mastkorb auf den Topp stieg und meldete:

«Kapitän, ich sehe etwas Außergewöhnliches.»

An diesem Nachmittag hatten die Matrosen einen goldenen Fisch erblickt, den sie mit der Harpune getroffen hatten, aber nicht zu fassen bekamen. Zwanzigmal schon hatten sie zugestoßen, aber er riß sich immer wieder los. Der Kapitän, der ein abergläubischer Mann war, fürchtete, daß der goldene Fisch sich irgendwie rächen könnte, und fragte zurück:

«Was siehst du denn?»

«Ich sehe einen Mann auf einem Pferd, der reitet über die Wellen auf uns zu, als hätte das Pferd festen Boden unter den Füßen.» Dem Kapitän graute es bei dieser Antwort. Nach wenigen Augenblicken kam der Reiter an das Schiff und fragte, ob ein Prinz mit ihnen führe. Der Kapitän bejahte das.

«Ich will mit ihm sprechen», antwortete der Reiter.

Der Prinz wurde sogleich gerufen.

«Prinz, Ihr müßt mit mir mein Pferd besteigen. Wenn Ihr meinem Befehl nicht Folge leistet, versenke ich dieses Schiff.»

Der Prinz fürchtete Gefahr, wenn er das Pferd bestieg, und erklärte, er würde das Schiff nicht verlassen. Da begann das Schiff langsam in die Fluten des Meeres hinabzusinken. Alle Matrosen schrien, der Prinz solle der Aufforderung des Reiters nachkommen. Da sah sich der Prinz genötigt nachzugeben und bestieg mit dem Reiter das Seepferd. Als sie das Meer durchquerten, sagte der Unbekannte zum Prinzen:

«Wir reiten zum Schloß eines mächtigen Königs. Dort

geht Ihr hinein, stellt Euch vor und bietet Eure Dienste an. Der König ist über die Maßen eitel und eingebildet und wird Euch zum Dank für Euren Besuch seinen Gegenbesuch ankündigen und Euch auffordern, Euch aus seinem Schatz irgendeinen Edelstein als Geschenk auszusuchen. Ihr nehmt aber nichts an als einen Käfig, in dem ein hübsches Vögelchen sitzt. Haltet Euch aber im Schloß nicht auf, denn ich erwarte Euch hier, um Euch wieder auf das Schiff zurückzubringen.»

Und alles geschah, wie der Reiter gesagt hatte. Der Prinz wurde von dem König sehr freundlich empfangen, und der wollte ihm beim Abschied den Edelstein seiner Wahl zum Geschenk machen. Der Prinz wählte nur den Käfig mit dem Vögelchen, obgleich der König immer wieder sagte, daß es keinerlei Wert hätte.

Der Prinz verließ also das Schloß und ging mit dem Käfig an die Stelle, wo der Reiter ihn schon erwartete.

«Steig auf, ich halte indes den Käfig!»

Als sie beide über das Meer ritten, sagte der Unbekannte:

«Eines Tages wirst du erfahren, wer ich bin. Verwahre den Käfig mit dem Vogel gut in deiner Kajüte und nachher auf deinem Zimmer.»

Er setzte den Prinzen wieder an Bord seines Schiffes ab, und Pferd und Reiter verschwanden.

Der Prinz tat den Käfig in seine Kajüte und spielte zum Zeitvertreib mit dem Vogel. In der ersten Nacht erschien ihm eine Frau von wunderbarer Schönheit.

«Wer seid Ihr?» fragte der Prinz.

«Ich bin der Vogel aus dem Käfig und werde tagsüber in der Gestalt des Vogels weiterleben, solange die Zeit meiner Verzauberung nicht abgelaufen ist.»

Von da an gehörten alle Zärtlichkeiten des Prinzen dem Vögelchen. Sie kamen schließlich wieder in die Stadt des Königs, des Prinzenvaters, wo im Hafen das ganze Volk schon die Ankunft des Prinzen erwartete. Der König und die Königin gingen an Bord, um ihren Sohn zu begrüßen.

Als sie den Käfig mit dem Vögelchen sahen, fragten sie ihn, wo er ein so hübsches Tierchen gefunden habe. Der Prinz gab ihnen eine ausweichende Antwort. Als sie von Bord gingen, wollte der König den Käfig von einem Diener tragen lassen.

«Nein, lieber Vater, den trage ich selbst.»

«Das schickt sich doch nicht, lieber Sohn.»

«Ob sich das schickt oder nicht, ich trage den Käfig.»

Sie gingen also nun von Bord, und alle Welt wunderte sich, daß er im Kreise der Edelleute des Reiches mit einem Käfig in der Hand daherschritt. Als sie in die Stadt hineinkamen und die Mädchen aus dem Volke mit ihren Tänzen und Liedern auftraten, sahen sie, daß der Prinz völlig verändert war. Er warf nicht einmal einen Blick auf die Tänze, weil er nur Augen für das Vögelchen im Käfig hatte.

Als man auf dem Schloß angelangt war, ging er gleich auf sein Zimmer, setzte den Käfig ab und fing an, mit dem Vogel zu spielen. Alle wollten den Prinzen begrüßen, der aber antwortete, daß er von der Reise sehr ermüdet sei, und kam aus seinem Zimmer nicht heraus. Es war schon mancher Tag vergangen, ohne daß jemand außer dem König und der Königin ihn zu sehen bekam, und das auch nur auf seinem Zimmer, das er nicht verließ. Seine Eltern drangen in ihn, er solle doch spazierengehen, sich auch dem Volke zeigen, aber nein, er hielt sich in seinem Zimmer versteckt.

Eines Abends kam die Königin zu ihm und sagte ihm, er dürfe auf einem Ball bei einem Herzog nicht fehlen.

«Nein, Mutter, ich bleibe hier.»

«Du mußt wenigstens zu Beginn erscheinen und bleibst einfach nur eine halbe Stunde.»

Und seine Mutter drang so in ihn, daß er nicht länger zu widerstehen wagte. Er ging also auf den Ball. Als er das Schloß verlassen hatte, zündete die Mutter eine Kerze an und ging damit in das Zimmer ihres Sohnes. Da sah sie in seinem Bett eine Frau von wunderbarer Schönheit, die schlief. Die

Königin näherte sich der Unbekannten, um sie besser beobachten zu können, da fiel ihr aus Versehen ein Tropfen Wachs auf das Gesicht der Unglücklichen, und die verwandelte sich auf der Stelle in einen Vogel und flog mit klagenden Rufen durch eines der Fenster davon. Die Königin erschrak sehr und ging fort.

Zur gleichen Zeit überkam den Prinzen eine dunkle Ahnung, er verließ sogleich den Ball und machte sich auf den Heimweg. Unterwegs setzte sich ein Vogel auf seine Schulter und sagte zu ihm:

«Ich bin sehr unglücklich. Mir fehlten nur noch drei Tage bis zur Lösung meines Zaubers. Ohne es zu wollen, hat deine Mutter die Zeit meiner Verzauberung um Jahre verlängert. Wenn du mich jetzt wiedersehen willst, mußt du zum Turm von Babel kommen. Da wirst du mich als Gefangene finden.»

Der Prinz war über die Worte so tief bekümmert, daß er nicht mehr in sein Zimmer zurückkehrte und gleich die weite Reise zum Turm von Babel unternahm. Er wanderte einen Tag, zwei, eine lange Reihe von Tagen, wanderte und wanderte, ohne daß ihm jemand den Weg zu seinem Ziel sagen konnte. Als er einmal in der Nacht unter einem Baum schlief, erschienen ihm drei Feen. Von denen sagte die eine:

«Ich verleihe dir die Gabe, Prinz, dich in einen Löwen zu verwandeln, wann immer du willst, solange es dir nicht gelingt, den Bewacher deiner Liebsten zu töten.»

Und die zweite:

«Und ich, daß du dich in dieser Zeit in einen Adler verwandeln kannst.»

«Und ich», sagte die dritte, «daß du dich zu derselben Zeit und zu demselben Zweck in einen hübschen Vogel verwandeln kannst.»

Die Feen verschwanden, und der Prinz blieb zurück, unsicher darüber, was er nun tun sollte und was die Feen wohl gemeint hätten. Sobald es Morgen wurde, nahm er seinen

Weg wieder auf und kam an das Ufer des Meeres. Da sagte er:

«Ich will mich in einen Adler verwandeln.»

Und er verwandelte sich in einen Adler, überflog das Meer und setzte sich auf einen hohen Baum. Von da sah der Prinz einen Turm und am Fenster ein wunderschönes Mädchen, das er als seine Freundin erkannte. Da verwandelte er sich in einen schönen Vogel und setzte sich dem Mädchen auf die Schulter. Das erschrak und wollte sich zurückziehen, als es aber sah, daß es ein Vogel war, rief es nach dem Riesen, er solle den Vogel fangen. Der Riese versuchte das, aber der Vogel ließ sich nur von dem Mädchen einfangen, das ihn sogleich in einen Käfig tat und auf sein Zimmer brachte.

In der Nacht verwandelte sich der Vogel in den Prinzen zurück und verlangte nach seiner Freundin. Die wachte erschrocken auf und rief nach dem Riesen, weil sie meinte, es wären Leute in ihrem Zimmer. Der Riese war im Augenblick da, suchte aber vergebens. Eine Stunde später wiederholte sich dasselbe, da schimpfte der Riese über das Mädchen. Beim drittenmal hatte es Angst, nach dem Riesen zu rufen, und begann, genauer hinzuhören.

Da erzählte der Prinz ihr seine Geschichte, und sie erkannte, wer er war. Sie plauderten lange miteinander, zum Schluß vereinbarten sie, daß das Mädchen beim Riesen in Erfahrung bringen sollte, wie lange er wohl noch leben würde, obwohl er immer davon sprach, er sei unsterblich.

Am nächsten Morgen öffnete das Mädchen den Käfig, und der Vogel flog fort. Sie brach in Weinen und Klagen aus, und als der Riese kam und ihr sagte, sie müsse sich damit abfinden, da weinte sie noch mehr und erklärte, sie wolle sterben.

Der Riese antwortete:

«*Du* kannst wenigstens sterben und deinem Kummer ein Ende setzen, *ich* kann nicht einmal das.»

«Warum nicht, guter Riese?»

«Mein Tod hängt nicht von mir ab, sondern von dem Tod

eines Stachelschweins. Dieses Stachelschwein kann nur von einem Löwen getötet werden, und vorher muß er Brot und Wein und einen Kuß von einer Jungfrau bekommen haben. In dem Schwein aber befindet sich ein Hase, in dem Hasen eine Taube, in der Taube ein Ei, und nur wenn dieses Ei auf meiner Stirn aufgeschlagen wird, sterbe ich. Na, und das ist so, als wenn ich unsterblich wäre.»

Das Mädchen erzählte noch am Abend dem Vogel, der sich an seinem Fenster niederließ, alles, was ihr der Riese erzählt hatte. Der Vogel flog weit fort, und gleich am nächsten Tag gelangte er auf das Gehöft eines Bauern. Er nahm menschliche Gestalt an und bot dem Bauern seine Dienste an, der ihn als Hirten einstellte.

«Du kannst mit den Ochsen überall hingehen, denn dies ganze Land gehört mir, aber geh nicht auf die großen Weideplätze im Norden, die gehören einem Stachelschwein, das alles verschlingt, was ihm in den Weg kommt», ermahnte ihn der Bauer.

Am nächsten Tag holte der Knecht in aller Frühe die Ochsen aus dem Stall und ging schnurstracks auf die Weideplätze des Stachelschweins. Als dieses kurz darauf auftauchte, sagte der Prinz:

«Hilf mir, Löwe!»

Auf der Stelle verwandelte er sich in einen Löwen und kämpfte den ganzen Tag mit dem Stachelschwein, bis beide völlig erschöpft waren. Da sagte der Löwe:

«O weh, Stachelschwein, ich würde dich töten, wenn ich Brot und Wein und den Kuß einer Jungfrau herschaffen könnte.»

Der Knecht kehrte dann mit seinen Ochsen, die sich inzwischen satt gefressen hatten, wieder zurück. Als der Bauer das Vieh so gut genährt sah, verwunderte ihn das, weil seine Weiden sehr mager waren, und er nahm sich vor, seinen Hirten am nächsten Tag genau zu beobachten. Und wirklich ging am nächsten Tag der Kampf vom Tag zuvor wieder los, und der Bauer hörte genau die Worte des Löwen. Er ging nach Hause zurück, und hier unterrichtete er eine seiner Töchter, die Jungfrau war, und als am folgenden Tag der Kampf sich noch einmal wiederholte, gab die Tochter dem Löwen Brot und Wein und küßte ihn. Der Löwe aber tötete das Stachelschwein. Dann nahm er wieder menschliche Gestalt an, schnitt das Stachelschwein auf und es sprang ein Hase heraus, den fing er, wieder in den Löwen verwandelt, schnitt den Hasen auf, fing, in einen Adler verwandelt, die Taube, die aus dem Hasen herausgeflogen kam, schnitt sie auf und nahm das Ei heraus. Dann dankte er dem Bauern und dessen Tochter für ihre Hilfe und kehrte zum Turm von Babel zurück, nachdem er sich in einen Vogel verwandelt hatte.

Bei seiner Ankunft erfuhr er von dem Mädchen, daß der Riese schwerkrank daniederlag. Das Mädchen nahm das Ei, ging zum Riesen und schlug das Ei auf seiner Stirn auf. Da starb der Riese mit einem lauten Schrei, und plötzlich verschwand alles, und nur der Prinz und das Mädchen blieben zurück und fanden sich inmitten eines Dickichts wieder.

«Meine Verzauberung geht nun zu Ende. Ich will jetzt zu meinen Eltern und sie um ihre Einwilligung zu unserer Hochzeit bitten. Bleib du solange da unten in dem Gasthaus, und morgen abend erwarte mich an der Straße! Dort treffen wir uns wieder, aber bis dahin darfst du nicht essen und nicht trinken, auch wenn Hunger und Durst dich quälen.»

Das Mädchen verschwand, und der Prinz ging in das Gasthaus, das gehörte einer Wirtin mit einer wunderschönen Tochter. Die Wirtin sah sofort, daß ihr Gast ein verkleideter Prinz war, und setzte alles in Bewegung, ihn mit ihrer Tochter zu verheiraten, aber der Prinz hatte dafür keine Ohren.

Am nächsten Tag fragte der Prinz die Wirtin, ob in der Nähe eine Straße vorbeiführe.

«Ja, meine Tochter kann Euch den Weg zeigen.»

Als sie die Straße erreichten, dankte er der Tochter, weil sie ihm den Weg gezeigt hatte, und sagte, er brauche nun ihre

Hilfe nicht mehr. Die aber bestand darauf zu bleiben, wie es ihr die Mutter eingeschärft hatte. Es verging eine Weile, da spürte der Prinz solchen Durst, daß er fragte, ob es in der Nähe einen Brunnen gäbe.

«Einen Brunnen nicht, aber ich habe hier einen schönen Apfel», antwortete sie.

Der Prinz aß den Apfel, und gleich darauf befiel ihn tiefer Schlaf. Als dann die Prinzessin mit ihren Eltern und vielen Edelleuten in prächtigen Kutschen erschien und ihn liebevoll anredete, war alles vergebens. Der Prinz schlief fest. Da sagte die Prinzessin zur Tochter der Wirtin:

«Sag ihm, daß ich morgen zur selben Zeit wiederkomme.» Als der Prinz erwachte und das Mädchen ihm alles erzählte, wurde er sehr traurig.

Am nächsten Tag wiederholte sich alles in gleicher Weise, und ebenso am dritten Tag. Der Prinz konnte seinem Durst nicht widerstehen. Als er zum drittenmal wieder zu sich kam, hatte sogar das Mädchen Mitleid mit ihm und sagte:

«Die schöne Prinzessin hat mir gesagt, wenn du sie wiedersehen willst, mußt du eine lange Reise machen, denn sie wohnt jetzt in der Stadt Babel. Geh also und trau meiner Mutter nicht, sie ist an allem schuld.»

Der Prinz folgte ihrem Rat und machte sich auf den Weg zu der Stadt. Er wanderte und wanderte, bis er an ein einsam liegendes Haus kam. Er klopfte an, da erschien ihm ein altes Weib.

«Was wünscht Ihr, armer Wanderer?» fragte sie.

«Ich möchte den Weg nach der Stadt Babylon wissen.»

«Den kenne ich auch nicht, aber mein Sohn weiß sicher Bescheid. Versteckt Euch hier, denn er ist sehr böse und bringt Euch um, wenn er Euch hier findet. Ich will ihn fragen, wo die Stadt liegt, und sage Euch dann seine Antwort.»

«Wer ist Euer Sohn?» fragte der Prinz.

«Das ist der Südwind.»

In diesem Augenblick war lauter Lärm zu hören, und der Prinz versteckte sich. Kaum war der Wind im Hause, da schrie er:

«Ich rieche Menschenfleisch und königliches Blut, das Ihr hier versteckt habt und mir nicht geben wollt.»

«Nein, hier ist niemand, Sohn. Es war ein armer Wandersmann da, der wollte wissen, wie man nach der Stadt Babylon kommt, aber ich konnte es ihm nicht sagen.»

«Das weiß ich auch nicht. Vielleicht weiß es der Ostwind.»

Die Alte teilte dem Prinzen die Antwort mit, und der machte sich gleich auf den Weg. Er kam im Hause des Ostwinds an, und da wiederholte sich das gleiche, und man sagte ihm, vielleicht wisse der Westwind Rat. Er zog also weiter zum Westwind, und da erfuhr er, daß der Nordwind die besagte Stadt kannte. Er kam beim Nordwind an, und da lief alles ab wie bei den anderen dreien. Aber schließlich gelang es dem Prinzen auf viele Bitten der Alten, selber mit ihrem Sohn zu sprechen.

«Was willst du?» fragte ihn unwirsch der Wind.

Der Prinz erzählte ihm seine ganze Geschichte.

«Die Prinzessin heiratet morgen, und ich bin Trauzeuge bei ihrer Hochzeit. Sie hat lange auf dich gewartet und heiratet nun einen anderen, weil du nicht gekommen bist.»

«Ich möchte sie wenigstens vor ihrer Heirat noch einmal sehen», sagte der Prinz.

«Den Gefallen will ich dir tun. Setz dich auf meine Schultern, und sobald ich auf dem Schloß ankomme, machst du großen Lärm, und man wird dir die Tore öffnen. Dann gehst du hinein und sprichst mit der Prinzessin.»

Und so geschah es. Er erschien vor der Prinzessin, die war über sein Verhalten sehr befremdet, weil er ihre Ratschläge nicht befolgt hatte. Der Prinz aber entschuldigte sich und schob die Schuld auf die Wirtin.

«Und warum seid Ihr nicht gleich hierhergekommen, wo

Ihr Euch doch in einen Löwen, einen Adler und einen Vogel verwandeln konntet?»

«Ich hatte die Gabe nur bis zum Tode des Riesen, Eures Wächters, wie mir die Feen auch vorausgesagt hatten.»

«Gut, dann geht nun in die Kirche, und wenn ich im Begriff bin, meinem Bräutigam die Hand zu reichen, dann erscheint!»

Der Prinz ging sogleich in die Kirche, bald darauf kam auch die Prinzessin in Begleitung ihres Vaters und der ganzen königlichen Familie herein. Da erkannte der Prinz den Vater der Prinzessin, das war der Reiter, der auf seinem Pferd über die Meereswogen geritten war.

In dem Augenblick, als sie ihre Hand dem Bräutigam reichen wollte, erschien der Prinz und sagte:

«Prinzessin, Ihr gehört mir. Ich habe Euch entzaubert, Euer Vater ist mein Zeuge.»

Da erkannte der Vater der Prinzessin den Prinzen wieder, und die Prinzessin heiratete diesen, und beide wurden sehr glücklich miteinander.

Der Bräutigam mußte in seine Heimat zurückkehren und blieb Junggeselle, aber er war darüber nicht böse, weil er einsehen mußte, daß sein Rivale sich ein besonderes Anrecht auf die Prinzessin erworben hatte.

## 38

## *Der alte Bauer*

*Ein König sah eines Tages* einen alten Bauern mit einem Joch großer und kräftiger Ochsen auf dem Felde arbeiten. Da sagte er zu dem Alten:

«Wie werdet Ihr mit so kräftigen Ochsen fertig, wo Ihr doch schon so schwach seid?»

«Schwach bin ich nicht, königlicher Herr, denn ich esse nach dreien, trinke nach fünfen und schlafe nach vierzehn.»

Der König verstand nicht und sagte, er sollte ihm das Geheimnis erklären.

«Königlicher Herr, ich esse den Schinken erst nach drei Jahren, trinke Wein erst nach fünf Jahren und schlafe mit meiner Frau nur alle vierzehn Tage. So habe ich mich bis in mein hohes Alter bei Kräften gehalten.»

## *39*

## *Wer hat der Königin das Auge ausgeworfen?*

*Es war einmal eine Frau,* die ging jeden Tag zur Messe. Sie hatte zwei Töchter, die eine hieß Katharinchen und die andere Mariechen. Eines Tages sagte sie zu Katharinchen: «Komm, wir gehen zur Messe.»

Und sie sagte: «Geht ihr nur! Ich habe Hunger, und die Messe füllt den Bauch nicht.»

Da ging die Mutter mit der anderen Tochter zur Messe. Katharinchen, die Hunger hatte, ging auf den Balkon, der lag zum Garten des Königs hin, und darin stand ein Birnbaum, der reichte bis zum Balkon herüber. Die Birnen waren noch grün, aber weil der Hunger sie zwickte, aß sie sie auch grün. Da sah sie die Königin mit einem Korb voller Blumen und einem anderen voller Süßigkeiten kommen, die ging an einen Holzdeckel heran, verstreute die Blumen auf dem Boden, öffnete den Deckel, und es kam ein Hund heraus, der sah aus wie der Teufel. Dem steckte sie die Süßigkeiten ins Maul. Katharinchen war darüber so ärgerlich, daß sie der Königin eine Birne ins Auge schleuderte und es ihr auswarf. Die Königin litt heftige Schmerzen, steckte den Teufel wieder in die Öffnung und schrie, man habe ihr ein Auge ausgeworfen.

In großem Schrecken kamen die Mutter und die Schwester nach Hause zurück und sagten zu Katharinchen:

«O weh, jemand hat der Königin ein Auge ausgeworfen.»

«Wohl dem, der das getan hat, das war nämlich ich.»

«Schweig still, Katharinchen, sonst sind wir verloren.»

«Nein, Mutter, wir haben gewonnen.»

Der König ließ überall bekanntmachen, man solle denjenigen suchen, der der Königin das Auge ausgeworfen habe. Aber niemand konnte es ihm sagen. Da verkleidete sich der König als armer Mann und bettelte an den Haustüren, um zu sehen, ob er nicht irgendwo etwas erführe. Er klopfte bei Katharinchen an, bat um ein Almosen und hörte, wie die Mutter und ihre Töchter sagten, wer der Königin das Auge ausgeworfen habe. Da bat er um Herberge für die Nacht, weil er nicht wisse, wo das Armenhaus war. Die Mutter sagte zu ihm:

«Verzeiht mir um der Liebe Gottes willen, aber ich habe zwei Töchter im Haus und kann Euch hier nicht übernachten lassen, kann Euch auch kein Almosen geben, weil wir so arm sind.» Aber der König ließ nicht ab zu bitten, man solle ihn einlassen, weil er so vom Regen durchnäßt sei. Katharinchen, die sehr resolut war, sagte zu dem armen Mann:

«Kommt herein, armer Alter, meine Mutter geht immer nur in die Messe, und von Nächstenliebe hat sie keine Spur.»

Der Arme trat ein, setzte sich ans Kaminfeuer und sagte: «Ach, als ich in diese Gegend kam, hörte ich eine böse Nachricht. Der Königin soll jemand ein Auge ausgeworfen haben.» Da antwortete Katharinchen:

«Wohl dem, der das getan hat, das war nämlich ich.»

Die Mutter sagte zu ihr:

«Schweig still, Katharinchen, sonst sind wir verloren.»

«Schweig, Mutter, wir haben gewonnen!»

Als der König das hörte, ließ es ihm keine Ruhe, er stand auf und sagte:

«Hier kann ich unmöglich bleiben», bedankte sich und

ging fort. Er begab sich sogleich auf sein Schloß zurück, und am nächsten Tag ließ er die drei rufen. Die Mutter und Mariechen weinten bitterlich, Katharinchen aber lachte.

«Die Mutter soll herkommen. – Ihr wißt also, wer der Königin das Auge ausgeworfen hat?»

«Eure königliche Majestät kann mir glauben: ich weiß es nicht.»

«Dann könnt Ihr gehen. Mariechen soll kommen. – Weißt du, wer der Königin das Auge ausgeworfen hat?»

«Eure königliche Majestät kann mir glauben: ich weiß es nicht. Ich war mit meiner Mutter zur Messe und weiß von nichts.»

«Dann soll Katharinchen kommen. – Weißt du, wer der Königin das Auge ausgeworfen hat?»

«Ich will es Eurer königlichen Majestät erzählen.»

Und dann erzählte sie dem König alles, und der sagte:

«Wenn das wahr ist, was du sagst, heirate ich dich und lasse die Königin töten.»

Und der ganze Hofstaat ging mit hinaus, und sie sagte zum König, er möge neben dem Holzdeckel ein Feuer anmachen lassen, und sie hob den Deckel hoch, da fuhr der Teufel heraus, stürzte sich in das Feuer und krepierte. Dann gingen der König und der Hofstaat zurück, um die Königin töten zu lassen, aber die hatte sich schon ins Meer gestürzt. Da heiratete der König Katharinchen, und die sagte zu ihrer Mutter und Schwester:

«Hätte ich das Auge nicht ausgeworfen, wäre ich nicht Königin.»

## 40

## Das Beil

*Es war einmal eine Frau,* die hatte eine Tochter. Die Tochter wollte heiraten, und am Abend vor der Hochzeit gaben die Eltern für den Bräutigam ein Essen. Als sie nun schon bei Tisch saßen, fiel ihnen ein, daß sie keinen Wein hatten. Die Mutter schickte die Tochter in den Weinkeller, den sie der Tochter in dem Haus, wo sie als Ehefrau wohnen sollte, eingerichtet hatten. Die Tochter stand auf, um den Wein zu holen.

Sie ging in den Keller, öffnete den Hahn des Fasses und stellte einen Krug darunter. Dann stieg sie nach oben in die Wohnung, in der sie vom nächsten Tag ab wohnen sollte. Sie bestimmte die einzelnen Zimmer, und in dem, das sie für sich bestimmt hatte, sah sie an der Decke ein Beil hängen.

Da dachte das Mädchen:

‹Ich verheirate mich nun, und dann bekomme ich ein Kind, aber da hängt dieses Beil, das fällt dem Kind auf den Kopf und wird es töten.›

Und wie sie dies so dachte, verging die Zeit. Die Eltern und der Bräutigam, die allmählich des Wartens überdrüssig wurden, sagten:

«Unsere Tochter bleibt ja lange aus. Wir müssen nachsehen, was sie macht.»

Die Mutter ging geradenwegs in den Keller und sah, wie der Krug voll war und der Wein schon auf den Boden floß. Doch anstatt den Hahn zuzumachen, ließ sie ihn offen und suchte ihre Tochter. Sie lief nun durch alle Räume und fand sie schließlich in dem einen Zimmer, wie sie das Beil betrachtete.

«Was machst du denn hier, Tochter? Wir alle warten ungeduldig bei Tisch auf dich, und du erscheinst nicht!»

«Hör mal, Mutter, morgen verheirate ich mich, dann

bekomme ich ein Kind. Hier richten wir unser Schlafzimmer ein, und da hängt nun dieses Beil, das fällt dem Kind auf den Kopf und tötet es.»

«Ja, das ist wahr, Tochter, da hast du recht!»

Und so standen sie lange Zeit, bis auch dem Vater das Warten zu lang wurde und er zum Bräutigam sagte:

«Jetzt will ich hingehen und nachsehen.»

Er ging geradenwegs in den Keller und sah, wie der Wein auf den Boden floß und der Hahn geöffnet war. Aber anstatt ihn zuzumachen, ging er ebenfalls weiter und suchte Frau und Tochter. Nachdem er durch alle Räume gelaufen war, traf er sie in dem Zimmer, wo sie beide das Beil betrachteten.

«Was soll denn das, Frau? Alle warten wir, und der Wein fließt auf den Boden.»

«Hör mal, Mann, unsere Tochter verheiratet sich morgen, dann bekommt sie ein Kind, aber hier hängt nun dieses Beil, das fällt dem Kind auf den Kopf und tötet es.»

Der Mann betrachtete nun auch das Beil an der Decke, und so standen sie lange Zeit, bis dem Bräutigam das Warten zu lang wurde und er auch in den Keller ging. Als er dort hinkam, sah er den Wein herauslaufen und alles überschwemmen. Er ging an das Faß, machte den Hahn zu und suchte nun die anderen. Er fand sie in dem Zimmer, und sobald er eintrat, sprach der Vater der Braut zu ihm:

«Hör mal, Schwiegersohn, wir dachten gerade darüber nach, daß unsere Tochter sich morgen verheiratet, dann bekommt sie ein Kind, und dann fällt das Beil, das da oben hängt, dem Kind auf den Kopf und tötet es. Dies ist meiner Tochter eingefallen. Sie ist immer so klug!»

«Das ist sie», antwortete der Bräutigam, «aber behaltet sie nur, ich will mir eine andere suchen, und wenn ich keine klügere finde, heirate ich sie doch.»

Die Eltern und die Braut wurden sehr traurig darüber, und der Bräutigam ging fort. Auf seiner Reise sah er eine Alte mit einer Kerze in der Nase.

«Hallo», sagte er, «warum hast du denn die Kerze in der Nase?»

«Ja, ich geh jeden Tag fort, und wenn ich abends nach Hause komme, mag ich nicht immer die Kerze suchen, die ich nie wiederfinden kann. Deshalb trage ich sie nun in der Nase, dann hab ich sie abends immer zur Hand, wenn ich nach Hause komme.»

«Das laß nun gut sein, liebe Alte, ich will es dir in Ordnung bringen. Wenn du nach Hause kommst, steck die Kerze an einen Nagel hinter der Tür. Dann findest du sie immer wieder.»

Die Alte war sehr froh darüber, denn so etwas war ihr noch nie eingefallen.

Der junge Bursche zog nun seines Weges weiter. Da sah er mehrere Männer, die warfen in großen Mengen Eier gegen eine Erdmauer. Er wunderte sich darüber und fragte sie, warum sie das täten. Sie antworteten, sie wollten die Mauer umwerfen und würfen nun schon acht Tage Eier dagegen, ohne daß sie umfiel.

«Aber seid doch nicht dumm! Besorgt euch eine Hacke, dann fällt die Mauer in einem Augenblick.»

Dies taten sie. Sie holten eine Hacke, und in einem Nu war die Mauer dem Erdboden gleich.

Da waren die Männer sehr froh, und der junge Bursche wanderte weiter. Unterwegs traf er eine Alte mit einem Korb. Als die Sonne auf sie schien, öffnete sie den Korb, und danach schüttete sie den Inhalt in eine Kiste. Da er nicht wußte, was das zu bedeuten hatte, fragte er sie danach. Die Alte antwortete ihm, sie speichere Sonne für den Winter auf, weil ihre Wohnung im Winter sehr kalt sei.

«Komm her, Alte», sagte er, «ich bringe es schon in Ordnung, denn so hat es keinen Zweck. Ich will es einrichten, daß du das ganze Jahr über Sonne hast.»

Er stieg auf das Dach und deckte die Ziegel ab, und die Alte war sehr froh, denn nun hatte sie das Haus voller Sonne.

Und der junge Bursche wanderte weiter. Unterwegs sah er einen Mann und mehrere Frauen, die vergruben eine Menge Sardinen. Er ging auf sie zu und fragte sie, was sie machten.

«Ja nun, hier gibt es im Winter keine Fische», sagten sie, «und wir tun das, damit wir dann welche haben.»

Da sagte der junge Bursche zu ihnen, es sei besser, einen Korb mit Salz zu holen und die Fische darin aufzubewahren, denn auf diese Art würden sie nicht verderben. Das taten sie dann auch und waren ihm für seinen guten Rat sehr dankbar.

Der junge Bursche ging weiter. Nach einiger Zeit sah er viele Leute bei einer Kirche herumstehen. Er fragte sie, was diese Ansammlung zu bedeuten habe. Man antwortete ihm, es sei ein Mädchen da, das solle verheiratet werden, aber da es größer als die Tür sei, müsse man entweder der Braut den Kopf oder dem Pferd die Beine abschlagen.

«Das ist nicht nötig», sagte er, «es genügt, daß die Braut sich tief duckt, um durch die Tür zu kommen.»

Das Mädchen tat dies, und in dem Augenblick gab er dem Pferd einen Schlag auf den Rücken, so daß die Braut ohne Schwierigkeit in die Kirche kam. Da waren alle sehr froh, dankten ihm für seinen guten Rat, und er sah zu, wie die Braut verheiratet wurde.

Dann kehrte er nach Hause zurück, und da dachte er, daß die Braut, die er im Stich gelassen hatte, doch gar nicht so dumm sei wie all die Leute, die er unterwegs getroffen hatte. Und er ging zu ihrem Vater, bat ihn um Verzeihung und heiratete sie. Wegen des Beils, sagte er, solle sie sich keine Sorgen machen, denn er wolle es von der Decke herunterholen, damit es dem Kind nicht auf den Kopf falle.

41

## Die Äffinnen

*Es war einmal ein König,* der hatte drei Söhne, von denen war einer bucklig. Alle drei wollten heiraten, der Vater aber sagte, sie sollten sich in der Welt umtun, und dann sollte der heiraten, der die schönste Schüssel mit nach Hause zurückbrächte. Sie gingen los, und als sie an eine Stelle kamen, wo die Straße sich in drei Wege teilte, ging jeder in eine andere Richtung. Der Bucklige wanderte und wanderte, bis er an ein Schloß kam. Da öffnete ihm eine Schar Äffinnen das Tor, und eine ganz kleine ließ ihn nicht mehr aus den Augen. Sie deckten ihm den Tisch, aber er begann zu schluchzen. Da sagte die kleine Äffin zu ihm:

«Warum weinst du denn?»

«Mein Vater will, daß ich ihm die schönste Schüssel bringe, die es gibt.»

«Weine nicht, nimm hier diesen Scherben, aus dem die Hühner trinken.»

Bei seinem Abschied taten sie ihm den Scherben in seinen Ranzen. Er kam an die besagte Stelle, da trafen auch schon seine Brüder mit schönen Schüsseln ein, und der Bucklige war traurig, weil er nur den Scherben mitgebracht hatte. Alle drei zogen zum Schloß. Da waren viel Volk und Edelleute. Als erster meldete sich der Älteste, dann der zweite und zuletzt der Bucklige. Sie zeigten ihre Schüsseln vor, und die des Ältesten war aus Bronze, die des Zweiten aus Silber, der Bucklige aber wagte nicht, seinen Scherben vorzuzeigen. Doch der König bestand darauf und wurde schon ärgerlich, da sah sich der Bucklige gezwungen, seinen Scherben hervorzuholen, und der verwandelte sich in eine prächtige Schüssel aus Gold. Der König sagte zu den anderen, nun dürfe der Bucklige heiraten. Die widersprachen aber, weil ja das Handtuch noch fehle.

Nun sollten sie also noch einmal in die Welt hinausziehen, und derjenige sollte heiraten, der das schönste Handtuch nach Hause brächte.

Der Bucklige machte sich schnurstracks auf zu dem Schloß, wo die Äffinnen wohnten, und die kleine Äffin gab ihm das Schmutztuch, mit dem man den Kamin reinigte. Als der Bucklige an die besagte Stelle kam, waren seine Brüder schon mit wertvollen Handtüchern da. Er zog das Schmutztuch heraus, um es den Brüdern zu zeigen, da hatte er ein rosarotes Handtuch in der Hand. Sie gingen auf das Schloß. Alle drei Handtücher waren schön, aber das des Buckligen war das schönste.

«Es hilft alles nichts», sagte der König, «der Bucklige darf heiraten.»

Der sollte sich nun eine Braut suchen und sie innerhalb von drei Tagen auf dem Schloß vorstellen. Der Bucklige begab sich in aller Eile zu den Äffinnen, die sollten ihm die Braut aussuchen.

«Ich geh mit dir», sagte die kleine Äffin.

Ein Wagen aus Kork fuhr vor, und er nahm darin Platz zusammen mit der kleinen Äffin, und die anderen Äffinnen und Bären gingen hinterdrein und spielten auf ihren Instrumenten. Als sie an die besagte Stelle kamen, waren die beiden Brüder da und trieben ihren Spott mit ihm. Er wurde böse, stieg aus dem Wagen und trank aus dem Brunnen. Als er sich umwandte, sah er seine Brüder nicht mehr, aber alles war verwandelt: die Äffinnen und die Bären waren Prinzessinnen und Prinzen, und die kleine Äffin war von allen Prinzessinnen die schönste.

Auf dem Wege zum Schloß sagten die beiden Brüder:

«Der Bucklige bringt uns eine Gesellschaft von Äffinnen ins Haus!»

Und sie lachten aus vollem Halse. Als sie aber sahen, wie der Bucklige mit seiner Braut inmitten von vielen Prinzen und Prinzessinnen und in einem Wagen ganz aus Gold vorfuhr und vom König mit großen Ehren empfangen wurde, waren sie voller Neid.

Der Bucklige heiratete also, und zu Ende ist das Märchen von den Äffinnen.

42

## *Die zwölf Worte der Wahrheit*

*Es war einmal ein Mann,* der arbeitete viel und lebte in Ehren, aber bei allen seinen Geschäften verfolgte ihn das Unglück. Jeden Tag betete er fromm zu seinem Schutzengel, aber als er von Tag zu Tag ärmer dran war, verlor er die Geduld und rief eines Tages, verzweifelt über sein trauriges Geschick:

«Soll der Teufel mir helfen, wenn der Schutzengel es nicht will!»

Da erschien ein aufgeschossener, bärtiger Kerl, häßlich und ganz in Schwarz gekleidet, der sagte zu ihm mit näselnder und unangenehmer Stimme:

«Hier bin ich. Was willst du von mir?»

Der Mann sagte, er möchte reich werden, und der Teufel zeigte ihm eine Steinplatte, unter der war ein Schatz verborgen, und er sagte zu ihm:

«In zwanzig Jahren komme ich wieder und nehme dich mit, wenn du nicht die zwölf Worte der Wahrheit vor- und rückwärts sagst. Dann gehörst du mir in alle Ewigkeit.»

Der Mann lebte nun herrlich und in Freuden und feierte und schlemmte mit seinen Freunden und mit Weibspersonen. Die Zeit verging, und eines Nachts erinnerte er sich, daß er zu den Qualen der Hölle verdammt war, wenn er nicht die zwölf Worte der Wahrheit wisse.

‹Das muß leicht sein, die kennt sicher alle Welt›, dachte er.

Am nächsten Tag fragte er seine Freunde, fragte die Nachbarn und alle Einwohner der Stadt, aber es gab niemanden, der wußte, wonach er fragte.

Der Mann geriet in Not, denn die Zeit verrann, und das Geheimnis von den zwölf Worten der Wahrheit blieb ihm verschlossen. Da gab er sein sündhaftes Leben auf, tat Buße und zog in die weite Welt und fragte überall. Alle antworteten:

«Ich weiß es nicht und habe nie davon gehört.»

Der Mann war dem Tode nahe vor lauter Angst bei dem Gedanken, daß nun der Teufel ihn holen und das ewige Feuer sein Los sein würde.

Es war schon einige Zeit vergangen, seitdem er das Leben in Reichtum und Vergnügen aufgegeben hatte, sich bescheiden kleidete und Almosen spendete, als er eines Abends einen Wald durchquerte und in der Ferne das Angelusläuten hörte. Da kniete er nieder, um zu beten, und sah am Ende einen alten Mann näher kommen. Die beiden begrüßten einander und gingen zusammen bis in den nächsten Ort. Unser Mann fragte den Alten nach seinem Namen.

«Ich heiße Custodius», antwortete der, und unser Mann richtete schließlich seine Frage nach den zwölf Worten der Wahrheit an ihn.

«Ich kenne die zwölf Worte der Wahrheit!»

Unser Mann war ganz erleichtert, umarmte den Alten und dankte Gott und sagte, das müsse ein Wunder des Schutzengels sein, zu dem er früher gebetet hatte.

«Welches sind die zwölf Worte der Wahrheit, lieber Freund Custodius, und wie lautet das erste?»

«Custodius ja, aber nicht dein Freund. Das erste Wort der Wahrheit ist die heilige Herberge in Bethlehem, in der unser Herr Jesus Christus geboren wurde, um uns zu erlösen.»

«Und das zweite Wort der Wahrheit, Freund Custodius?»

«Custodius ja, aber nicht dein Freund. Das zweite Wort der Wahrheit sind die beiden Gesetzestafeln des Moses, auf die unser Herrgott seine göttlichen Füße setzte, und das erste die heilige Herberge von Bethlehem.»

«Und das dritte Wort der Wahrheit, Freund Custodius?»

«Custodius ja, aber nicht dein Freund. Das dritte Wort sind die drei Personen der Heiligen Dreieinigkeit und das zweite die Tafeln des Moses und das erste die heilige Herberge von Bethlehem.»

«Und das vierte Wort der Wahrheit, Freund Custodius?»

«Custodius ja, aber nicht dein Freund. Das vierte sind die vier Evangelisten, die unseren Herrgott begleiteten, das dritte die Personen der Heiligen Dreieinigkeit, das zweite die Tafeln des Moses und das erste die heilige Herberge von Bethlehem.»

«Und das fünfte Wort, Freund Custodius?»

«Custodius ja, aber nicht dein Freund. Das fünfte Wort der Wahrheit sind die fünf Wunden unseres Herrn Jesus Christus, das vierte die Evangelisten, das dritte die Personen der Heiligen Dreieinigkeit, das zweite die Tafeln des Moses und das erste die heilige Herberge von Bethlehem.»

«Und das sechste Wort, Freund Custodius?»

«Custodius ja, aber nicht dein Freund. Das sechste Wort der Wahrheit sind die sechs geweihten Kerzen auf dem Hauptaltar von Jerusalem, das fünfte die Wunden Jesu Christi, das vierte die Evangelisten, das dritte die Heilige Dreieinigkeit, das zweite die Tafeln des Moses und das erste die heilige Herberge von Bethlehem.»

«Und das siebente Wort, Freund Custodius?»

«Custodius ja, aber nicht dein Freund. Das siebente Wort der Wahrheit sind die sieben Sakramente, das sechste die geweihten Kerzen, das fünfte die Wunden, das vierte die Evangelisten, das dritte die Heilige Dreieinigkeit, das zweite die Tafeln des Moses, das erste die heilige Herberge von Bethlehem.»

«Und das achte Wort, Freund Custodius?»

«Custodius ja, aber nicht dein Freund. Das achte Wort der Wahrheit sind die acht Chöre der Engel, die Gottvater zur Rechten sitzen, das siebente die Sakramente, das sechste die geweihten Kerzen, das fünfte die Wunden, das vierte die

Evangelisten, das dritte die Heilige Dreieinigkeit, das zweite die Tafeln des Moses, das erste die heilige Herberge von Bethlehem.»

«Und das neunte Wort, Freund Custodius?»

«Custodius ja, aber nicht dein Freund. Das neunte Wort der Wahrheit sind die neun Monate, in denen die Jungfrau Maria unseren Herrn Jesus Christus unter dem Herzen trug, das achte die Chöre der Engel, das siebente die sieben Sakramente, das sechste die geweihten Kerzen, das fünfte die Wunden, das vierte die Evangelisten, das dritte die Heilige Dreieinigkeit, das zweite die beiden Tafeln des Moses und das erste die heilige Herberge von Bethlehem.»

«Und das zehnte, Freund Custodius?»

«Custodius ja, aber nicht dein Freund. Das zehnte Wort der Wahrheit sind die zehn Gebote unseres göttlichen Gesetzes, das neunte die neun Monate unserer Jungfrau Maria, das achte die Engelschöre, das siebente die Sakramente, das sechste die geweihten Kerzen, das fünfte die Wunden, das vierte die Evangelisten, das dritte die Heilige Dreieinigkeit, das zweite die Tafeln des Moses und das erste die heilige Herberge von Bethlehem.»

«Und das elfte Wort, Freund Custodius?»

«Custodius ja, aber nicht dein Freund. Das elfte sind die elftausend Jungfrauen, das zehnte die Gebote, das neunte die Monate der Jungfrau Maria, das achte die Engelschöre, das siebente die Sakramente, das sechste die geweihten Kerzen, das fünfte die Wunden, das vierte die Evangelisten, das dritte die Dreieinigkeit, das zweite die Tafeln des Moses und das erste die heilige Herberge von Bethlehem.»

«Und das zwölfte, Freund Custodius?»

«Custodius ja, aber nicht dein Freund. Das zwölfte Wort der Wahrheit sind die zwölf Apostel, das elfte die elftausend Jungfrauen, das zehnte die Gebote, das neunte die Monate der Jungfrau Maria, das achte die Chöre der Engel, das siebente die Sakramente, das sechste die geweihten Kerzen, das fünfte die Wunden, das vierte die Evangelisten, das dritte die Heilige Dreieinigkeit, das zweite die Tafeln des Moses, das erste die heilige Herberge von Bethlehem, in der unser Erlöser geboren wurde, Amen! Das sind die zwölf Worte der Wahrheit, vor- und rückwärts.»

«Auf den Knien danke ich dir, Freund Custodius, für dein Almosen, das mich aus den Klauen des Teufels erretten wird!»

«Custodius ja, und auch dein Freund: ich bin der Schutzengel, der dir um deiner Reue und Buße willen vergibt.»

Und er verschwand. Und als die Zeit kam, in der unser Mann dem Teufel Rede und Antwort stehen mußte, da sagte er die zwölf Worte der Wahrheit vor- und rückwärts, und der Böse zerplatzte wie ein Feuerball, und nur Schwefelgeruch blieb noch von ihm übrig.

Unser Mann aber lebte ein frommes Leben und ging ein in den Frieden des Herrn.

## 43

## *Die Geschichte vom Brasilienheimkehrer*

*Es war einmal ein Mann vom Dorf,* der wanderte nach Brasilien aus. Als er in die Heimat zurückkam, wollte er mit den Leuten im Dorf nichts mehr zu tun haben und tat so, als wenn er nicht einmal mehr die Namen der Werkzeuge kannte, mit denen man das Land bearbeitet. Eines Tages sah er einen Rechen und fragte, wie das Ding denn heiße. Aber bevor man es ihm sagen konnte, trat er mit dem Fuß gegen den Rechen, und der Stiel schlug ihm gegen die Stirn. Da begann er Flüche auszustoßen und nannte dabei das Werkzeug beim Namen. Er wußte also noch sehr wohl, wie es hieß...

## 44

## *Die drei Ratgeber des Königs*

*Es war einmal ein König,* der hatte an seinem Hof drei Ratgeber, die hielten sich für sehr weise. Eines Tages ging der König mit seinen drei Ratgebern auf die Jagd und traf unterwegs einen Bauern bei seiner Arbeit an. Der König betrachtete ihn und sagte:

«Oh, was für ein Schnee fällt in den Bergen!»

Der Bauer antwortete:

«Es ist die Zeit dazu, Herr.»

Dann fragte der König den Bauern:

«Wie oft hast du das Haus abgebrannt?»

«Zweimal, königlicher Herr.»

«Und wie oft mußt du es noch abbrennen?»

«Dreimal, königlicher Herr.»

«Wenn ich dir nun drei Enten zum Rupfen schickte?»

«Soviel Ihr wollt, Herr.»

Der König ging weiter, und nach einiger Zeit wandte er sich an seine drei Ratgeber und sagte zu ihnen:

«Nun, ihr, die ihr so weise seid, sollt mir jetzt erklären, was ich dem Bauern mit den Fragen sagen wollte und was seine Antworten bedeuten. Wenn ihr mir dies nicht erklären könnt, laß ich euch töten.»

Da sagten die Ratgeber:

«Aber, königlicher Herr, jetzt sofort, das ist doch nicht möglich...»

«Gut, ich gebe euch drei Tage Zeit, aber wenn ihr mir die Fragen nach drei Tagen nicht beantwortet, laß ich euch töten, denn ihr besitzt die Weisheit nicht, deren ihr euch rühmt.»

Da begannen die drei Ratgeber ganze Bibliotheken durchzustöbern, aber sie errieten den Sinn der Fragen nicht, und sie beschlossen betrübt, den Bauern heimlich aufzusuchen und ihn um eine Erklärung zu bitten.

Sie kamen zu dem Alten, und der sagte ihnen, daß er die Fragen erklären wolle, wenn sie ihm auf der Stelle die kostbaren Gewänder überließen, die sie anhatten. Da sie keinen anderen Ausweg sahen, zogen sie sich aus, und da sagte der Bauer zu ihnen: «‹Oh, was für ein Schnee fällt in den Bergen› will sagen, daß ich weiße Haare habe. Ich antwortete: ‹Es ist die Zeit dazu, Herr›, denn ich bin schon alt an Jahren. ‹Wie oft hast du das Haus abgebrannt› will sagen, wieviel Töchter ich verheiratet habe, denn wer eine Tochter verheiratet, gibt soviel Geld aus wie der, dem das Haus abbrennt. Ich antwortete ‹Zweimal›, und daß ich es noch dreimal abbrennen müßte, denn ich habe zwei Töchter verheiratet und drei noch ledig im Haus...»

«Und die Frage mit den Enten, was sollte die bedeuten?»

«Die Enten sind Euer Gnaden, die ich gerupft habe, indem ich sie bat, sich auszuziehen.»

Die Herren zogen ganz zufrieden in Hemdsärmeln ab, als gerade der König erschien, der ihnen auf den Fersen gefolgt war.

«Ihr wolltet mich also betrügen?» sagte der König. «Das kann ich euch nur verzeihen, wenn ihr diesem Bauern helft, die drei Male, die er noch übrig hat, sein Haus abzubrennen.»

«Was will unser König damit sagen?» fragten die Ratgeber den Bauern.

«Er will sagen, daß Euer Gnaden meinen drei ledigen Töchtern eine gute Mitgift geben sollen.»

Und die Ratgeber sahen keinen anderen Weg, dem Tode zu entkommen, als den Töchtern des Bauern eine gute Mitgift zu geben.

## 45
## *Der Drache mit den sieben Köpfen*

*Es war einmal ein Königssohn,* der war befreundet mit dem Sohn eines Schusters; sie spielten immer zusammen, und der Prinz schämte sich nicht, sich überall mit dem Schustersohn zu zeigen. Der König war über diese Vertraulichkeit nicht erfreut, und er gab dem Schuster eine Menge Geld und befahl ihm, seinen Sohn weit wegzuschicken. So kam der Bursche fort. Doch sobald der Prinz davon erfuhr, verließ er das Schloß und zog in die Welt hinaus, auf der Suche nach seinem Freund. Nach einiger Zeit fand er ihn; die beiden umarmten sich und machten sich dann gemeinsam auf den Weg. Unterwegs trafen sie ein hübsches Mädchen, das war an einen Baum gefesselt. Kaum erblickte der Prinz sie, war er in sie verliebt. Er fragte sie, wer sie dort hingebracht habe. Sie antwortete, das könne sie nicht sagen, und dann bat sie ihn, sie zu retten. Der Prinz erkannte, daß sie von königlichem Blut war, und er beschloß, sie zu heiraten. Er setzte sie hinter sich auf das Pferd, und die drei ritten davon. Sie übernachteten in einem Wald, dort, wo drei Kreuze standen. Der Prinz und das Edelfräulein schliefen gleich ein, aber der Schustersohn hielt sich wach, um für alle Fälle bereit zu sein. Mitten in der Nacht sah er drei Tauben herbeifliegen und eine jede sich auf ein Kreuz setzen.

Die erste Taube sagte: «Der Prinz denkt daran, sich mit dem Edelfräulein zu verheiraten. Aber wenn sie an einem Apfelsinengarten vorbeikommt, wird sie um eine Apfelsine bitten, und wenn sie sie ißt, wird sie sterben.

Und wer dies hört und kann nicht still sein,
wird verwandelt in Marmorstein.»

Die zweite Taube sagte: «Das ist noch nicht alles. Sie wird an einer Quelle vorbeikommen und trinken wollen. Und sobald sie von dem Wasser trinkt, wird sie sterben.

Und wer dies hört und kann nicht still sein,
wird verwandelt in Marmorstein.»

Die dritte Taube sagte: «Das ist noch nicht alles. Wenn sie dem nun entgehen sollte und nach Haus kommt, wird in der Hochzeitsnacht ein Drache mit sieben Köpfen kommen und sie töten.

Und wer dies hört und kann nicht still sein,
wird verwandelt in Marmorstein.»

Der Schustersohn hörte alles, und als es Morgen wurde, sagte er zum Prinzen, es sei besser, in die Heimat zurückzukehren, weil der König sicher sehr traurig sei. Dann werde er seinem Sohn auch verzeihen und in die Hochzeit mit dem Fräulein einwilligen, weil sie von königlichem Geblüt sei. Der Prinz ließ sich von dem Schustersohn überzeugen, und sie machten sich zusammen auf den Heimweg. Sie kamen an einem Apfelsinengarten vorbei, und es geschah, wie die Taube gesagt hatte, aber der Schustersohn erklärte, diese Apfelsinen könne man nicht kaufen, und so ritten sie weiter. Sie kamen an einer Quelle vorbei, dort wollte das edle Fräulein trinken, genau wie die andere Taube vorausgesagt hatte, aber der Schustersohn erklärte, er habe nichts da, um das Wasser herauszuschöpfen. So kamen sie schließlich in das Schloß. Der König war von Herzen froh, als er seinen Sohn wiedersah, verzieh ihm, und als er hörte, daß er auf den Rat des Schustersohnes nach Haus gekommen sei, gab er ihm die Erlaubnis, mit seinem Freund zusammen im Schloß zu wohnen. Der Prinz bat seinen Vater nun um Erlaubnis zur Heirat mit dem Fräulein, das er gerettet hatte, denn sie sei von königlichem Blut. Der Vater erklärte, er wolle die Erlaubnis erst nach sechs Monaten geben, wenn er sie besser kennen und schätzen gelernt habe. Jedenfalls heiratete der Prinz sie dann, und er fragte den Schustersohn, was er am Hochzeitstag von ihm als Geschenk haben wolle. Der sagte, er wünsche sich nur eines, er möchte in der Hochzeitsnacht im gleichen Zimmer mit dem Hochzeitspaar schlafen. Das fiel dem Prinzen gar schwer, aber er willigte dann doch ein. Der Freund legte sich nun mit einem verhüllten Schwert im Zimmer nahe an die Tür, und als das Brautpaar eingeschlafen war, hörte er bald einen großen Drachen mit sieben Köpfen hereinkommen. Da er das schon erwartet hatte, versetzte er dem Ungeheuer einen wohlgezielten Hieb und tötete es, aber ein Tropfen Blut spritzte dabei gerade ins Gesicht der schlafenden Prinzessin. Der Schustersohn versuchte, das Blut, das auf den Erdboden getropft war, wegzuwischen, und als er nun den Tropfen im Gesicht der Prinzessin sah, wollte er ihn mit dem Zipfel eines feuchten Handtuches abwischen. Bei dieser Berührung erwachte die Prinzessin und rief entsetzt zu ihrem Gemahl: «Räche mich an deinem besten Freund, er hat mir einen Kuß gegeben!»

Der Prinz springt zornentbrannt auf und will seinen Freund erschlagen, den er für einen Verräter hielt. Der aber bittet ihn, die Strafe aufzuschieben, damit er den Fall vor versammeltem Hof klären könne. Man rief alle zusammen, und der Bursche begann, alles zu erzählen, und dabei verwandelte er sich allmählich in Marmor. Alle waren von Herzen traurig, daß solche Freundestreue so schlecht vergolten wurde, und der Prinz beschloß, das Marmorbild, das sein bester Freund gewesen war, im Schloßgarten aufzustellen. Wenn seine Kinder im Garten spielten, setzte er sich vor das Bild, weinte vor Kummer und sprach:

«Wenn ich doch meinen Freund wieder lebend bei mir haben könnte!»

«Willst du ihn wieder lebend bei dir haben», so sprach eine

Stimme, «dann töte deine Kinder und reib diesen Stein mit unschuldigem Blute ein!»

Der Prinz zögerte, aber voll Vertrauen in die Macht der Freundschaft enthauptete er schließlich seine Kinder. Da begann das Bild sich zu bewegen, und sein Freund stand wieder lebendig vor ihm. Beide fielen einander in die Arme, und als der Prinz sich dahin umwandte, wo seine Kinder gespielt hatten, sah er sie fröhlich weiterspielen. Nur um den Hals hatten sie einen kleinen roten Streifen. Die beiden Freunde trennten sich niemals wieder, und von nun an lebten sie alle glücklich zusammen.

## 46

## *Die Geschichte vom Eisernen Stecken*

*Eines Tages rief ein Bauer,* der reich war, seinen Sohn zu sich und sagte zu ihm:

«Mein Sohn, du wirst jetzt sechzehn Jahre alt, und ich will dir etwas schenken. Du kannst es dir aussuchen, was möchtest du haben?»

Der Junge dachte lange nach und antwortete dann:

«Ich will die Welt kennenlernen, ferne Länder besuchen.»

Der Vater hörte sich das an, gab ihm die Erlaubnis, in die Welt hinauszuziehen, und fragte ihn, ob er weiter nichts brauche.

Der Sohn antwortete, er wolle nur einen Stecken, einen Stecken aus Eisen. Der Vater versprach, ihm seinen Wunsch zu erfüllen, obwohl er das reichlich wenig fand.

Am nächsten Tag schickte er ihn zum Schmied, dem sollte er sagen, was er wünschte. Der Junge tat das, ging zum Schmied, aber er gab so große Maße für den Stecken an, daß der lachte und ihm versprach, er wolle gar nichts für die

Arbeit verlangen, wenn er nur den Stecken, sobald er fertig wäre, auch hochheben könne. Der Junge ging nach Hause, und der Schmied machte sich an die Arbeit.

Der Schmied mußte doch tatsächlich ein Paar Ochsen kommen lassen, als er den Stecken wenden wollte, um ihn von der anderen Seite zu bearbeiten. Ab und zu sprach der Schmied mit dem Vater und sagte ihm lachend, er sei ja gespannt, wie sein Sohn wohl den Stecken hochheben würde.

Die Tage vergingen, und schließlich war der Stecken fertig.

Vor der Tür der Schmiede liefen viele Leute zusammen, um zu sehen, wie der Junge den Stecken abholte. Niemand glaubte, der Junge wäre imstande, den Stecken aufzuheben. Der Schmied rieb sich sogar die Hände vor Vergnügen über den guten Handel, den er gemacht hatte.

Der Junge kam also, achtete auf niemanden, ging auf den Stecken zu, hob ihn auf und begann damit zu spielen. Das Volk ringsumher war begeistert darüber, aber der Schmied fuhr sich mit der Hand an die Stirn, denn sein Verlust ruinierte ihn vollständig, hatte er doch ausgemacht, er würde nichts für die Arbeit verlangen, wenn der Junge imstande wäre, den Stecken aufzuheben.

Danach ging der Junge nach Hause, um sich von seinen Eltern zu verabschieden. Aber als er ankam, lehnte er den Stecken gegen die Tür, und die Tür fiel in sich zusammen. Er lehnte ihn gegen die Wand, und das Haus begann zu wanken. Da sagte die Mutter zu ihm:

«Schon gut, schon gut, nimm hier diesen Beutel mit Käse und noch einiges andere für unterwegs, aber nimm den Stekken weg, du legst mir noch das ganze Haus um.»

So schwer war der Stecken!

Der Sohn verabschiedete sich von den Eltern und machte sich auf den Weg.

Er ging und ging, und auf einmal hörte er einen Mann von fern singen, der hatte eine große Hacke in der Hand. Der

Junge ging weiter, aber als er näher kam, was sah er da? Jedesmal wenn der Mann die Hacke niedersausen ließ, legte er mit einem Schlag eine ganze Kiefer um, mit einem einzigen Schlag.

Natürlich gefiel das dem Jungen, und er ging gleich auf ihn zu. Aber der Mann achtete gar nicht auf ihn, vielmehr sang und fällte er in einem fort. Schließlich blickte er doch auf und betrachtete den Stecken. Ein wenig verwundert und mißtrauisch fragte er den Jungen, wer er sei und wohin er gehe. Der Junge antwortete, er ziehe in die Welt hinaus. Der Mann hörte mit seiner Arbeit auf und sagte, wenn er so stark sei, daß er diesen Stecken halten könne, dann wolle er ihm Gesellschaft leisten und mit ihm auf die Wanderschaft gehen.

Und so beschlossen sie, gemeinsam loszuziehen.

Der Mann mit der Hacke war niemand anderes als der Kiefernfäller.

Sie wanderten lange weiter und erzählten einander aus ihrem Leben. Aber auf einmal teilte sich der Weg, den sie gingen, und sie wußten nicht, welche Richtung sie einschlagen sollten. Da sahen sie in der Nähe auf einem Feld einen Mann, der mit seinen Ochsen pflügte, und einen Jungen, der ihm dabei half.

Sie gingen auf ihn zu und erzählten ihm, sie wanderten in die Welt hinaus, aber jetzt wüßten sie nicht, welchen Weg sie am besten einschlagen sollten.

Der Mann sah sie scharf an und zeigte ihnen die Richtung, indem er mit einer Hand den Pflug, die Ochsen und den Jungen emporhob. Dann sagte er: «In diese Richtung.»

Der Junge und der Kiefernfäller waren hocherfreut, auch diesen Recken kennengelernt zu haben, und luden ihn ein mitzugehen. Der Mann war einverstanden und ließ durch den Jungen zu Hause ausrichten, er werde heute nicht zum Abendessen dasein und ein wenig später heimkommen, denn er wolle in die Welt hinauswandern.

Und so zogen sie zu dritt los. Der Mann, der so ohne weiteres einen Pflug mitsamt den Ochsen, dem Jungen und allem anderen hochheben konnte, war der Bergeversetzer.

Unterwegs sahen sie gewaltige Dinge. Alles interessierte sie. Aber als sie um einen Berg herumkamen, sahen sie bei einem Bauernhaus einen Mann an einem Brunnen stehen, der war sehr bekümmert. Sie gingen auf ihn zu und fragten ihn, was er habe. Da antwortete der Mann, er arbeite an dem Brunnen, aber der sei so tief, wie er nie einen gesehen habe, und wenn er hinabsteige, dann komme ihm an einer Stelle ein Schwarm von Mücken entgegen und noch viel schlimmere Dinge, die ließen ihn nicht in Ruhe arbeiten und auch nicht weiter hinabsteigen. Der Mann weinte fast, als er das sagte. Die drei Freunde hörten sich das an, und der Kiefernfäller war der erste, der hinabsteigen wollte. Alle waren einverstanden, und der Kiefernfäller stieg hinab. Natürlich vereinbarten sie, bevor er hinabstieg, wenn ihm etwas Ernstes zustoße, dann solle er ein Zeichen geben, indem er an dem Seil zöge. Alles schien nach Wunsch zu verlaufen, als plötzlich das Seil sich straffte. Sofort zogen sie an dem Seil, so schnell sie nur konnten, und da erscheint der Kiefernfäller zitternd und sagt, er könnte nicht mehr, das sei einfach nicht zum Aushalten, so viele Mücken seien da, und Bienen, und all die Stiche – einfach die Hölle!

Die anderen hörten sich das an. Dann sagte der Bergeversetzer: «Also, ich steig jetzt hinunter. Ihr zieht mich nur hoch, wenn ich dreimal an dem Seil zupfe.»

Alle waren einverstanden, und der Bergeversetzer stieg hinab. Er kam tiefer und tiefer hinab, und er blieb wirklich lange aus. Aber auf einmal straffte sich das Seil, und zwar unzählige Male hintereinander, und wie schnell hintereinander!

Als der Bergeversetzer aus dem Brunnen stieg, erkannte man ihn kaum wieder. Sein Gesicht war voller Stiche und sein Haar völlig zerzaust von dem Kampf, den er da unten geführt hatte, und dabei war er der Bergeversetzer!

Nun war natürlich der Junge an der Reihe – der Eiserne Stecken, wie man ihn kurz nannte.

Alle richteten ihre Blicke auf ihn, um zu erfahren, wie er es anstellen wollte. Nun, der Eiserne Stecken sagte einfach: «Ihr laßt jetzt das Seil herunter, und wenn ihr merkt, daß es sich strafft, dann laßt es immer weiter herunter, bis es nicht mehr geht!»

Die anderen glaubten ihren Ohren nicht zu trauen und wollten ihn auf diese Weise nicht hinunterlassen, denn sie waren ja Freunde des Eisernen Steckens. Der Mann, der an dem Brunnen gearbeitet hatte, war ganz erstaunt über solche Kerle. So etwas hatte er noch nie gesehen!

Endlich tat man dem Eisernen Stecken seinen Willen, und sofort begann er hinabzusteigen. Dabei nahm er natürlich seinen Stecken mit!

Anfangs stellte er nichts Besonderes fest. Aber plötzlich kamen von allen Seiten Mücken. Mit seinem Stecken verteidigte er sich eine Weile, so gut er konnte, aber die Mücken ließen ihn nicht in Ruhe, und da beschloß er, an dem Seil zu ziehen. Sofort ließen die oben es weiter hinunter. Und das war auch sein Glück, denn bald darauf verschwanden die Mücken wie durch Zauberkraft.

‹Sollte das alles sein?› dachte der Eiserne Stecken bei sich, der ebenfalls ganz von den Mücken zerstochen war.

Er stieg weiter hinab, bis er allmählich ein Summen näher kommen hörte. Ihm schwante nichts Gutes dabei, aber er stieg weiter hinab, denn was blieb ihm anderes übrig! Aber plötzlich, von einem Moment auf den anderen, erschienen so viele Wespen, daß er nicht wußte, wohin er sich wenden sollte. Mit seinem Stecken erlegte er viele davon, doch es kamen immer mehr, und er konnte sich kaum noch wehren. Da zog er an dem Seil, so kräftig er konnte, aber die oben ließen natürlich das Seil immer weiter herunter. Es war entsetzlich, und der Eiserne Stecken hielt seine letzte Stunde für gekommen.

Aber als die oben das Seil immer weiter herunterließen, wurden die Wespen allmählich weniger, und der Eiserne Stecken überstand die schlimmen Minuten. Da plötzlich sah er selbst bei dem spärlichen Licht, das bis hier unten in den Brunnen drang, in der Wand ein Loch, das nach einem ausgedienten Bergwerksstollen aussah. Er gab seinem Körper einen Stoß, und es gelang ihm, sich der Brunnenwand an der Stelle zu nähern, wo sich das Loch befand. Neugierig sprang er sofort hinein, um zu sehen, wie es darin aussah. Anfangs war der Stollen wie jeder andere auch. Aber er drang immer weiter vor, und plötzlich fand er sich in einem großen, hell erleuchteten Saal wieder. Ohne recht zu wissen, wo er war, lief er hin und her, um sich alles genau anzusehen. Da bemerkte er, daß auf einem Tisch zwei Schwerter lagen. Eines war sehr schön und glänzte, so daß es mehr wie Kristall aussah, das andere war aus Eisen, sehr häßlich und verrostet. Der Eiserne Stecken ging auf den Tisch zu und ergriff das häßliche Schwert, das aus Eisen war. Im gleichen Augenblick erschien vor ihm ein pechschwarzer Kater. Voller Verwunderung blickte der Eiserne Stecken den Kater an, und wie groß war nicht seine Verblüffung, als der zu reden anfängt und zu ihm sagt:

«Warum hast du das rostige Schwert genommen? Hättest du nicht lieber das andere, das so schön und glänzend ist?»

Da schwante dem Eisernen Stecken sofort nichts Gutes. Hm... soviel Sorge darum, daß er das schönere Schwert nehmen sollte, mußte seinen Verdacht wecken. Da antwortete der Eiserne Stecken:

«Ich zieh einfach dieses hier vor, auch wenn es häßlich und rostig ist!»

Sofort ergreift der Kater das andere Schwert und springt zur Seite. Sobald der Eiserne Stecken das sah, weicht er zurück, um abzuwarten, was der Kater tun würde. Da kommt der Kater auf den Eisernen Stecken zu, der sich mit dem rostigen Schwert verteidigt. Als er mit seinem Schwert auf das des Katers einschlägt, zersplittert das – es war also wirklich nur aus Glas.

Da bereitet sich der Kater darauf vor, einen weiteren Sprung zu tun, aber der Eiserne Stecken hüpft zur Seite und schlägt ihm ein Ohr ab.

Der Kater stürzte los und wollte das Ohr aufheben, aber der Eiserne Stecken mit seinem Schwert läßt ihn nicht und sagt: «Nein, jetzt ist das Ohr mein!», und indem er das sagte, hob er das Ohr auf und steckte es in die Tasche. Mit verärgerter Stimme fordert der Kater das Ohr zurück.

«Gib mir mein Ohr!»

«Nein!» antwortet ihm der Eiserne Stecken.

«Gib mir mein Ohr!»

«Nein, und nochmals nein!» wiederholte der Eiserne Stekken.

«Fordere, was du willst... aber gib mir mein Ohr.»

«Gut», antwortete der Eiserne Stecken, «ich will es dir geben, aber erst mußt du mich hier herausbringen...»

Der Eiserne Stecken hatte noch nicht zu Ende gesprochen, und schon befand er sich in einer wunderschönen Gegend, die kam ihm sonderbar vor: er sah ein Pferd, vor dem lagen Knochen, und daneben einen Hund, der hatte ein Bündel Gras vor sich liegen. Es war kein Zweifel möglich: er befand sich in einem Land, wo alle Dinge verkehrt waren. Da der Eiserne Stecken ein ordentlicher Mensch war, ging er hin und tauschte dem Pferd und dem Hund das Futter aus. Im gleichen Augenblick verwandelten sich Pferd und Hund in eine wunderschöne Prinzessin und einen schönen Prinzen. Sie erzählten dem Eisernen Stecken, daß sie seit vielen Jahren verzaubert gewesen waren, und nur ein mutiger Junge wie er hätte bis auf den Boden des Brunnens hinabsteigen können. Als der Eiserne Stecken dies hörte, stand er mit offenem Mund da, denn es war ihm noch gar nicht der Gedanke gekommen, daß er auf dem Boden des Brunnens war. Er hatte gemeint, der Kater habe ihn nach oben befördert.

Aber das Prinzenpaar sagte traurig, es nütze ihnen nichts, daß ihr Zauber gebrochen sei, denn sie könnten hier, wo alles verkehrt war, nicht leben. Der Eiserne Stecken hörte sich das an und sagte: «Wenn mich der Kater hierher verpflanzt hat, wird er wohl auch fähig sein, mich wieder herauszuholen, mich und das Prinzenpaar.»

Und er holt das Ohr heraus, das er in der Tasche aufbewahrte, und beißt hinein. Im selben Augenblick erscheint, niemand weiß woher, der Kater und fordert sein Ohr zurück.

«Gib mir mein Ohr...»

«Vielleicht tu ich das», antwortete der Eiserne Stecken zögernd. «Außerdem», fährt er fort, «sind wir in einer sehr seltsamen Gegend, ohne Sonne... ohne Berge... wo alles verkehrt ist. Du mußt uns sofort hier herausbringen, hörst du?»

Gesagt, getan: im Nu befinden sich alle oben am Brunnenrand. Aber der Bergeversetzer, der Kiefernfäller und der Brunnenmann flohen entsetzt, als sie so plötzlich den Eisernen Stecken und das Prinzenpaar auftauchen sahen, und niemand hat sie je wieder gesehen!

Der Kater war in Wirklichkeit niemand anderes als der Leibhaftige, und noch jetzt ist er hinter dem Eisernen Stekken her, damit er ihm das Ohr zurückgibt.

## 47

## *Die Geschichte von der alten Frau*

*Es gab vor Zeiten eine alte Frau,* die lebte ganz für sich allein. Eines Tages heiratete ihre Tochter und lud die Alte zur Hochzeit ein.

Die machte sich frohgemut auf zur Hochzeit ihrer Tochter, aber auf halbem Wege begegnete sie einem Wolf, der hatte einen Bärenhunger und sagte:

«Meine liebe Alte, ich werde dich fressen.»

Und die arme alte Frau antwortete ihm:

«Ach, lieber Wolf, friß mich nicht, ich geh zur Hochzeit meiner Tochter und komme dann fetter zurück. Friß mich nachher, dann kriegst du dein Bäuchlein richtig voll.»

Als die Hochzeit vorbei war, weinte die Alte sehr, und natürlich fragte die Tochter ihre Mutter, warum sie denn weinte. Die arme Alte antwortete ihr:

«Ach, liebes Kind, als ich hergekommen bin, begegnete ich einem Wolf, der will mich fressen, wenn ich wieder nach Hause zurückkehre.»

Die Tochter sagte zu der armen Alten:

«Mutter, Ihr braucht keine Angst zu haben. Nehmt hier diesen hohlen Flaschenkürbis und kriecht hinein.»

Als der Wolf auf der Lauer lag, fragte er den Kürbis, der vorbeikam, ob er eine alte Frau gesehen habe, und da antwortete der Kürbis:

«Weder alte Frau noch alten Mann, roll weiter, Kürbis, wohlan.»

Dem Wolf gelang es also nicht, die Alte zu vernaschen. Er war der Betrogene.

## *48*

## *Das nackte Hühnchen*

*Es war einmal ein Hühnchen,* das noch keine Federn hatte, das machte sich auf den Weg zum Hause des Königs, um ihn um einen Scheffel Getreide zu bitten, damit es den Sommer über zu fressen habe.

Unterwegs begegnete ihm ein Fuchs, der sagte zu ihm:

«Nacktes Hühnchen, wohin gehst du?»

«Ich geh zum König und will ihn um einen Scheffel Getreide bitten, um den Sommer über zu fressen zu haben. Wenn du mitkommen willst, dann komm.»

Und der Fuchs ging mit ihm. Bald darauf begegneten sie einem Wolf, der fragte ebenso wie der Fuchs:

«Wohin gehst du, nacktes Hühnchen?»

«Ich geh zum König und will ihn um einen Scheffel Getreide bitten, um den Sommer über zu fressen zu haben. Wenn du mitkommen willst, dann komm.»

Und der Wolf ging ebenfalls mit. Als sie zusammen ein Stück gegangen waren, begegneten sie einem Bach, der fragte das Hühnchen dasselbe wie der Fuchs und der Wolf und erhielt dieselbe Antwort.

Alle zusammen setzten nun den Weg fort und begegneten dem Nebel, der fragte das nackte Hühnchen das gleiche wie vorher der Fuchs, der Wolf und der Fluß:

«Wohin gehst du, nacktes Hühnchen?»

«Ich geh zum König und will ihn um einen Scheffel Getreide bitten, damit ich den Sommer über zu fressen habe.»

So gingen sie alle bis zum Hause des Königs und klopften an das Tor: bum, bum.

«Wer ist da?»

«Hier ist das nackte Hühnchen, ich komme, den Herrn König um einen Scheffel Getreide zu bitten, damit ich den Sommer über zu fressen habe.»

Die Magd sagte zur Königin:

«Frau Königin, da ist das nackte Hühnchen, das zum König kommt und um einen Scheffel Getreide bittet, damit es den Sommer über zu fressen hat.»

«Hol das Hühnchen herein und bring es in den Hühnerstall, damit die Hühner es mit ihren Schnäbeln umbringen.»

Die Magd steckte also das Hühnchen in den Hühnerstall. Aber das nackte Hühnchen rief den Fuchs herbei und sagte zu ihm:

«Guter Fuchs, bring alle diese Hühner um.»

Und so geschah es. Am nächsten Morgen sagte die Königin zu ihrer Magd:

«Maria, sieh nach, ob das nackte Hühnchen schon tot ist.»

Die Magd sah nach und berichtete der Königin, daß nicht das nackte Hühnchen, aber daß alle Hühner tot waren.

«Dann bring das nackte Hühnchen in den Pferdestall, damit die Pferde es umbringen.»

Die Magd tat das, da sagte das Hühnchen zum Wolf:

«Guter Wolf, komm zu den Pferden und bring sie alle um.»

Am nächsten Tag wollte die Magd sehen, ob das nackte Hühnchen wirklich tot war, und als sie zurückkam, sagte sie zur Königin:

«Frau Königin, das nackte Hühnchen lebt, aber die Pferde sind allesamt tot.»

«Mach Feuer unter dem Backofen an und laß das Hühnchen darin braten.»

Das Hühnchen aber rief nun den Bach herbei und sagte zu ihm: «Guter Bach, komm zum Backofen und lösch das Feuer.»

Am andern Tag sagte die Königin zu ihrer Magd:

«Maria, sieh nach, ob das Hühnchen tot ist.»

«Frau Königin, das Feuer unter dem Backofen ist ausgegangen, und das nackte Hühnchen ist lebendig und wohlauf.»

«Hol es und steck es in den Korb da, dort mag es verhungern.»

Das Hühnchen sagte zu seinem letzten Weggefährten:

«Guter Nebel, komm in dies Haus und füll es ganz aus, von einem Ende zum andern.»

Da erfüllte dichter Nebel das ganze Haus, und das Hühnchen konnte fliehen und entkam dem Tod.

## 49

## Die fünf Eier

*Es waren einmal ein Alter und seine Frau,* und die Frau sagte zu ihm:

«Weißt du, Alter, wir haben heute am Festtag weiter nichts zu tun, da kochen wir uns ein paar Eier.»

Sie legte fünf Eier in den Topf, dann sagte sie zu ihm: «Ich eß drei und du zwei.»

Da sagte er:

«Ich, als Mann, esse drei und du zwei.»

Und sie antwortete:

«Eher sterbe ich, als nicht drei zu essen.»

Der Mann sagte:

«Stirb nur, aber ich esse drei und du zwei.»

Da ging sie fort, wusch sich, zog sich wieder an und legte sich auf eine Truhe und machte die Augen zu. So fand er sie, als er von draußen hereinkam, und fing an zu klagen und zu schreien, während sie so tat, als hörte sie nichts.

«Meine liebe Frau, so jung mußt du unter die Erde, und das alles wegen der drei!»

Sie aber sprach bei sich, so daß niemand es hörte, aber ganz entschieden:

«Nein.»

«O weh, du Licht dieses Hauses, das nun verdunkelt ist, nur wegen der drei!»

Und sie:

«Nein.»

Man zog die Totenfahne auf und versammelte sich zur Beerdigung, und in dem Augenblick, als der Pfarrer sie auf den Friedhof geleitete, sagte unser Alter:

«Meine liebe Frau, du zwei und ich drei.»

«Nein.»

Als sie auf dem Friedhof an die Grabstelle kamen, sprach

der Pfarrer das Totengebet, legte seinen Umhang ab, und die Laternen wurden ausgelöscht. Da sagte der Alte zu den vier Sargträgern und zum Totengräber:

«Laßt mich noch einmal von meiner Frau Abschied nehmen.»

Und er flüstert ihr ins Ohr:

«Du drei und ich zwei. Du kannst sogar alle fünf essen.»

Da richtete sie sich auf, und der Totengräber rief allen zu:

«Fort, Leute, flieht! Die Tote ißt uns alle fünf auf.»

Da machte sich alles aus dem Staube.

## 50

## *Freitag und Samstag*

*Es war einmal ein Mann,* der lebte in großer Armut. Eines Tages hatte er nicht einmal Holz im Hause, um Feuer anzumachen, und beschloß, sich im Wald welches zu holen. Er nahm einen Esel mit und machte sich auf den Weg. Da begegneten ihm Leute, und weil er Angst hatte, machte er den Esel an einem Baum fest und versteckte sich selber auf einem anderen. Aber die Leute bemerkten ihn und riefen ihn, und er kam herunter und redete mit ihnen. Es war aber der Teufel in Person mit einer Schar Hexen. Die forderten ihn nun auf, mit ihnen zu tanzen, und er willigte ein. Alle drehten sich im Kreise und sangen dazu:

«Freitag und Samstag, Freitag und Samstag...»

Er mußte tun wie die andern auch. Der Teufel war in der Mitte des Kreises, und die andern sagten keinen Ton zu ihm.

Da kommt der Teufel und sagt zu den Hexen:

«Was sollen wir dem Männlein geben, das uns behilflich gewesen ist?»

Das Männlein aber bat um eine Ladung Holz, weil es zu

Hause keines hatte. Und sie holten ihm das Holz und luden es ihm auf den Esel.

Der Mann machte sich auf den Weg. Als er zu Hause ankam, ging er daran, das Holz abzuladen, und siehe da, es waren alles Goldstücke. Unser Mann war froh und zufrieden, aber nun wußte er nicht, was er damit anstellen sollte. Da kam er auf den Gedanken, zunächst seinen Nachbarn, der sehr hochmütig war, um die Maßschüssel zu bitten, die der hatte.

Der Nachbar sah, daß unser Männlein so arm war, daß er nicht einmal ein Maß hatte, was mochte der da zu messen haben? Um das herauszubekommen, tat er Leim auf den Boden der Maßschüssel.

Als unser Männlein diese zurückbrachte, waren auf dem Boden zwei Goldmünzen festgeklebt, die er nicht bemerkt hatte.

Da wollte der habgierige Nachbar hören, wie es wohl dazu gekommen war. Das Männlein, arglos und gutherzig von Natur, erzählte ihm alles haarklein. Da wollte der Geizige, den der Neid zwickte, auch hingehen. Der andere riet ihm noch dazu und erklärte ihm, wie er sich verhalten solle. Der nahm also seinen Esel und machte sich auf den Weg. Er kam in den Wald und fand da wirklich alles so, wie unser Männlein ihm erzählt hatte. Mit Freude sah er den Teufel und die Hexen erscheinen, und als sie ihn fragten, ob er mit ihnen tanzen wolle, stimmte er zufrieden zu. Sie tanzten nun im Kreise herum, mit dem Teufel in der Mitte. Dann wurde gesungen:

«Freitag und Samstag, Freitag und Samstag.»

Der Mann aber, der sehr hochnäsig war, sang:

«Freitag und Samstag,
Der Sonntag obendrein,

Und der Esel in der Mitte,
Schöner kann der Tanz nicht sein.»

Da hättet ihr die Wut des Teufels sehen sollen! Als der Tanz zu Ende war, fragten sie den Mann ebenfalls, was er sich wünsche. Der war eitel Freude und sagte:

«Ich möchte eine Last Holz.»

«Dann wartet einen Augenblick.»

Da stürzten sich alle auf ihn und verprügelten ihn, daß es nur so eine Art hatte. Wie kam er dazu, den Teufel einen Esel zu nennen? Traurig kam der Mann nach Hause zurück und erzählte seinem Nachbarn, was ihm geschehen war, und er erzählte auch, daß er gesungen hatte:

«Und der Esel in der Mitte,
Schöner kann der Tanz nicht sein.»

«Aber verstehst du denn nicht, daß der Teufel keinen Spaß daran hatte, daß du ihn Esel nennst? Er hat sich natürlich schwarz geärgert... Ich hatte nur gesungen, was er mir gesagt hatte:

‹Freitag und Samstag, Freitag und Samstag.›»

Dem anderen blieb nur die Trauer über sein Mißgeschick und der Schmerz von den Prügeln, die er bekommen hatte.

Der Teufel mag einfach Sonntag nicht...

51

## *Maria mit dem rotgefärbten Unterrock*

*Eine Frau, der ein Bauernhof gehörte,* hatte keine Kinder, und es starb ihr Mann, so daß sie allein zurückblieb. Auf dem Nachbarhof lebte ein Mann, der war in ihrem Alter, und ihm starb die Frau und hinterließ ihm eine Tochter mit Namen Maria. Da heiratete er seine Nachbarin, die Witwe, und beide Bauernhöfe zusammen machten einen stattlichen Besitz aus.

Als das Mädchen größer wurde, beschlossen die Eltern, nach Lissabon zu ziehen, um dort die kleine Maria unterrichten zu lassen.

Sie waren in Lissabon, das Mädchen war nun schon herangewachsen, da begann sie, Tag und Nacht zu weinen, Tag für Tag. Die Stiefmutter fragte sie:

«Maria, was ist mit dir? Dir fehlt es an nichts. Du hast Kleider, soviel du nur willst, warum weinst du? Liebeskummer hast du auch keinen, soviel ich weiß. Ich weiß nicht, was ich für dich tun kann.»

«Was ich möchte, was ich möchte, ist stehlen!»

«Um des Himmels willen! Was wolltest du denn stehlen?»

«Stoffe, Kleider...»

Die Stiefmutter ging in einen Laden und verabredete mit dem Verkäufer, sie würde nachher alles bezahlen. Maria stahl also, und die Stiefmutter bezahlte.

Am nächsten Tag ging das Unglück wieder an, Maria weinte in einem fort. Die Stiefmutter:

«Sag doch, was du hast, Tochter. Dir fehlt nichts, denn ich bezahl dir alles, du hast Kleider, soviel du willst, sag mir doch, warum du weinst!»

«Ach, ich möchte so gern mit dem König schlafen.»

«Aber was kann *ich* dazu tun?»

Nun hatte der König ein besonderes Gemach außerhalb des Schlosses, und da schlief sie eines Nachts mit dem Herrn

König. Als der Morgen graute, wollte sie entschlüpfen, da fragte der König sie:

«Du mußt mir sagen, wie du heißt.»

«Morgen sag ich es dir.»

«Sie kommt also morgen wieder, kommt morgen wieder», sagte der König erfreut. So schlief sie drei Nächte mit ihm, ohne ihm ihren Namen zu verraten. Die beiden letzten Male sagte er zu den Kammerjungfern, sie sollten eine Schüssel mit roter Farbe in das Zimmer bringen lassen.

Als sie nun ihre feine Unterwäsche ausgezogen hatte, steckte er sie in die Schüssel mit der roten Farbe. Am nächsten Morgen schenkte er ihr ein wunderschönes Halsband mit einem Bildchen von sich, dann fragte er wieder:

«Nun sag mir auch, wie du heißt!»

«Morgen sag ich es dir.»

Aber sie kam nie wieder, denn sie wollte ihm nicht ihren Namen sagen und woher sie kam.

Ein ganzer Monat ging so vorbei, der König war traurig und wurde krank. Vor Kummer aß und trank er nichts mehr, weitere Monate gingen vorbei, und Marias Bauch fing an größer zu werden.

Da sagte sie ihrer Stiefmutter, daß sie Sorgen hätte.

«Darum brauchst du keine Sorgen zu haben, darum nicht!»

Es kam also die Zeit, wo sie ein Töchterchen zur Welt brachte, das kleidete sie in die rotgefärbte Wäsche und legte ihm das Halsband um, das ihr der König geschenkt hatte, und legte es mit einem Zuckerlutscher im Mund in einen Kasten und sagte zu einem Alten, der bei ihnen zu Hause erschien: «Lieber Mann, wollt Ihr Euch ein schönes Stück Geld verdienen?»

«Na und ob!»

«Dann bringt diesen Kasten auf das Schloß zum König und sagt dazu: ‹Wer kauft die Blumen, um den König zu heilen, der von Liebe krank ist?›»

Der Alte ging also auf das Schloß.

Als der König ihn hörte, sprang er aus dem Bett und kaufte die Blumen. Der Alte ging wieder fort, und als das Kindchen seinen Zuckerlutscher aufgeluscht hatte, fing es an zu schreien.

Da rief der König aus:

«Gott im Himmel, das ist meine Tochter. Aber wo mag ihre Mutter sein?»

Nun war das Kind also des Königs Töchterlein und wurde im Schloß aufgezogen, wo alles in das Kind verliebt war. Eines Tages sagte der König zur Amme:

«Amme, Ihr seid findig und klug, stellt nun ganz Lissabon auf den Kopf, um zu erfahren, wer die Mutter meiner Tochter ist.»

Die ging also mit dem Kind auf dem Arm auf die Suche, Tag für Tag, und alle Welt machte der Kleinen Geschenke. Nun fehlte nur noch das Viertel, in dem Maria wohnte.

Als Marias Stiefmutter das Kindchen sah, kamen ihr die Tränen, und sie rief:

«Maria, komm her und sieh dir des Königs Töchterlein an!»

«Ich habe schon viele Mädchen gesehen», antwortete Maria, riß das Kind an sich, und nachdem sie ihm eine Tracht Prügel verabreicht hatte, fuhr sie fort:

«Du Unglückswurm, du bist also die Tochter der Maria mit dem rotgefärbten Unterrock.»

Die Amme schimpfte, außer sich vor Zorn, und das Kind schluchzte noch, als sie wieder beim König ankamen. Dem erzählte die Amme nun alles.

Er aber war mehr als zufrieden. Er ließ seine Lehnsleute ein Geleit bilden und Maria holen, um sie zu heiraten, damit das Töchterchen eine Mutter hatte. Er heiratete also Maria mit dem rotgefärbten Unterrock, und die lebte nun mit ihm auf seinem königlichen Schloß.

52

## *Der Narr und der Advokat*

*Es war einmal ein Junge,* der war nicht bei Verstand. Eines Tages wollte er Geld verdienen und bat seine Mutter, ihm einen Krug Honig zu geben. Den wollte er verkaufen, trug ihn auf seinem Weg auf dem Rücken und dachte:

‹Wenn ich den Honig auf einer Steinplatte ausbreite, dann trocknet er und ist nachher leichter zu tragen.›

Bei der ersten Gelegenheit, die er fand, tat er so, nahm den Krug herunter, strich den Honig auf dem Stein gut auseinander, legte sich hin und hielt im Schatten eines Baumes ein Schläfchen. Inzwischen kamen die Fliegen und fraßen den Honig auf.

Als er aufwachte und sah, daß der Honig fort war, verfluchte er sein Unglück und nahm sich vor, einen Advokaten zu Rate zu ziehen. Im ersten Ort, in den er kam, machte er diesen Vorsatz wahr, um unverzüglich an den Fliegen Rache zu nehmen.

Der Advokat hörte seine Rede geduldig an und sagte dann:

«Lieber Freund, der Richterspruch, den ich Euch verkünde, ist: Wo immer Ihr nur eine Fliege antrefft, schlagt sie tot!»

Da will der Zufall, daß sich eine Fliege auf die Stirn des Advokaten setzt. Der närrische Junge hebt seinen Stock und läßt ihn mit einem «Sie gestatten!» auf die Stirn des Gesetzesmannes niederfahren, daß dieser tot zu Boden fällt.

Als dann Leute herbeikommen und fragen, was geschehen sei, erzählt ihnen der Narr die ganze Geschichte, und so konnte ihm niemand einen Strick daraus drehen.

## 53
## Der Herrgott vom Kapellchen

*Es waren einmal zwei Schwestern,* die wohnten jede in einem eigenen Bauernhaus. Die eine war reich, die andere arm. Die Reiche hatte nur wenige Kinder, die Arme eine ganze Kinderschar und arbeitete auf dem Bauernhof ihrer Schwester, der lag hinter der Kirche des Herrgotts vom Kapellchen, die auch einfach Herr vom Kapellchen genannt wurde. Immer wenn die arme Schwester zur Arbeit ging und wenn sie wieder von der Arbeit kam, sprach sie dort ihr Gebet. Ihre Schwester aber zahlte ihr den Lohn nicht. Sie konnte ihren Kindern darum nur wäßrige Suppe zum Essen geben, und trotzdem waren die dick und rund, daß es eine Lust war, sie anzusehen. Die Kinder der anderen dagegen, die nur die besten Speisen aßen, wurden dabei immer magerer.

Als ihr Mann eines Tages das Brot anschneidet, da findet er eine Blutspur darin. Da sah er seine Frau an und sagte:

«Siehst du das Brot hier? Das kommt davon, daß du deiner Schwester ihren Lohn nicht bezahlst, die hier schuftet und ihren Schweiß vergießt, und du bezahlst ihr nicht, was wir ihr schuldig sind. Bring das jetzt in Ordnung!»

«Das sehe ich nicht ein! Ihre Kinder sind so fett und rund und meine so dünn!» Und so weiter und so weiter.

Nun, er faßte sich immerhin ein Herz und gab seiner Schwägerin drei kleine Brote, eine Handvoll Hülsenfrüchte, ein Stück Speck und noch ich weiß nicht welchen Geldbetrag dazu.

Da sagte die arme Schwester:

«Jetzt schlachte ich meinen Hahn, koche einen Topf voll Reis und lade den Herrn vom Kapellchen zum Essen ein.»

Sie sprach also wieder ihr Gebet und lud den Herrn vom Kapellchen wirklich zum Essen ein. Der nickte darauf mit dem Kopf und sagte zu. Sie machte sich auf den Heimweg und bereitete alles für das Essen vor, schlachtete den Hahn, kochte den Reis, und ihr Mann mußte den Wein besorgen. Als es schon Essenszeit war – ihr Mann war schon zurück –, da erblickte sie einen Armen, der trug abgerissene Kleider und redete sie an:

«Ach, wenn Ihr mir ein Almosen geben könntet.»

«Ich habe gerade das Essen für unseren Gast, den Herrn vom Kapellchen, angerichtet, aber das tut nichts, ich nehme etwas für Euch davon ab, Ihr könnt es brauchen!»

Und sie schnitt einen Hühnerschenkel und einen Flügel ab und gab dem Bettler ein Glas Wein und eine Scheibe Brot dazu. Er nahm das an und verschwand.

Doch je mehr Zeit verging, um so trauriger wurde sie, weil sie wartete und wartete, der Herr vom Kapellchen aber nicht erschien. Da ging sie und betete zu ihm und fragte ihn, aus welchem Grund er nicht gekommen sei. Der Herr vom Kapellchen antwortete ihr:

«Ich war ja da. Sieh hier, was du mir als Almosen gegeben hast.» Und er zeigte ihr alles und sagte weiter:

«Geh also heim, du brauchst niemandes Dienstmagd mehr zu sein. Dein Schicksal geht nun zum Besseren und das deiner Schwester zum Schlechteren. Du wirst dein Haus voll vorfinden von allem, was ihr braucht, und die Steine vor eurem Haus werden sich in Vieh verwandeln.»

Und so geschah es wirklich. Sie kam nach Hause und fand alles in Hülle und Fülle vor. Da ging sie gleich daran, einen Teig zum Backen vorzubereiten, und hast du nicht gesehen, brannte schon das Feuer im Ofen.

Als die andere Schwester sah, daß sie fortblieb, stieg sie hinauf in ihren Erker, um zu spähen, und sagte dann bei sich: ‹Da brennt das Feuer, und sie bäckt und behauptet, es geht ihr schlecht!›

Da ging sie hinüber, allein, um zu fragen, warum sie nicht zur Arbeit gekommen wäre, und die andere erzählte es ihr.

«Gut, jetzt lade ich den Herrn vom Kapellchen auch ein, bei mir zu essen.»

Sie ging also, lud den Herrn vom Kapellchen ein, und der nickte mit dem Kopf und sagte zu. Da ging es an die Herrichtung der Mahlzeit, mit Köchen und Köchinnen, man schlachtete Truthähne und bereitete Frikassee und vielerlei andere Leckerbissen, das sollte ein Fest werden!

Aber der Herr vom Kapellchen erschien, genauso wie bei der anderen, armselig und abgerissen gekleidet, ein bemitleidenswertes Männchen.

«Setz dich da neben den Ofen; bevor der Herr vom Kapellchen da ist, bekommt hier keiner etwas zu essen», sagte sie.

Er ging weg, nach einiger Zeit aber meldete er sich wieder.

«Liebe Frau, der Hunger quält mich fürchterlich.»

Da hetzte sie die Hunde auf ihn, die zerfetzten ihm seine armseligen Kleider, und er verschwand.

Sie aber wartete und wartete, ohne Erfolg. Das Essen wurde aufgetragen, und am nächsten Tag ging sie ins Kapellchen und fragte, warum er nicht zum Essen gekommen sei. Da sagte er:

«Ich war da, sieh hier, wie mir deine Hunde zugesetzt haben. Geh jetzt nach Hause. Dein Schicksal verläuft von nun an zum Schlechteren und das deiner Schwester zum Besseren.»

Und sie verarmte, während ihre Schwester reich wurde.

## 54

## *Die verirrten Kinder*

*Ein Vater hatte zwei Kinder,* einen Jungen und ein Mädchen, die schickte er immer in den Wald zum Holzsammeln. Eines Tages aber verirrten die Kinder sich im Walde. Nachdem sie lange gegangen waren, erblickten sie ein Licht. Sie gingen darauf zu und sahen ein Haus, in das traten sie ein und gewahrten eine Hexe, die dabei war, Waffeln zu backen. Die Hexe hatte nur ein Auge, mitten auf der Stirn, und sah deswegen die Kinder nicht gleich. Weil aber die Kinder sehr hungrig waren, nahmen sie heimlich von den Waffeln, und die Hexe, die meinte, es wäre die Katze, sagte:

«Weg, du dieb'sches Katzentier,
Ich geb schon deinen Anteil dir.»

Und sie buk weiter. Als die Kinder den Irrtum der Hexe bemerkten, lachten sie laut. Da blickte sie zu ihnen hinüber und sagte:

«Seid ihr es, Kinder? Kommt her, kommt her.»

Und sie packte die Kinder und steckte sie in eine Truhe, die war voll Kastanien, und lud sie ein, tüchtig davon zu essen, damit sie schön dick und fett würden. Die Kinder aßen nun Kastanien, und eines Tages sagte die Hexe zu ihnen:

«Steckt euer Fingerchen durchs Schlüsselloch, damit ich sehen kann, ob ihr schon dick und fett seid.»

Statt des Fingers steckten die Kinder einen Mäuseschwanz hindurch, den sie in der Truhe gefunden hatten. Als die Hexe das sah, sagte sie:

«Ihr seid aber noch arg mager, eßt also weiter.»

Nach einiger Zeit befahl sie den Kindern wieder, ihre Finger vorzuzeigen, und es half ihnen alles nichts, sie mußten es tun, denn sie hatten den Mäuseschwanz nicht mehr. Da sagte die Hexe zu ihnen: «Jetzt könnt ihr herauskommen, denn ihr seid schön dick und fett.»

Dann schickte sie die Kinder zum Holzsammeln, denn sie wollte den Backofen heizen, und gab ihnen ein Stück Brot, von dem sollten sie nur das Weiche essen, sollten es aber nicht aufbrechen. Dazu gab sie ihnen einen Flaschenkürbis voll Wein, aus dem sollten sie trinken, ohne den Korken herauszuziehen, und noch zwei Handvoll Lupinenkerne, die sollten sie essen und die Hülsen auf den Weg streuen, damit sie nachher den Weg zurückfänden. Die Kinder zogen also in den Wald. Unterwegs trafen sie eine alte Frau, die fragte sie, wohin sie wollten. Die Kinder erzählten ihr alles, was ihnen zugestoßen war, und sagten ihr, sie hätten Hunger, aber sie wüßten nicht, wie sie das Brot essen sollten, ohne es aufzubrechen. Da machte die alte Frau ihnen ein kleines Loch in das Brot, holte das Weiche heraus und gab es den Kindern, dann machte sie auch ein Löchlein in den Flaschenkürbis, damit die Kinder den Wein trinken konnten, und sagte ihnen, sie sollten nun gehen und das Holz sammeln, sie würde sie am Weg erwarten. Die Kinder kamen aus dem Wald zurück und trafen die alte Frau wieder, die sagte zu ihnen:

«Liebe Kinder, die Hexe wird den Ofen heizen, um euch zu braten, und wird euch sagen, ihr sollt auf der Brotschaufel tanzen, und ihr müßt ihr antworten: ‹Tanzt Ihr zuerst, denn wir müssen es ja erst lernen.› Dann wird sie tanzen, und ihr sagt: ‹Liebe Muttergottes, hilf mir, und du, heiliger Josef!›, und ihr werft sie in den Ofen.» Da trugen die Kinder das Holz hin, die Hexe heizte den Backofen an und sagte ihnen:

«Tanzt auf dieser Schaufel hier!»

«Tanzt Ihr zuerst, damit wir es lernen.»

Die Hexe begann auf der Schaufel zu tanzen, und die Kinder sagten:

«Liebe Muttergottes, hilf uns, und du, heiliger Josef!»

und warfen die Hexe in den Ofen hinein.

Die Hexe machte einen lauten Knall und starb, und die Kinder kehrten zu ihrem Vater zurück und nahmen das Geld mit, das die Hexe im Hause hatte.

55

## Schönchen

*Es war einmal ein Mann,* der lebte in einer großen Stadt und hatte Schiffe auf dem Meer, aber dann geriet er in Armut, weil seine Schiffe verlorengingen. Er litt deswegen großen Kummer und konnte nicht mehr den Aufwand machen, mit dem er in der Stadt lebte. Nun hatte er aber einen kleinen Landbesitz auf dem Dorf und sagte zu seiner Frau und seinen Töchtern:

«Es hilft uns nichts, wir müssen auf das Land ziehen. Wenn wir in weniger Wohlstand leben als bisher, zeigen unsere Feinde mit den Fingern auf uns.»

Die Frau und eine der Töchter schickten sich willig darein, aber die anderen beiden Töchter vergossen viele Tränen. Dann zogen alle dorthin. Diejenige, die bereitwillig gegangen war, war die jüngste und hieß Schönchen. Sie sang den ganzen Tag und versorgte die Küche und holte barfuß das Futter für das Vieh. Die anderen aber schlossen sich in ihr Zimmer ein und weinten ohne Unterlaß. Wenn der Vater fortging, baten die älteren Töchter immer, er möchte ihnen etwas mitbringen, nur die jüngste bat um nichts. Es geschah nun, daß der Vater einen Brief von einem Freund erhielt, in dem stand, es seien Nachrichten eingelaufen, daß Schiffe zurückkämen. Er solle kommen und sehen, ob seine darunter wären.

Der Mann zog mit einem Diener fort, um nach den Schiffen zu sehen. Als er aus dem Haus ging, sagten die älteren Töchter zu ihm, wenn die Schiffe wirklich seine wären, sollte er ihnen dies und das und jenes mitbringen. Da sagte er zur jüngsten:

«Deine Schwestern bitten mich, ich soll ihnen etwas mitbringen, nur du bittest mich um nichts.»

«Doch, Vater, ich will mir auch etwas wünschen: Wo Ihr

den schönsten Garten seht, daraus bringt mir die schönste Blume mit.»

Der Vater ging los und kam in die große Stadt, da mußte er feststellen, daß es nicht seine Schiffe waren, und er zog mit leerem Beutel wieder ab. Als er in einen Wald kam, brach die Nacht herein. Er sah ein Licht und hielt darauf zu, um zu sehen, ob er jemanden träfe, der ihm weiterhelfen konnte. Er kam an und sah ein großes Haus, aber als er an die Tür klopfte, antwortete niemand. Da sagte er zu dem Diener:

«Geh an die Tür des unteren Geschosses, ob du da jemanden siehst.»

Der Bursche ging und kam zurück.

«Da drinnen sind viele Lichter und Pferde, die fressen, und Futter für sie, aber ich sehe keine Menschenseele.»

Da ließ der Mann das Pferd in den Stall führen, und sie gingen in die Küche. Dort fanden sie zu essen, und weil sie keinen geringen Hunger hatten, aßen sie tüchtig. Unterdessen kommt durch das Haus etwas mit großem Lärm daher wie von Ketten, die durch das Haus schleiften, und dann kam ein Kriechtier auf sie zu und sagte zu ihnen:

«Guten Abend.»

Sie standen vor Schreck auf und sagten zu ihm:

«Wir sind hergekommen, weil wir sonst keine Unterkunft und nirgends etwas zu essen fanden. Aber wir wollen niemandem Schaden zufügen.»

«Bleibt ruhig sitzen und eßt!»

Das Tier blieb eine Weile und sagte zu ihnen:

«Legt euch jetzt schlafen, ich geh auch in meinen Stall.»

Und es kroch aus der Küche. Am andern Tag ging der Mann in den Garten, der war der schönste, den er je gesehen hatte, und er sagte: «Da ich schon meinen älteren Töchtern nichts mitbringen kann, will ich wenigstens die Blume für Schönchen mitnehmen.»

Er war gerade dabei, die Blume abzuschneiden, da kommt das Tier auf ihn zugeschossen.

«Ha, du Dieb! Jetzt hab ich dich gastlich aufgenommen, und da gehst du hin und nimmst mir meinen Unterhalt. Ich ernähre mich nämlich nur von Rosen.»

Der Mann antwortete: «Das war wirklich schlecht gehandelt. Aber ich habe zu Hause eine Tochter, die hat sich gewünscht, ich soll ihr die schönste Blume mitbringen, die ich auf der Reise sehe, und da ich den anderen Töchtern nichts mitbringen kann, wollte ich wenigstens die Blume mitbringen. Aber wenn Ihr sie behalten wollt, lasse ich sie hier.»

«Nein, nehmt sie nur mit, und wenn Ihr mir diese Tochter herbringt, werdet Ihr reich werden.»

Der Mann machte sich auf den Weg und kam voller Kummer zu Hause an, weil er seine Schiffe nicht wiedergefunden und den anderen Töchtern nichts mitgebracht hatte, und er gab Schönchen die Blume. Als sie die Blume sah, sagte sie:

«Wo habt Ihr eine so schöne Blume gefunden, Vater?»

Der Vater erzählte ihr, was er gesehen hatte, und die Tochter sagte:

«Oh, Vater, ich will mir das auch ansehen.»

«Nun, das trifft sich gut: das Tier kann sprechen und hat gesagt, du solltest zu ihm kommen.»

«Dann laßt uns gehen.»

Und sie machten sich auf den Weg. Als die Tochter das Tier sah, sagte sie: «Ach, Vater, ich will hier bei dem Tier bleiben, es ist so schön.»

Der Vater war darüber bekümmert, aber er ließ sie gewähren.

Nachdem einige Zeit vergangen war, sagte sie:

«Liebes Tierlein, läßt du mich wohl meine Eltern besuchen?»

Da antwortete das Tier:

«Nein, geh jetzt noch nicht, dein Vater kommt hierher.»

Der Vater kam und sagte: «Ich wollte Schönchen abholen.»

«Nimm mir das Mädchen nicht weg, sonst muß ich sterben. Geh an die hintere Tür und mach sie auf und nimm dir dort soviel Schätze, wie du willst, und verheirate deine anderen Töchter.»

Was wollte der Mann noch mehr? Eines Tages sagte das Tier zu Schönchen:

«Deine älteste Schwester hat jetzt geheiratet, willst du sie sehen?»

«O ja!»

«Dann geh und öffne die Tür dort!»

Sie tat das und sah die Schwester mit dem Bräutigam und den Eltern kommen.

«Jetzt laß mich gehen, damit ich meinen Schwager sehen kann!»

«Ich würde dich ja lassen, wenn ich wüßte, daß du wiederkommst.»

«Ich komme schon wieder zurück, gib mir nur drei Tage Zeit, denn in anderthalb Tagen bin ich dort und in weiteren anderthalb Tagen wieder hier.»

«Kommst du aber nicht in diesen drei Tagen, dann findest du mich tot vor.»

Sie ging, aber sie blieb ein klein wenig länger aus als die drei Tage.

Sie ging in den Garten und sah das Tier wie tot daliegen. Sie ging auf es zu. «O weh, mein liebes Tierlein!» begann sie zu weinen. Es fiel um, und sie sagte: «Es ist tot, das Ärmste! Ich will ihm einen Kuß geben.»

Und sie gab ihm einen Kuß. Da verwandelte sich das Tier in einen schönen Jüngling. Es war ein verzauberter Prinz, der vor ihr stand. Und er heiratete sie.

## 56

## *Der Löffelschnitzer*

*Es war einmal in alten Zeiten ein Löffelschnitzer,* der hatte einen weiten Weg, wenn er in den Wald ging, um Holz für seine Löffel zu suchen.

Eines Tages, als er ein Stück aus einem uralten Kastanienbaum schnitt, bemerkte er, daß im Stamm ein großes Loch war. Voller Neugier wollte er sehen, was darin war, aber kaum war er hineingeschlüpft, da erschien ihm ein verwunschener Maure, der sagte mit furchterregender Stimme zu ihm:

«Da du gewagt hast, in mein Schloß einzudringen, befehle ich dir, mir herzubringen, was dir als erstes begegnet, wenn du zu Hause ankommst. Wenn du das nicht tust, mußt du innerhalb von drei Tagen sterben.»

Da ging der Löffelschnitzer nach Hause, wo er drei wunderschöne Töchter hatte, und ein Hündchen, das ihm immer an der Haustür entgegenkam.

An diesem Tag aber kam ihm gegen alle Gewohnheit seine älteste Tochter an der Haustür entgegen. Da erzählte er der Tochter unter Tränen alles, was ihm geschehen war, und er bat sie, sie möge hingehen, sonst würde der Maure ihn töten und sie und die Schwestern würden ohne seinen Schutz zurückbleiben.

Die Tochter war sofort bereit aufzubrechen, und nachdem sie die Schwestern zum Abschied umarmt hatte, zog sie zum Schloß des Mauren. Wir lassen nun den Löffelschnitzer mit seinen zwei Töchtern allein und wollen sehen, was der Maure mit der anderen Tochter macht. Gleich als sie ankam, gab er ihr die Schlüssel zu allen Räumen des Schlosses und legte ihr eine Kette aus feinem Gold mit dem Schlüssel zu einem Raum um, den sollte sie nicht betreten, denn wenn sie dort hineinginge, müßte sie sterben.

Eines Tages, als der Maure fortgegangen war, wollte das unglückselige Mädchen in seiner Neugier sehen, was in dem besagten Raum sei, es ging hinein und sah dort viele Leute, denen war der Kopf abgeschlagen. Entsetzt schloß es die Tür und legte den Schlüssel wieder um den Hals. Aber als der Maure zurückkam, besah er sich den besagten Schlüssel und bemerkte einen Blutfleck daran. Da schlug er, ohne ein Wort zu sagen, dem armen Mädchen den Kopf ab und warf es in denselben Raum, den es betreten hatte.

Was nun den Löffelschnitzer betrifft, so müßt ihr wissen, daß er zu dem Mauren ging, um von ihm etwas über seine Tochter zu erfahren, und der antwortete ihm:

«Geh und hol deine zweite Tochter, damit sie der, die hier ist, Gesellschaft leistet, denn die ist ganz traurig vor Heimweh nach ihr.»

Da brachte der Löffelschnitzer die zweite Tochter, und der widerfuhr das gleiche, das ihrer Schwester widerfahren war. Nun blieb dem Löffelschnitzer nur seine jüngste Tochter, aber als der Maure ihm befahl, er solle ihm auch diese bringen, brachte er sie ihm. Ihr gab der Maure dieselbe Ermahnung, die er den anderen Schwestern gegeben hatte.

Das Mädchen trat in den Raum mit den Toten ein und sah seine Schwestern mit abgeschlagenem Kopf daliegen, aber es bemerkte, daß ihre Körper noch warm waren, und da kam ihm der Wunsch, sie wieder zum Leben zu erwecken. Im gleichen Raum stand ein Schrank, in dem Krüge mit dem Blut der Toten waren. Als sie nun zwei Krüge mit dem Namen ihrer Schwestern darauf sah, nahm sie deren Köpfe, fügte sie an die Leiber an und schüttete ihnen das Blut über die Hälse, und sofort kehrten die Schwestern ins Leben zurück. Dann riet sie ihnen, nicht zu sprechen, denn sie wollte sehen, wie sie beide zu ihrem Vater zurückbringen könnte. Die Schwestern sagten ihr, sie solle den Schlüssel abwischen, damit der Maure nicht bemerkte, was sie getan hatte. Der Maure kam also nach Hause und schöpfte keinen Verdacht.

Er gewann nun das Mädchen so lieb, daß er sich am Ende ganz nach ihrem Willen richtete.

Eines Tages bat sie ihn, er möchte ihrem Vater, der arm dran sei, ein Fäßchen mit Zucker bringen. Der Maure sagte sofort ja. Da steckte sie eine der Schwestern in das Fäßchen und sagte zu dem Mauren, er solle schnell gehen und unterwegs nicht stehenbleiben, sie werde ihm vom Erker aus nachsehen.

Der Maure zog los, und sie befahl der Schwester, unterwegs immer wieder zu sagen: «Ich seh dich», damit der Maure meinte, das sei sie und sie spräche vom Erker aus zu ihm. Das Mädchen sagte: «Ich seh dich, ich seh dich», und der Maure antwortete: «Ihr schönen Augen, die so viel sehen, lauf, lauf...», und er lief und lief, bis er bei ihrem Vater ankam. Er lud das Fäßchen ab und kehrte auf sein Schloß zurück. Einige Tage später bat ihn das Mädchen, dem Vater ein anderes Fäßchen zu schicken, und auf dieselbe Weise kam die andere Schwester nach Hause zurück. Es blieb also nur noch allein übrig. Das war schwieriger, aber da es gerissen war, was hatte es da wohl für eine Idee? Es machte sich eine Strohpuppe zurecht, zog ihr seine Kleider an, setzte sie in den Erker und kroch in das Fäßchen, nachdem es dem Mauren gesagt hatte, er solle schnell gehen, es werde ihn vom Erker aus sehen. Unterwegs sagte es immer wieder:

«Ich seh dich, ich seh dich».

«Ihr schönen Augen, die soviel sehen: lauf, lauf.»

So kehrten die Töchter alle zu ihrem Vater und der Maure auf sein Schloß zurück, und er umarmte die Strohpuppe, weil er meinte, es sei das Mädchen. Da fiel er vom Erker herunter und war sofort mausetot. Das Schloß und der Kastanienbaum verschwanden, denn alles war Zauberwerk.

## 57
## *Die Alte mit den Hühnern*

*Es war einmal eine Alte,* die hielt sich bis in die späte Nacht hinein beim Schlupfloch des Hühnerstalles auf. Die Töchter fragten sie: «Mutter, was tut Ihr denn bei dem Schlupfloch zu so später Nachtzeit?»

«Laßt mich nur machen, Kinder, mit Hilfe des Schlupfloches werde ich euch noch zur Heirat verhelfen.»

Nach einiger Zeit ging die Alte zum Schloß, um mit der Königin zu sprechen.

«Ich wollte fragen, ob Eure Majestät Hühnern das Sprechen beibringen lassen will.»

«Na, Ihr macht vielleicht Scherze!» sagte die Königin. «Natürlich will ich das.»

Und sie ließ ihr ein Dutzend Hühner übergeben. Die Alte ging nach Hause, und für einige Tage lebten sie in Saus und Braus, sie und ihre Töchter, bei gekochtem und gebratenem, in Fett gebackenem und sonstwie zubereitetem Hühnerfleisch. Als alles alle war, kehrte die Alte zum Schloß zurück und sagte zu der Königin:

«O weh, liebe Frau Königin, es tut mir sehr leid; die Hühner konnten schon so gut sprechen, daß ich sie eigentlich heute bringen wollte. Als ich sie aber zusammentrieb, beginnen sie mir doch zu gackern:

‹Ko-ko-ro-ko, ka-ka-ra-ka,
Unsre Königin hat den Geißbock da.›

Ich wollte sie noch zum Schweigen bringen, aber die Hühner sagten, sie hätten von ihrer Stange aus genau gesehen, wie der Graf Geißbock ins Schloß hineinging. In meiner Verzweiflung hab ich sie eingeschlossen und bin gekommen, damit Eure Majestät mir sagt, was man da tun soll.»

Die Königin war ganz außer sich und befahl ihr, sofort nach Hause zurückzukehren und die Hühner zu schlachten, ohne daß auch nur eines übrigblieb, und sie wolle nichts mehr von sprechenden Hühnern wissen. Und sie gab ihr viel Geld, damit die Alte niemandem erzählte, was vorgefallen war, und wenn sie irgend etwas benötigte, sollte sie ins Schloß kommen, sie würde ihr schon helfen. Auf diese Weise kam die Alte an die nötigen Mittel, um ihre Töchter zu verheiraten, denen die Königin eine reichliche Aussteuer schenkte.

## *58*

## *Die Goldbarren*

*Drei Brüder lebten als Köhler in einem Wald,* und nachts wachte immer einer von ihnen beim Meiler, damit er nicht erlosch, während die anderen schliefen. Nun war der Jüngste an der Reihe, aber ich weiß nicht warum, der gab nicht acht, und der Meiler erlosch. Er war in höchster Not und suchte nach einem Ausweg, wie er das Feuer wieder in Gang brächte, ehe die Brüder aufwachten. Weit in der Ferne sah er einen kleinen Lichtschein und kam auf den Gedanken, dort um Feuer zu bitten. Er zog also los und ging und ging, bis er an einen großen Meiler kam, an dem ganz berußte Männer saßen und Kohle brannten. Er bat sie, ihm etwas Glut zu geben, er wolle damit seinen Meiler wieder anzünden, der ihm ausgegangen sei, und sofort sagten sie mit finsterer Miene:

«Zieh dir ein glühendes Scheit heraus und nimm es mit.»

Der Junge zog das Scheit heraus und trollte sich von dannen. Er war drauf und dran, seinen Meiler anzuzünden, da erlosch das Scheit, und er warf es beiseite. Er kehrte um und bat um ein neues Scheit. Sie sagten ihm mit demselben düsteren Gesicht:

«Zieh dir ein Scheit heraus und nimm es mit.»

Es geschah dasselbe, das Scheit erlosch. Er faßte sich ein Herz und ging nochmals zu den Köhlern, bat sie, und sie gaben ihm wieder ein Scheit, das erlosch wie die beiden anderen. Inzwischen wurde es Morgen, die Brüder erwachten, und der Junge erzählte ihnen alles, und als die Brüder nach den erloschenen Scheiten sahen, erblickten sie drei dicke Goldbarren. Sie hüpften vor Freude herum und sagten:

«Warte, in der nächsten Nacht wird jemand von uns hingehen und um mehr Scheite bitten.»

Das taten sie, und auch der mittlere Bruder brachte drei Scheite mit, die natürlich wieder drei Goldbarren waren. In der dritten Nacht ging der älteste Bruder hin, und auch er bat um die Scheite, und als es Tag war, sahen sie, daß es Goldbarren von der gleichen Art waren. Sie waren jetzt steinreich und zogen in die Stadt, um dort zu leben. Da sagte der Älteste:

«Wir müßten uns ein Schloß bauen und zusammen darin wohnen.»

Sie bauten das Schloß, das sehr reich ausgestattet wurde, und als alles fertig war, zogen sie darin ein. Da kam eines Tages ein Bettler vorbei und bat sie um ein Almosen. Sie ließen ihn herein und gaben ihm zu essen. Sobald er zu Ende gegessen hatte, bekreuzigte er sich und fing an, Gott Dank zu sagen, und auf einmal löste sich das Schloß auf wie in einem Traum, und die drei Brüder und alle, die bei ihnen zu Tische saßen, fanden sich mitten auf der Straße wieder, so, als wäre an der Stelle nie etwas anderes gewesen als ein Haufen Schutt.

## 59

## *Die drei Ratschläge*

*Ein armer Kerl hatte geheiratet,* und um sich durchzuschlagen, mußte er gleich nach Ablauf des ersten Jahres weit von zu Hause Dienste annehmen. Er war ein guter Mensch und bat den Meister, er möge ihm das Geld aufbewahren, das er als Lohn erhielt. Nach Ablauf von etwa vier Jahren hatte er schon eine hübsche Summe zusammen, die ausreichte, um davon ein kleines Stück Land zu kaufen, und er wollte nach Hause zurück. Der Meister sagte zu ihm:

«Was willst du lieber, drei gute Ratschläge, die dir dein Leben lang helfen werden, oder dein Geld?»

«Nun, Geld ist soviel wie Fleisch und Blut, wie man so sagt.»

«Aber man kann es dir unterwegs rauben und dich töten.»

«Na, dann gebt mir mal die Ratschläge.»

Da sagte der Meister:

«Der erste Rat, den ich dir gebe, lautet: Kürze niemals den Weg ab, wenn du auf der Landstraße gehen kannst.»

«Das werde ich mir merken.»

«Der zweite lautet: Übernachte niemals im Hause eines alten Mannes, der mit einer jungen Frau verheiratet ist. Ja, und der dritte lautet: Entscheide dich nie auf den ersten Augenschein hin.»

Der Junge merkte sich die drei Ratschläge gut, die seinen Lohn für die ganzen Jahre ausmachten. Als er wegging, gab ihm die Meisterin einen Kuchen für den Hunger mit auf den Weg. Aber es sei besser, er äße ihn zu Hause mit seiner Frau, wenn er dort anlangte. Der gute Mann verließ also das Haus seines Herrn und traf auf der Straße auf eine Gruppe von Lasttiertreibern, die führten bepackte Maultiere mit sich. Sie machten ein Stück Wegs gemeinsam und erzählten einander aus ihrem Leben, und als sie an eine gewisse Stelle der Straße gelangten, sagte der Lasttiertreiber, er schneide jetzt ein Stück Wegs ab, denn so spare er eine halbe Stunde Zeit. Der Junge tippelte auf der Landstraße weiter, und als er an eine Ortschaft kam, sah er den Treiber völlig außer Atem ohne seine Tiere daherkommen. Man hatte ihn auf dem Abkürzungsweg ausgeraubt und verprügelt. Da sagte der Bursche: «Der erste Ratschlag hat mir bereits geholfen.»

Er setzte seinen Weg fort und kam, als es schon Abend war, an eine Schenke. Hier trank er einen Schluck Wasser und nahm sich vor, über Nacht zu bleiben. Aber als er sah, daß der Wirt schon fortgeschrittenen Alters war, die Frau aber noch recht frisch und jung an Jahren, machte er sich wieder auf und ging weiter. Als er in die nächste kleine Stadt kam, herrschte dort große Aufregung. Die Polizei war hinter einem Mörder her, der mit der Frau des Schankwirts durchgebrannt war, den man in derselben Nacht ermordet hatte. Da sprach der Bursche zu sich selber:

«Na, das Geld war gut angelegt, das der Meister mir für diesen Ratschlag einbehalten hat.»

Er tippelte hurtig weiter, um noch am selben Tag nach Hause zu gelangen, und kam auch tatsächlich dort an. Als er sich der Tür näherte, sah er drinnen einen Mann neben seiner Frau am Herdfeuer sitzen. Sein erster Gedanke war, sofort beide zu töten. Da erinnerte er sich des dritten Ratschlags, bezähmte seinen Schmerz und spazierte wohlgemut zur Haustür hinein. Seine Frau kam ihm entgegen, umarmte ihn und sagte: «Mein Bruder ist da, er ist heute aus Brasilien gekommen. Welch ein Freudentag! Und du kommst nach vier Jahren auch zurück!»

Alle lagen sich voller Freude in den Armen, und als das Abendessen auf den Tisch kam, geht der Ehemann daran, den Kuchen aufzuschneiden. Da blinkt ihm daraus das ganze Geld seines Lohns von vier Jahren entgegen. Und so kann man wohl sagen, daß es auf der Welt noch gute Menschen gibt.

## 60

## *Die Mutter des heiligen Petrus*

*Die Mutter des heiligen Petrus war so geizig,* daß sie in ihrem ganzen Leben niemals einem Armen ein Almosen gab. Die Freigebigkeit hatte ihr Sohn sicher nicht von ihr geerbt.

Eines Tages holte sie Gemüse aus ihrem Garten und hatte die Arme voll, als ihr ein Zwiebelstengel auf den Boden fiel. Da sie ihn nicht aufheben wollte, weil es sich nicht lohnte, sagte sie:

«Bleib da liegen, um Gottes willen.»

Als sie nun starb, wurde sie verdammt, die Qualen der Hölle zu erdulden, weil keine gute Tat zu ihren Gunsten sprach. Da bat Petrus, der Himmelspförtner, den Herrgott, seiner Mutter zu vergeben, da es dem Apostelfürsten nicht gut anstünde, seine Mutter unter denen zu haben, die zum ewigen Feuer verdammt waren. Da sagte der Herrgott:

«Das kann ich nur, wenn sie etwas zum Lobpreis meines Namens getan hat.»

Petrus konnte nur an den Zwiebelstengel erinnern, und darauf erlaubte der Herrgott der Mutter des Himmelspförtners, an dem Zwiebelstengel, den sie auf dem Boden hatte liegenlassen, aus der Hölle in das Paradies aufzusteigen. Petrus warf den Zwiebelstengel in die Hölle hinab, und die Alte ergriff ihn entschlossen und machte sich daran, emporzuklettern. Aber die anderen verdammten Seelen hielten sie an ihren Füßen, Kleidern und Händen fest, denn sie wollten sich auch retten.

Die Alte, die immer noch stolz und bösartig war, wollte niemandem helfen und teilte nach rechts und links Tritte und Schläge aus. Und sie strampelte und wand sich dabei so, daß der Zwiebelstengel in der Mitte auseinanderriß und sie herabfiel. Da sie schon aus der Hölle heraus war, konnte sie nicht mehr zurück, und da sie noch nicht im Himmel war, blieb sie auf halbem Wege hängen. Darum sagt man, wenn man von einer noch nicht entschiedenen, schwebenden Angelegenheit spricht:

«Das hängt wie Petrus' Mutter zwischen Himmel und Hölle.»

## *61*

## *General Fall*

E*s war einmal ein furchtsamer Schneider,* der arbeitete vor seiner Haustür, und weil er vor allem und jedem Angst hatte, tat er nichts lieber, als sich tapfer zu gebärden. Da sah er nun eines Tages viele Fliegen auf einem Haufen, und mit einem Schlag tötete er deren sieben. Von Stund an brüstete er sich immerzu:

«Was mich betrifft, töte ich sieben auf einen Schlag!»

Nun war der König sehr in Angst und Nöten, weil ihm im Krieg sein General Fall getötet worden war, der größte Haudegen, den es gab, und die feindlichen Truppen zogen schon gegen sein Reich los, weil sie wußten, daß er niemanden hatte, der im Kampf gegen sie den Oberbefehl führen könnte. Diejenigen, die den Schneider überall reden hörten: «Was mich betrifft, töte ich sieben auf einen Schlag», lagen dem König so in den Ohren, daß er glaubte, wer ein solcher Haudegen sei, der könne wohl gut den Posten des Generals Fall ausfüllen. Der Schneider wurde also vor den König geladen, und der fragte ihn:

«Stimmt es, daß du sieben auf einen Schlag tötest?»

«Jawohl, Eure Majestät.»

«Nun, dann wirst du meine Truppen befehligen und die Feinde angreifen, die uns bereits umzingeln.»

Er ließ die Uniform des Generals Fall kommen und sie dem Schneider anlegen, der sehr klein war und dem der Dreispitz bis auf die Ohren reichte. Dann ließ er den Schimmel des Generals Fall holen, damit der Schneider aufsitzen konnte. Man half ihm beim Aufsitzen, und er zitterte schon wie Espenlaub. Sobald das Pferd die Sporen spürte, schoß es los, und der Schneider rief:

«Ich fall, ich fall!»

Alle, die ihn hörten, wie er vorbeiritt, sagten:

«Jetzt sagt er schon, er sei der General Fall. Da haben wir den rechten Mann gefunden.»

Das Pferd, das an Scharmützel gewöhnt war, lief spornstreichs auf das Schlachtfeld, und der Schneider krallte sich vor Angst, er falle herunter, an der Mähne fest und rief wie verzweifelt:

«Ich fall, ich fall!»

Sobald der Feind den Schimmel des tapferen Generals kommen sah und den Ruf «Ich fall, ich fall!» hörte, erkannte er die Gefahr, in der er sich befand, und die Soldaten sagten zueinander:

«Wir sind verloren, dort kommt der General Fall, dort kommt der General Fall.»

Und sie stoben wild auseinander. Die Soldaten des Königs folgten ihnen auf den Fersen und töteten sie, und so gewann der Schneider die Schlacht, indem er sich nur am Hals des Pferdes festkrallte und rief: «Ich fall». Der König war sehr zufrieden mit ihm, und zum Dank für den Sieg gab er ihm die Prinzessin zur Frau, und alle Welt rühmte den Nachfolger des Generals Fall wegen seines Mutes.

## 62
## *Der arme Schuster*

*Es war einmal ein Schuster,* der arbeitete vor seiner Haustür und sang den lieben langen Tag. Er hatte viele Kinder, die vor lauter Armut zerlumpt auf der Straße herumliefen, und abends, während seine Frau das Abendbrot fertig machte, zog der Mann seine Gitarre hervor und spielte fröhlich und zufrieden seine Weisen. Gegenüber wohnte ein reicher Nachbar, der dieses Treiben beobachtete, und er bekam solches Mitleid mit dem Schuster, daß er ihm einen Beutel voll Geld ins Haus schickte, denn er wollte ihn glücklich machen.

Der Schuster war ganz erstaunt. Er nahm das Geld, und abends schloß er sich mit seiner Frau ein, um es zu zählen. An diesem Abend spielte der Schuster nicht mehr auf der Gitarre. Da die Kinder spielend im Hause umherliefen und lärmten, vertat er sich beim Zählen und mußte sie prügeln, und man hörte allseits ein Geschrei, wie sie es nie veranstaltet hatten, als sie noch der Hunger quälte. Da sagte die Frau:

«Und nun, was sollen wir mit soviel Geld anfangen?»

«Wir vergraben es einfach.»

«Dann finden wir es nachher nicht wieder. Besser ist, wir tun es in die Truhe.»

«Aber dann kann es uns gestohlen werden. Das beste ist, wir legen es irgendwo an, damit es uns Zinsen bringt.»

«Na, das sind aber Wucherermanieren.»

«Nun, dann stocken wir das Haus auf, und ich streich die Werkstatt neu an.»

«Das ist auch nicht das Richtige. Das beste wäre, wir kauften uns ein Stück Land. Ich bin Bauerntochter und tu nichts lieber als Feldarbeit.»

«Das mache aber ich nicht mit.»

«Was für mich zählt, ist jedenfalls Landbesitz, alles andere ist dummes Zeug.»

Die beiden erhitzten sich, ein Wort zieht das andere nach sich, der Mann wird wütend, verabreicht der Frau zwei Ohrfeigen, Geschrei hier, Geschrei dort: in dieser Nacht taten sie kein Auge zu. Der reiche Nachbar bekam das alles mit und wußte sich keinen Reim auf die neuartigen Vorgänge zu machen.

Schließlich sagte der Schuster zu seiner Frau:

«Weißt du was? Das Geld hat uns unsere alte Fröhlichkeit geraubt! Das beste wäre, wir brächten es unserem Nachbarn drüben zurück. Er soll uns in unserer Armut weiterleben lassen, wo der eine von uns Freund des anderen war.»

Die Frau griff diese Idee mit beiden Händen auf, und in dem Wunsch, für sich und für Frau und Kinder die Lebensfreude wiederzugewinnen, brachte der Schuster das Geld zurück und setzte sich wieder auf seinen Schemel und sang und arbeitete wie gewohnt.

## *63*

## ***Das Patenkind des heiligen Antonius***

*Es war einmal ein Mann,* der hatte so viele Kinder, daß fast alle Leute in seinem Dorf deren Paten und seine Gevattern waren. Nun wurde ihm noch eine Tochter geboren, und er machte sich auf den Weg, um den ersten besten Mann anzusprechen, dem er begegnete, ob er nicht Pate des Mädchens werden wolle. Es geschah nun, daß er einen Klosterbruder traf, der sagte ihm sogleich, er sei dazu bereit. Das Mädchen wurde getauft, und der Pate gab ihm den Namen Antonia und sagte zum Vater, seinem Gevatter:

«Erzieh deine Tochter, so gut du nur eben kannst, denn wenn sie dreizehn Jahre alt ist, hole ich sie, um sie in eine gute Stellung zu geben.»

Die dreizehn Jahre vergingen, und als der Vater sah, daß der Pate die Tochter nicht holte, wollte er sie schon als Hausmädchen irgendwohin verdingen, als auf dem Weg in die Stadt der Pate erschien und zu ihm sagte:

«Deine Tochter wird im Haus des Königs in Dienst treten, aber sie muß sich von heute an Antonio statt Antonia nennen und ihre Kleider gegen Männerkleider tauschen, denn sonst läuft sie bei ihrer Schönheit im Haus des Königs Gefahr.»

So geschah es, und Antonia trat als Page in die Dienste der Königin. Da sagte der Pate zu ihr:

«Benimm dich immer gut, und wenn du dich in Not befindest, sag nur: ‹Jetzt, Pate, steh mir bei!›»

Antonia wurde von Tag zu Tag klüger und schöner, aber alle im Schloß glaubten, sie sei ein Junge. Die Königin begann großen Gefallen an ihrem Pagen zu finden. Als sie sah, daß er nicht auf sie einging, setzte sie allerlei Ränke beim König ins Spiel, um so vielleicht zu erreichen, daß dieser den Pagen fortschickte. Eines Tages ging sie hin und sagte zum König, Antonio habe gesagt, er könne in einer Nacht die Spreu von dem ganzen Weizen trennen, der sich auf den Feldern des Königs befand. Dieser ruft den Pagen zu sich, und der antwortete, das habe er zwar nicht gesagt, aber er wolle sehen, ob er es fertigbrächte. Er ging aufs Feld und sagte:

«Jetzt, Pate, steh mir bei!»

Da erschien ihm der Pate und sagte zu ihm: «Leg dich ruhig schlafen, denn morgen früh wird alles fertig sein.»

Und so geschah es. Der König war sehr froh, die Königin aber verspürte immer mehr Leidenschaft für den Pagen, so daß sie ihm schließlich sagte, wenn er nicht auf sie einginge, würde sie dafür sorgen, daß der König ihn fortjagte. Antonia antwortete nur: «Eure Majestät tue, was sie will: ich kann Eure Majestät nicht lieben, ohne gegenüber meinem König treulos zu sein.»

Da ging die Königin zum König und sagte zu ihm:

«Ich habe meinen Brillantring ins Meer geworfen, und

Antonio hat gesagt, er bringe es fertig, ihn wieder herauszuholen.»

Antonia erschien vor dem König und sagte, das habe sie zwar nicht gesagt, aber sie werde sehen, ob es ihr gelänge, den Ring herauszuholen. Dann rief sie nach dem Paten, und er erschien ihr sofort und sagte zu ihr:

«Geh fischen, und den ersten Fisch, den du fängst, schneidest du auf, darin findest du den Ring.»

Antonia tat so und brachte der Königin den Ring.

Die Königin war außer sich, ging zum König und sagte zu ihm:

«Antonio hat gesagt, er bringe es fertig, ins Maurenland zu ziehen und unsere Tochter zurückzubringen, die die Mauren gefangenhalten.»

Antonia sagte zum König, sie bringe es fertig, dorthin zu gehen. Sie brach auf, und unterwegs sagte sie:

«Jetzt, Pate, steh mir bei!»

Dieser erschien ihr und sagte zu ihr:

«Die Wächter des Kastells, in dem die Prinzessin steckt, werden schlafen, wenn du ankommst. Du gehst hinein, holst die Prinzessin heraus, und dir wird kein Leid geschehen. Hier hast du eine Gerte, mit der mußt du die Prinzessin dreimal schlagen, das erste Mal, wenn du das Maurenland verläßt, das zweite Mal auf halbem Wege und das dritte Mal, wenn du das Schloß des Königs betrittst.»

Antonia tat alles, was ihr der Pate aufgetragen hatte, und brachte die Prinzessin in den Palast. Nun war aber die Prinzessin taubstumm, und die Königin sagte zum König, Antonio habe gesagt, er könne die Prinzessin zum Sprechen bringen. Da sagte der König:

«Antonio, wenn du die Prinzessin zum Sprechen bringst, darfst du sie heiraten.»

Da sagte sie:

«Mein Pate, steh mir bei!»

Und der Pate erschien ihr und sagte:

«Frag die Prinzessin, warum du sie mit der Gerte, die ich dir gegeben habe, geschlagen hast, und sie wird dir antworten.»

Da trat Antonio vor den König und die Königin und fragte die Prinzessin:

«Warum schlug ich dich mit der Gerte,
Als ich dich vor den Mauren rettete?»
«Weil dreimal meine Mutter dich
Neben sich auf ihr Lager bettete.»

«Warum schlug ich dich mit der Gerte,
Als wir uns auf dem Weg befanden?»
«Weil der heilige Antonius
Bei deiner Taufe Pate gestanden.»

«Warum schlug ich dich mit der Gerte,
Als beim Palast wir kamen an?»
«Weil ich von dir erfahren sollte,
Du bist eine Frau und gar kein Mann.»

Der König war entzückt über ein solches Wunder, und da er erfahren hatte, wie treulos die Königin an ihm gehandelt hatte, wollte er sie nicht mehr zur Frau haben und heiratete Antonia, die von diesem Tag an die Königinnengewänder anlegte und immer ein gutes Leben führte, weil ihr der Schutz des heiligen Antonius nie fehlte.

## 64
## Der Sack Nüsse

*Wenn der Pfarrer einer Gemeinde des Sonntags predigte,* pflegte er die Gewohnheiten seiner Pfarrkinder zu tadeln, wie es ihm gerade in den Sinn kam. Eines Tages sagte er:

«Ich weiß, es ist hier in der Gemeinde Sitte, daß die Männer den Frauen gehorchen, was gegen die Gebote der Heiligen Schrift ist, und sie leben, wie man so sagt, wie im Hause des Jahn, wo die Henne mehr zu sagen hat als der Hahn. Dieses Jahr gibt es nun in meinem Pfarrgarten viele Nüsse, und hiermit erkläre ich feierlich, daß ich einen Sack davon demjenigen Mann gebe, der mir nachweist, daß er nicht nach der Flöte seiner Frau tanzt. Wer sich ehrlichen Gewissens frei von diesem üblen Brauch weiß, kann nach der Messe im Pfarrgarten die Nüsse abholen.»

Nun war in der Kirche ein verheirateter Mann, der immerzu schimpfte und seine Frau schlecht behandelte, und in seinem Hause wagte niemand in seiner Gegenwart den Mund aufzutun. Der sagte zu einem anderen, der neben ihm stand:

«Na, dann hab ich ja meine Nüsse sicher, und niemand wird sie mir streitig machen können, zumindest hier in der Gemeinde macht sie mir niemand streitig.»

Als die Messe zu Ende war, sprach er im Pfarrhaus vor.

«Hier bin ich, Hochwürden, niemand hier in der Gemeinde wird sagen können, bei mir zu Hause sei es wie bei dem Jahn.»

«Ich kenne sehr wohl deinen Lebenswandel. Und nach allem, was ich gehört habe, sind die Nüsse dein. Komm und füll deinen Sack.»

Der Mann kam herein und zog einen mittelgroßen Sack hervor. Da sagt der Pfarrer zu ihm:

«Mensch, hattest du denn wirklich keinen größeren Sack als diesen?»

«Das schon, Hochwürden...»

«Na, warum hast du dann nicht einen größeren mitgebracht?»

«Wissen Sie, Hochwürden, ich hätte das ja gern getan. Aber da meinte meine Frau, das sei unverschämt, und bestand darauf, daß ich einen bescheideneren mitnehme.»

«O weh, du Gauner! Dann schütt mal schön die Nüsse wieder aus. Du nimmst mir hier nichts mit. Los, alles wieder raus, alles, und mach ja, daß du hier verschwindest!»

Der Mann ging wieder weg, voll stiller Wut darüber, daß ihn seine unbedachte Zunge verraten hatte.

## 65

## *Die Prinzessin, die alle Rätsel löst*

*Es war einmal eine Prinzessin,* die erriet alles, und der König hatte versprochen, wenn es jemanden gäbe, der imstande wäre, ihr einen Fall vorzulegen, den sie nicht lösen könne, würde er ihm, wenn es eine Frau wäre, ein großes Vermögen schenken, und wenn es ein Mann wäre, dürfe er sie heiraten. Aber wenn die Prinzessin ein Rätsel löste, dann ließ er die töten, die an den Hof gekommen waren, um es ihr vorzulegen. Es gab schon niemanden mehr, der an den Hof kommen wollte, um der Prinzessin Rätsel aufzugeben. Nun hatte aber eine Frau einen Sohn, der galt als tölpelhaft, und der Sohn sagt zu ihr:

«Mutter, ich will an den Hof ziehen und der Prinzessin ein Rätsel aufgeben.»

«Sei doch nicht töricht, mein Sohn, was willst du ihr denn sagen, das sie nicht erraten könnte?»

Der tölpelhafte Junge war so hartnäckig, daß er sich doch auf den Weg machte, und da er weit zu gehen hatte, nahm er eine alte Büchse, und schon zog er los. Er ging und ging, und auf halbem Wege sah er einen Hasen auf einem Felsen sitzen, und «bumm» verpaßt er ihm einen Schuß, so gut gezielt, daß er das Tier tötete. Er packte es und zog ihm mit seinem Taschenmesser das Fell ab, und da sah er, daß es eine Häsin war, in deren Bauch eine Schar Häschen lagen. Er ließ das auf sich beruhen und zog weiter, und da sah er neben einer kleinen Kapelle eines Einsiedlers ein Brevier liegen, das jemand vergessen hatte, und hob es auf, zündete ein Feuer an und briet die Häsin in den Blättern des Buches, aß und zog weiter, bis er an den Hof kam. Man wollte ihn nicht einlassen, denn er sah aus wie ein Narr, aber er bestand so hartnäckig darauf, er wolle der Prinzessin ein Rätsel aufgeben, daß man ihm öffnete in der Gewißheit, er werde sterben wie die anderen, die gekommen waren und sich als schlau ausgegeben hatten. Es schlug die Stunde der Audienz, und die Prinzessin kam, und der tölpelhafte Bursche sagte ihr folgendes Rätsel:

«Ich schoß auf das, was ich sah,
Ich tötete, was ich nicht sah,
Ich briet in Gottes Worten mein Essen
Und hab es restlos aufgegessen.»

Die Prinzessin hörte sich das an, hörte es sich nochmals an und bat sich drei Tage Bedenkzeit aus. Der tölpelhafte Junge blieb in Erwartung der Antwort im Schloß, aß und trank mit ausgestreckten Beinen, ohne daß ihm der Gedanke gekommen wäre, es könnte um sein Leben gehen. So sehr die Prinzessin auch ihr Hirn zermarterte, sie kam nicht hinter das Rätsel, und da sie fürchtete, den tölpelhaften Jungen heiraten zu müssen, beauftragte sie heimlich eine Kammerjungfer, sie solle ihn bitten, ihr ganz allein im Vertrauen zu sagen, was das Rätsel bedeute. Die Kammerjungfer tat das, aber der tölpelhafte Junge sagte ihr, nur wenn sie in der darauffolgenden Nacht mit ihm zusammen im Zimmer schliefe.

Die Kammerjungfer wollte erst nicht, aber da die Prinzessin ihr viele Reichtümer versprach, fügte sie sich am Ende und ging hin.

Der tölpelhafte Junge bestand darauf, er werde nichts sagen, wenn sie nicht ihr Hemd auszöge, denn er wolle sie nackt wie ein Spanferkel haben. Dann erzählte er ihr etwas, was nicht die richtige Lösung des Rätsels war, und als die Kammerjungfer einschlief, versteckte er ihr Hemd, so daß sie am Morgen früh, als sie wegging, keine Zeit hatte, danach zu suchen. Die Prinzessin gab sich mit der Lösung nicht zufrieden und schickte eine andere Kammerjungfer zu ihm. Es geschah wieder dasselbe. Am Ende ging die Prinzessin selber, im Vertrauen darauf, er werde sie nicht erkennen. Aber er sah gleich an dem Zeichen im Hemd, wer sie war, und versteckte ihr Hemd ebenfalls, aber diesmal sagte er die richtige Lösung des Rätsels. Nach Ablauf der drei Tage versammelte sich der Hof, und die Prinzessin kam und sagte:

«Die Lösung des Rätsels des Bauernburschen ist folgende: ‹Ich schoß auf das, was ich sah, und tötete, was ich nicht sah› bedeutet, daß er auf eine Häsin schoß, die er unterwegs fand, die war trächtig, so daß die Häschen starben. ‹Ich briet in Gottes Worten mein Essen und hab es aufgegessen› bedeutet, daß er alles in den Blättern eines Breviers gebraten hat, mit denen er ein Feuer angezündet hatte.»

Der König war sehr erstaunt über das Talent seiner Tochter und sagte, da er, der Bauernbursche, verloren habe, habe er kein Anrecht mehr auf die Hand der Prinzessin, er solle sich auf den Tod vorbereiten. Da geht der hin, stellt sich törichter, als er war, und sagt:

«Die Prinzessin hat noch nicht alles erraten, denn ich habe noch ein anderes Rätsel, von dem ich schwören möchte, daß sie nicht imstande ist, dahinterzukommen.»

Die Prinzessin gebot, er dürfe sprechen, da sagte er:

«Ich kam an den Hof, ihr Leute,
Da waren drei Täubchen mein eigen,
Drei Federn warn meine Beute,
Ich kann, wenn's beliebt, sie euch zeigen.»

Die Prinzessin begann gerade nachzudenken, aber da zog er schon das erste Hemd hervor, und alle sahen, welcher Dame es gehörte. Er zog das zweite hervor und war im Begriff, das letzte Hemd herauszuziehen, als die Prinzessin, aus Angst vor der Schande, vor versammeltem Hof bloßgestellt zu werden, sich zu ihm wandte. «Zeig's nicht, zeig's nicht, denn ich seh schon, daß du der schlaueste Mann bist, der bisher an unseren Hof gekommen ist, und ich heirate dich.»

## 66

## *Prinzessin Carlota*

*Es war einmal ein König,* der war Junggeselle, und seine Berater drängten ihn zur Heirat, damit er einen Thronfolger hinterließe. Der König war ein großer Liebhaber der Jagd, und jedesmal wenn er auf die Jagd ging, kam er an einer Hütte vorbei, in der wohnte ein alter Hirt mit seiner schönen Tochter, die hieß Carlota. Eines Tages sagte der König zu der Tochter des Hirten:

«Meine Edelleute wollen, daß ich heirate, und du bist die einzige, die ich gern habe. Willst du meine Frau werden?»

«Das geht nicht, Herr, denn ich bin nur ein armes Hirtenmädchen.»

«Das macht nichts, ich heirate dich trotzdem, aber unter einer Bedingung: daß du mir niemals widersprichst, so unvernünftige Dinge ich auch verlange.»

«Ich bin zu allem bereit, was Eure Majestät mir befiehlt.»

Die Hochzeit fand also statt. Vorher sandte der König königliche Gewänder in die Hütte des armen Alten, die zog sie an und legte ihre armseligen Kleider ab. Da sagte ihr Vater zu ihr:

«Heb diese armselige Kleidung auf, vielleicht brauchst du sie eines Tages noch einmal.»

Die Tochter verwahrte die zerlumpten Kleider in einem Kasten, den hinterließ sie ihrem Vater und zog auf das Schloß. Neun Monate später schenkte sie einem Töchterchen das Leben, das war so schön wie seine Mutter. Nach drei Tagen trat der König in das Gemach seiner Gemahlin und sagte zu ihr:

«Ich bringe dir eine traurige Nachricht. Meine Edelleute wollen, daß ich unsere Tochter töten lasse, sie wollen sich nicht damit abfinden, daß sie einmal von der Tochter eines Hirtenmädchens regiert werden.»

«Wie Eure Majestät befiehlt, ich gehorche», antwortete die Königin, wobei ihr die Tränen in die Augen kamen.

Der König nahm das Mädchen in Empfang und übergab es einem seiner Ratgeber. Einige Zeit darauf bekam die Königin einen Sohn, den der König unter dem gleichen Vorwand zum Töten abholen ließ. Jahre darauf trat der König erregt in das Gemach seiner Gemahlin und sagte zu ihr:

«Ich bringe dir eine Nachricht, die ist von allen die traurigste. Meine Edelleute sind empört über mich. Sie wollen nicht, daß du Königin bist, und verlangen von mir, daß ich dich aus dem Schloß jage. Mach dich also fertig, liebe Carlota, und geh in die Hütte deines Vaters zurück.»

«Seid unbesorgt, königlicher Herr, ich gehorche bereitwillig und gehe fort.»

«Du mußt aber die königlichen Gewänder ausziehen.»

«Das tu ich auf der Stelle.»

Und die Königin zog alles aus bis auf das Hemd.

«Das Hemd zieh ich nicht aus, denn es bedeckt den Leib, der unsere Kinder getragen hat», sagte die Königin.

Der König hatte nichts dagegen einzuwenden. Der alte Hirt stand an der Tür seiner Hütte, als er seine Tochter kommen sah. Er ging sofort hinein, holte die alten armseligen Kleider aus dem Kasten und brachte sie seiner Tochter. Sie zog sie ohne ein Wort der Klage an und führte nun wieder ihr früheres Hirtenleben. Für sie war das Leben als Königin nur ein Traum gewesen. Voll Wehmut dachte sie nur an ihre Kinder.

Es vergingen Jahre, und der König kam wieder einmal an Carlotas Hütte vorbei und sagte ihr, die Edelleute drängten ihn zur Heirat, deswegen habe er beschlossen, eine schöne Prinzessin zu heiraten, die war fünfzehn Jahre alt.

«In der Tat», antwortete die Hirtin, «ein König, der so gut ist wie Eure Majestät, verdient Nachkommenschaft, die seinen Namen fortpflanzt.»

«Ich komme auch, um dich zu bitten, wieder auf das Schloß zurückzukehren, um die Küchenmädchen zu beaufsichtigen. Du kannst dir denken, daß die Prinzessin mit edlem Gefolge einzieht, und sie bringt auch ihren jüngeren Bruder mit. Da möchte ich ihnen also mit einer fürstlichen Tafel aufwarten.»

«Ich bin bereit, Eure Majestät braucht nur zu befehlen.»

«Sie treffen morgen ein. Du mußt heute noch aufs Schloß kommen.»

Carlota ging also, in ein armseliges Kleid aus Kattun gekleidet, das sie gewöhnlich zum Kirchgang anzog. Am nächsten Tag kamen die Braut und ihr Bruder mit anderen Edelleuten an, und bei ihrer Ankunft gab es große Festlichkeiten. Carlota führte die Aufsicht in der Küche, als der König sie aufsuchte.

«Kommst du nicht, dir meine Braut anzuschauen?»

«Ich warte auf jemanden, der mich hier ablöst, derweil ich gehe und zurückkomme.»

Da kam eine Köchin, und Carlota ging, die Braut zu begrüßen.

«Ihr seid sehr schön!» sagte Carlota und küßte der Braut die Hand.

«Gott gebe Euch langes Leben und Gesundheit. Ihr seid des Königs würdig, den Ihr zum Mann erhaltet.»

Das Mädchen war verblüfft. Da kniete der König vor Carlota nieder und sagte:

«Weißt du, daß das unsere Kinder sind? Ich wollte dein Herz auf die Probe stellen. Du bist eine Hirtin und doch tausend Königinnen wert.»

Da ging es ringsum ans Umarmen und Küssen. Der König hatte die Kinder bei einer Tante untergebracht, die sie erzogen hatte, wie es sich für Prinzen ziemt, statt sie zu töten, wie er der Königin gegenüber behauptet hatte.

## 67

## *Der Herrgott und der heilige Petrus in der Scheune*

*Ein Bauer ging in die Scheune,* fand da unseren Herrgott und den heiligen Petrus, und der heilige Petrus stand am Scheunentor, unser Herrgott aber ganz hinten in der Scheune. Der Bauer meinte, daß es sich um diebische Landstreicher handelte, verabreichte dem an der Tür, dem heiligen Petrus, eine tüchtige Tracht Prügel und setzte dann beide vor die Tür.

Am nächsten Tag kamen die armen Wanderer noch einmal zur Scheune zurück, und Petrus sagte zu unserem Herrgott:

«Heute bleibst du am Tor, sonst erwischt's mich noch mal.»

So geschah es. Und wieder erscheint der Bauer, dem die Scheune gehörte, und sagt:

«Liebe Freunde, jetzt wird's mir aber zu bunt. Das letzte

Mal hat der an der Tür die Schläge bezogen, heute ist der hinten in der Scheune dran.»

So hatte der heilige Petrus immer das Nachsehen.

## *68*

## *Ein Portugiese in Spanien*

*In einer spanischen Kirche* wollte der Pfarrer eine Predigt halten und sagte:

«Liebe Brüder, seht gut nach, ob ein Portugiese in der Kirche ist, dann setzt ihn an die Luft.»

Sie warfen alle Portugiesen hinaus, aber einem gelang es, drinnen zu bleiben. Der Pfarrer begann nun seine Predigt:

«Liebe Brüder, es gibt ein Ding, das hat Hörner wie ein Ochse und ist doch kein Ochse. Was mag das sein? Es hat Hufe wie ein Ochse und ist kein Ochse, was mag das sein? Es hat ein Fell wie ein Ochse und ist kein Ochse, nun, was mag das sein?»

Und alle Spanier jammerten und sagten:

«Lieber Gott, was kann das nur sein?»

Dem Portugiesen wurde das allmählich langweilig, und er platzte los:

«Wenn es kein Ochse ist, zum Teufel, dann ist es eine Kuh, ihr verdammten Galicier!»

Da sagte der Pfarrer voller Wut:

«Hab ich euch nicht gesagt, ihr sollt alle Portugiesen an die Luft setzen? Jetzt besch... er mir die Predigt.»

69

## *Der ungetreue Verwalter*

*Es war einmal ein Vater,* der hatte einen Sohn, und da er sehr arm war, schickte er ihn nach auswärts zur Arbeit. So kam er weit weg in einen Ort, wo er viel Geld verdiente. Sobald er konnte, tat er alles zusammen, was er verdient hatte, und machte sich auf den Weg in seinen Heimatort, um dort mit seinem Vater zusammenzuleben. Nun hatte er aber Angst vor Räubern und fragte, ob er wohl bei jemandem seinen Verdienst in Verwahrung geben könne.

Man nannte ihm einen reichen Kaufmann, und der Junge suchte ihn auf. Er bat ihn, sein Geld in Verwahrung zu nehmen und ihm jeweils einen Teil davon zu schicken, wenn er darum bäte. Der Kaufmann sagte zu allem ja und amen und behielt das Geld bei sich.

Der Junge gab alles aus, was er für diesmal zum Mitnehmen bestimmt hatte, und ging dann zu dem Kaufmann zurück. Wie groß war seine Enttäuschung, als der ihm sagte, er habe gar kein Geld zum Verwahren erhalten!

Da kehrte der Junge traurig in seine Heimat zurück und erzählte seinem Vater, der schon sehr alt war, sein Ungemach. Der Vater hörte den Jungen an und sagte zu ihm:

«Trau niemals jemandem, der schielt» (der Junge hatte ihm gesagt, daß der Kaufmann schielte). «Aber man hat auch noch nie gehört, daß einer, der schielt, einen Glatzkopf betrogen hat, wie ich einer bin. Komm mit mir, und du wirst sehen. Aber laß nicht durchblicken, daß du mich kennst! Tu so, als hättest du mich nie im Leben gesehen, und du wirst schon zu deinem Geld kommen.»

Sie zogen also beide los, und als sie nahe beim Haus des Kaufmanns waren, blieb der Sohn ein wenig zurück, und der Vater ging hin, um mit dem Mann zu sprechen, der für sich behalten hatte, was seinem Sohn gehörte.

Als er dort ankam, sah er einen Mann auf einer Bank sitzen, der schielte, und er sagte zu ihm:

«Ich hab ein Sümmchen Geldes bei mir, das möchte ich schon mit nach Hause nehmen. Aber in den Bergen gehen viele Räuber um, und deswegen bitte ich Euch, es mir freundlicherweise zu verwahren und es mir in kleinen Beträgen zu schicken, wenn ich es brauche.»

«Sehr gern», antwortete der schielende Mann, «wieviel ist es denn?»

«Zehntausend Kreuzer.»

Dabei gab der Alte dem Sohn ein Zeichen, ohne daß der andere es sah, und da trat der Junge in den Laden und sagte:

«Ich wollte die fünftausend Kreuzer abholen, die ich Euch zur Verwahrung hiergelassen habe.»

Der Kaufmann wollte sich die andere Summe nicht entgehen lassen, weil sie doppelt so hoch war, und gab dem Jungen sofort die fünftausend Kreuzer, und der Junge zog hüpfend vor Freude von dannen.

Der Vater blieb zurück und sagte zu dem schielenden Kaufmann:

«Da Ihr mir also das Geld freundlicherweise verwahren wollt, will ich es herbeischaffen.»

Und er traf sich mit seinem Sohn, und sie kehrten zusammen mit ihrem guten Geld nach Hause zurück, so daß der schielende Mann seine verdiente Strafe erhielt.

## *70*

## *Die Schlange mit den sieben Köpfen*

*Es war einmal ein Mann,* der lebte mit seiner Schwester in guter Freundschaft zusammen. Geht da eine böse Nachbarin hin und sagt zu ihr:

«Du plagst dich hier mit der Arbeit herum, und dein Bruder sitzt drüben in der Schenke mit seiner Freundin und ißt.»

«Red nicht so, das stimmt nicht.»

Die Nachbarin ging zu dem Bruder und traf ihn, wie er den Wald rodete, und sagte zu ihm:

«Du plagst dich hier zu Tode, und deine Schwester sitzt zu Hause mit einem Freund zusammen und schlemmt.»

Der Bruder kam nach Hause, zog seinen besten Anzug an, warf sich eine Büchse über die Schulter und nahm drei Hammel, drei Brote und noch drei Groschen mit, das einzige Geld, das er hatte. Unterwegs begegnete er einem armen Mann, dem gab er die Hammel und das Brot und alles andere dazu. Der Arme aber war unser Herrgott, und er machte aus den drei Hammeln drei Hunde, die alles erjagten, was sie fanden. Er hatte also großen Erfolg bei der Jagd, und alle Jäger ließen ihn rufen, um mit ihm auf die Jagd zu gehen.

Eines Tages kam er in einen Wald, da war ein Mädchen, das sagte zu ihm, als es ihn kaum erblickt hatte:

«Flieht geschwind, lieber Onkel, sonst kommt die Schlange mit den sieben Köpfen und tötet Euch.»

«Was soll das für ein Tier sein, das ich nicht schießen könnte?»

«Alle Jäger haben ihm immer wieder nachgestellt und konnten es doch nicht jagen, und jeden Tag frißt es einen Menschen, der in den Wald kommt, wenn das Los auf ihn fällt. Ich bin die Tochter des Königs, und auf mich fiel das Los.»

Er sagte:

«Ich habe keine Angst; ich werde es töten, ich habe nämlich drei Hunde bei mir, die jagen alles.»

Darüber kam die Schlange, die man auf zwei Meilen Entfernung schon brüllen hörte, herbei.

Die Schlange kam, und er hetzte die Hunde auf sie und erlegte sie. Da sagte das Mädchen:

«Kommt mit mir, Ihr werdet von meinem Vater eine

große Belohnung erhalten. Er hat sogar gesagt, wer die Schlange tötet, dem gäbe er mich zur Frau.»

«Ich bedanke mich, aber ich möchte nicht.»

«Dann kommt so mit mir, mein Vater gibt Euch eine große Belohnung.»

«Ich brauche nichts.»

Da nahm sie einen Goldring und gab ihn ihm, und er nahm ihn an.

Der Mann schnitt nun der Schlange die Zungen aus den sieben Mäulern, wickelte sie in sein Taschentuch und steckte es in die Tasche.

Das alles sprach sich überall herum, und da der König sein Wort gegeben hatte, er werde dem, der die Schlange tötete, seine Tochter zur Frau geben, ging ein Neger, der davon hörte, in den Wald, schnitt der Schlange die Köpfe ab und ging damit zum König und sagte, er habe die Schlange getötet und er solle ihm nun die Tochter zur Frau geben.

«Liebe Tochter, es hilft alles nichts, du mußt den Neger heiraten.»

«Lieber Vater, der die Schlange getötet hat, war ein schöner Mann, der hatte drei Hunde und sagte, er wolle die Belohnung nicht und mich auch nicht heiraten. Ich habe ihm zum Dank meinen Ring gegeben.»

«Es hilft dir nichts, du mußt den Neger heiraten, er hat die Köpfe hergebracht.»

Unterdessen war die Hochzeit vorbereitet, und der Mann, der die Schlange getötet hatte, war mit anderen Jägern im Wald auf der Jagd, die erzählten, die Königstochter werde den Neger heiraten, und sie sagten:

«Es ist jammerschade, daß so ein Spitzbube dieses Mädchen heiratet.»

Darauf der Mann:

«Um was für eine Hochzeit handelt es sich eigentlich?»

«Ach, da ist ein Neger, der hat die Schlange mit den sieben

Köpfen getötet, und der König muß ihm seine Tochter, wie er es versprochen hatte, zur Frau geben. Das arme Mädchen sagt, der Neger habe das Tier gar nicht getötet, und alle Tage betet es zum heiligen Antonius, er möge ihm den Mann schicken, der die Schlange getötet hat.»

Der Mann schwieg, und am anderen Tag machte er sich auf zum Haus des Königs. Er kam dort an und sagte, er wolle mit seiner Majestät sprechen. Da der König an nichts anderes als an die Hochzeit mit dem Neger dachte, wollte er nicht mit ihm sprechen. Der Mann wiederholte seine Bitte und sagte, wenn der König nicht selbst mit ihm sprechen wolle, so solle wenigstens die Prinzessin ihn von einem Erkerfenster aus anhören. Er sei wegen der Schlange mit den sieben Köpfen gekommen. Als der König erfuhr, daß der Mann wegen der Schlange da war, ließ er ihm ausrichten, er werde kommen, und er erschien zusammen mit seiner Tochter, und kaum warf die einen Blick auf ihn, da sagte sie:

«Oh, Vater, das ist der Mann, der die Schlange getötet hat.»

Da sagte der König:

«Was erzählst du da von der Schlange? Wie kommt es denn, daß die sieben Köpfe der Schlange hier bei mir aufgetaucht sind?»

«Wenn die Schlange sieben Köpfe hatte, muß sie auch sieben Zungen gehabt haben, und hier sind sie.»

Der König faltete das Taschentuch auseinander und sah die Zungen. Er guckte die Köpfe an und sah, daß sie keine Zungen hatten. Da ließ er den Neger töten und sagte zu dem Schlangentöter:

«Hier habt Ihr also meine Tochter.»

«Königlicher Herr, ich danke Euch sehr, aber ich will nicht heiraten.»

«Nun, dann bittet, um was Ihr wollt, ich werde Euch alles geben.»

«Königlicher Herr, ich brauche nichts, ich habe die drei

Hunde hier, ich tu, was ich will, geh hinein und geh hinaus, wo ich will, und führe aus, was ich will.»

Da gab der König ihm eine Medaille und ließ ihm die größten Ehren seines Hofes zuteil werden.

## 71

## *Die böse Schwiegermutter*

*Es war einmal eine Schwiegermutter,* die war sehr bösartig. Sie wollte, daß ihr Sohn seine Frau prügelte, ohne zu wissen warum.

«Du mußt deine Frau prügeln.»

«Wie soll ich sie prügeln, wenn sie nichts Böses getan hat?»

«Du mußt sie trotzdem prügeln.»

«Aber ich hab keinen Grund dazu.»

«Dann geh morgen und hole Holz, bring aber lauter feuchtes Holz mit nach Hause. Dann sagst du zu ihr: ‹Frau, heut bring ich dir Holz, das noch feucht ist.› Sie wird mit dir schimpfen, und du schlägst los.»

Er kam mit dem feuchten Holz an und sagte:

«Frau, heut bring ich dir Holz, das noch feucht ist.»

«Lieber Mann, das Feuer wird es schon trocknen.»

Die Mutter sagte nun zu ihrem Sohn:

«Morgen hol lauter rußiges Holz. Sie wird sagen, daß sie sich beim Feueranmachen ganz schmutzig macht. Und dann schlägst du los.»

Er kam also mit dem rußigen Holz und sagte:

«Frau, heut hab ich nur rußiges Holz.»

«Lieber Mann, Holz voller Ruß macht dem Feuer keinen Verdruß.»

Wieder klagte er seiner Mutter sein Mißgeschick, und die antwortete ihm:

«Morgen hol lauter knorriges Holz.»

So geschah es, und er sagte zu seiner Frau:

«Frau, heute bring ich nur knorriges Holz.»

«Lieber Mann, Holz mit Knorren kommt ungeschlagen ins Feuer und macht keine Sorgen.»

Wieder klagte er der Mutter sein Mißgeschick.

«Morgen kommst du mit dem beladenen Esel zurück und läßt ihn mit dem Hinterteil zuerst durch die Tür gehen. Dann bleibt er stehen, sie fängt an, mit dir zu schimpfen, und dann prügelst du los.»

Er tat alles wie befohlen, dann rief er seine Frau, sie solle ihm helfen.

«Frau, komm her, du mußt mir helfen.»

Und sie sagte darauf:

«Los, Esel, mein Mann will, daß du so hineingehst, und dann muß es so sein.»

Da klagte er seiner Mutter noch einmal sein Leid.

«Jetzt laß mich mal machen. Du gehst an deine Arbeit, und sie kommt zu mir und bleibt hier den ganzen Tag und kann dir kein Essen machen. Du kommst zurück, hast kein Essen, und dann kannst du sie schlagen, wie es dir gefällt.»

Die Alte behielt also ihre Schwiegertochter den ganzen Tag bei sich.

«Ich gehe, ich muß das Abendessen machen.»

«Ach, du hast noch Zeit genug, ich sag dir schon, wenn du gehen mußt.»

Und die Schwiegermutter richtete das Essen für sich. Da kam der Schwiegervater mit einer Last Holz, und seine Frau half ihm beim Abladen. Während sie draußen war, nahm die Schwiegertochter das Essen vom Feuer und verschwand. Der Schwiegervater kam also herein und wollte essen, seine Frau suchte herum, fand aber nichts.

«Du hast mir also das Essen nicht gemacht?»

«Doch, die Gaunerin ist damit abgezogen. Den ganzen

Tag habe ich sie unterhalten, damit sie unserem Sohn das Essen nicht machen und er ihr eine Tracht Prügel verabreichen kann, und jetzt sitze ich ohne Essen da.»

«Na, dann beziehst du die Prügel», und damit hieb der Alte auf seine Frau ein.

Die Geschichte ist aus,
Und ihr geht nach Haus,
Wer sich nicht vom Stuhl erhebt,
Dem ist der Hintern festgeklebt.

72

## *Gib mir meinen halben Groschen*

*Ein Mann verfolgte seinen Gevatter wegen einer Schuld,* und jedesmal wenn er an seiner Tür vorbeikam, sagte er:

«Gib mir meinen halben Groschen!»

Der Schuldner sagte in seiner Ratlosigkeit zu seiner Frau, er werde sich totstellen, und sie solle sich die Haare raufen und wehklagen, vielleicht würde ihr der Gevatter, wenn er des Weges käme, seiner armen Seele wegen dann den halben Groschen erlassen. Er tat wie geplant, die Frau wehklagte und löste sich auf vor Schmerz, aber der Gevatter ging mit dem Leichenzug, und als die Leiche in der Kirche aufgebahrt wurde, versteckte er sich heimlich unter dem Sarg. Nachts kamen Räuber in die Kirche, und da sie das Licht der Fackeln sahen, die dem Toten leuchteten, fanden sie, das sei der sicherste Ort, um das Geld aufzuteilen und von dem, was sie gestohlen hatten, jedem das seinige zuzumessen. Als sie dabei waren, gerieten sie aneinander, denn jeder wollte gewisse Juwelen haben, die der Räuberhauptmann für sich behielt. Es kam zu einem großen

Streit, aber der, der im Sarg lag und sich tot stellte, und der Gevatter, der sich versteckt hielt, standen eine Riesenangst aus und rührten sich nicht. Schließlich sagte der Räuberhauptmann:

«Was mich betrifft, liegt mir an meinem Anteil nichts, aber wer ihn haben will, der soll dieses Messer hier dem Toten in den Leib stoßen, der dort im Sarg liegt.»

Da sagte einer von ihnen:

«Das tu ich!»

Ein anderer wollte das ebenfalls, und der, der sich tot stellte, wußte nicht, wie er sich aus seiner verzweifelten Lage befreien sollte. Er richtet sich im Sarg auf und sagt mit schreckenerregender Stimme:

«Ihr Toten steht mir eiligst bei,
Kommt alle zu mir: eins, zwei, drei!»

Die Räuber flohen alle entsetzt von dannen und ließen das Geld neben dem Sarg liegen. Der Gevatter, der sich tot gestellt hatte, stieg vom Katafalk herab und begann das Geld aufzulesen, das auf dem Boden verstreut lag. Als er gerade dabei war, kommt sein Gläubiger, der ihn nicht einmal am Rande des Grabes in Ruhe ließ, unter dem Sarg hervor und wiederholt unaufhörlich:

«Gib mir meinen halben Groschen! Gib mir meinen halben Groschen!»

Und er ließ nicht locker. Die Räuber schämten sich am Ende ihrer Feigheit und schickten einen, der etwas mutiger war, in die Kirche, um zu sehen, was dort los sei und ob sie wohl ihr Geld holen könnten. Der Räuber schlich heimlich herbei, versteckte sich hinter einer Tür, um zu lauschen, und hörte immer nur:

«Gib mir meinen halben Groschen! Gib mir meinen halben Groschen!»

Er rannte eiligst davon und sagte zu den Gefährten:

«Es ist alles verloren, es laufen da so viele Tote herum, daß nicht einmal ein halber Groschen auf jeden entfällt.»

Die Räuber fanden sich mit ihrem Unglück ab, und der Gevatter konnte so seine Schuld begleichen und wurde reich.

## 73

## *Geschichte von der kleinen Isabel*

*Es war einmal eine Frau aus dem Volk,* die hatte großen Kummer, weil sie seit langen Jahren verheiratet war und keine Kinder hatte. In demselben Land war eine Königin, die auch keine Kinder hatte, und es geschah, daß sich beide in der Kirche trafen, wo sie den Herrgott um ein Kind bitten wollten. Sie erzählten eine der anderen ihren Kummer, aber nach einer Zeit bekam die Frau ein Mädchen und die Königin einen Jungen.

Die Königin nahm das Mädchen zu sich aufs Schloß. Dort verstand sich der Prinzeß* gut mit ihr, und er fragte sie sogar von Zeit zu Zeit:

«Isabel klein, möchtest du nicht Königin sein?»

Und sie antwortete immer:

«Königlicher Herr, Ihr müßt wissen, ich vertrau auf Gott.»

Nun kam eines Tages der Prinzeß in das Alter, wo er heiraten sollte, und man ließ ihm eine Braut von auswärts kommen. Das war übrigens die Tochter eines Königs aus der Gegend. Aber das Schönste an der Sache war, daß sie schon ihre Unschuld verloren hatte, und als sie mit der Mutter ankam und Isabel kennenlernte, was für ein Gedanke kam ihr da

* Zur Erzählform dieses Stückes vgl. die Anmerkung.

wohl? (Na, halt Frauengeschichten...) Sie geht und bittet die andere, sie möchte sich in der Nacht zum Prinzeß legen. (An dieser Stelle wurde die Erzählerin von einer Zuhörerin unterbrochen, die zu ihr sagte: «Ach, so war's doch gar nicht.» Die Prinzessin hat nämlich ihre Mutter gebeten, mit Isabel zu sprechen, denn sie selber schämte sich.) Nun, die ließ sich das natürlich nicht zweimal sagen, tat sie das doch mit dem größten Vergnügen! O ja, sie würde das schon machen, die Königstochter könne ohne Sorge sein. Aber diese kannte nicht den Brauch, der in dem Königreich herrschte, daß nämlich die Könige und Prinzesse in der Hochzeitsnacht den Bräuten eine Perlenkette um den Hals legten. Also der Jüngling legte in der Nacht der Isabel die Kette um den Hals, denn er meinte, er legte sie seiner Frau um, die ihm gehörte.

Nach einiger Zeit wurde Isabel krank. Es kamen die Zirurgen*, und sie sagten, die Kleine sei schwanger. Sie wurde befragt und sagte aus, wenn dem so wäre, dann müßte das vom Prinzeß sein. Der Prinzeß begann ein Geschrei und wollte Beweise. Da öffnet Isabel ihr Mieder, zeigt die Kette, die sie am Halse trug, und fragte den Prinzeß, ob er sich erinnere. Er begriff alles, schickte seine Frau fort und heiratete Isabel, die so Königin wurde.

## *74*

## *Der Zauberer*

*Es war einmal ein Mann,* der verstand sich aufs Zaubern, und er wollte nie einen Diener nehmen, der lesen konnte, damit der nicht in seine großen Zauberbücher guckte und hinter sein Geheimnis käme. Da bot sich ein Junge bei ihm an, der

* Zur Erzählform dieses Stückes vgl. die Anmerkung.

sagte, er könne nicht lesen, und so wurde er sein Diener. Er las aber alle Bücher in der Bibliothek des Zauberers, und als er es schon mit diesem aufnehmen konnte, floh er mit all den Büchern.

Eines Tages war auch der Schüler zum Meister geworden und wollte von seinen Zauberkünsten leben. Er beauftragte einen Diener, auf dem Jahrmarkt ein schönes Pferd für ihn zu verkaufen, das im Stall war, setzte den Preis fest und befahl ihm, sobald er es verkauft habe, solle er ihm die Zügel abnehmen. Als der Markt losging, ging der Diener in den Stall, fand das schöne Pferd und zog damit zum Markt. Nun war aber auf dem Markt auch der Zauberer, der bestohlen worden war, und erkannte sofort in der Gestalt des Pferdes seinen ehemaligen Schüler. Er handelte den Preis aus und bezahlte die Summe so schnell, daß der Diener vergaß, dem Pferd die Zügel abzunehmen. Als er es nachholen wollte, war es schon zu spät, denn der Zauberer sagte, der Kauf sei getätigt, nachdem er ihm das Geld ausgehändigt habe.

Der Zauberer nahm das Pferd mit nach Hause und war sehr froh, daß er sich nach Herzenslust an dem Feind rächen konnte, der ihm sein ganzes Wissen geraubt hatte. Einmal befahl er seinem Diener, an den Fluß zu gehen und das Pferd zu tränken, aber er solle ihm nicht den Zügel abnehmen. Das Pferd trottete traurig daher, schnupperte am Wasser, aber trank nicht. Der Diener kam auf den Gedanken, ihm den Zügel abzunehmen, so würde es vielleicht trinken. Plötzlich verwandelt sich das Pferd in einen Frosch und verschwindet im Wasser. Der Zauberer, der zu Hause am Fenster stand, sah das und verwandelte sich in eine Kröte, um den Frosch zu fangen. Der Schüler wußte, was ihm bevorstand, wenn er wieder in die Gewalt des Meisters fiel, verwandelte sich in eine Taube und flog durch die Lüfte davon. Der Zauberer verwandelte sich in einen Bussard und verfolgte die Taube, um sie zu verschlingen. Die Taube war schon ganz erschöpft und drauf und dran, erwischt zu werden, da sah sie eine Prinzessin, die saß auf einer Terrasse, und sie ließ sich in deren Schoß fallen und verwandelte sich in einen Ring von großem Wert. Die Prinzessin war außer sich vor Staunen über das, was sie gesehen hatte, und über die Schönheit des Schmuckstücks, und sie steckte es an ihren Finger. Der Zauberer, der nun nichts mehr ausrichten konnte und noch die Gestalt des Bussards hatte, fliegt in das Gemach des Königs und läßt ein Haar in das Glas Milch fallen, das dieser gerade trinken wollte. Der König wurde natürlich sehr krank, und man ließ alle möglichen Ärzte kommen, aber keiner war imstande, ihn zu heilen. Da erschien der Zauberer in Gestalt eines Arztes und versprach, den König wieder gesund zu machen, aber nur, wenn man ihm den Ring gäbe, den die Prinzessin am Finger trug. Der König willigte ein. Da verwandelte sich der Ring in einen schönen Jüngling und bat die Prinzessin, wenn der König ihr auftrage, dem Zauberer den Ring auszuhändigen, solle sie ihn ihm nicht in die Hand geben, sondern ihn auf den Boden werfen, damit er ihn aufheben müsse.

Nach einigen Tagen war der König gesund, und als der Arzt wieder an den Hof kam, forderte er den Ring. Die Prinzessin zeigte sich traurig, aber sie gehorchte, zog den Ring ab und warf ihn zu Boden, wie wenn sie böse wäre. Der Ring verwandelte sich in einen Granatapfel, der aufplatzte, so daß alle Kerne durch den Saal rollten. Aber der Zauberer verwandelte sich in ein Huhn, und ehe man sich's versah, hatte er alle Kerne aufgepickt. Nur ein einziges Kernchen blieb hinter einer Tür liegen, und das verwandelte sich in einen Fuchs, der sich auf das Huhn stürzte und es im Handumdrehen verspeiste. Die Prinzessin war sehr erstaunt über all das und bat den Fuchs, er solle sich in einen Prinzen verwandeln und sie heiraten. Und das tat er, und sie wurden sehr glücklich.

75

## *Wer nicht arbeitet, der nicht ißt, wer nicht ißt, der nicht arbeitet*

*Ein Reicher hatte einen Neger als Knecht,* den er sehr schlecht behandelte. Er gab ihm Brot aus Kleie zu essen und Wein zu trinken, der sauer war wie Essig, und er ließ ihn auf seinem Land mit der Hacke hart arbeiten. Abends, wenn er nach Hause kam, fragte der Herr ihn:

«Wie weit bist du, Schwarzer?»

«Ich bin noch nicht beim grünen Zweig angelangt, Herr.»

An den folgenden Tagen gab er immer die gleiche Antwort, bis der Herr ihm folgte, um ihn zu beobachten, und da hörte er ihn sagen:

«Mein Herr gibt mir nur Brot aus schlechtem Mehl
Und Wein, der brennt einem in der Kehl.
Liebe Hacke, weißt du, was wir tun?
Wir wollen beide ein wenig ruhn.»

Und er legte sich neben die Hacke hin und schlief.

Am Abend fragte ihn der Herr:

«Wie weit bist du, Schwarzer?»

«Ich bin noch nicht beim grünen Zweig angelangt, Herr.»

Der Herr schwieg ganz still, und am anderen Tag gab er dem Neger gutes Essen, und er folgte ihm, um zu sehen, was er machte.

Der Neger begann zu arbeiten und sagte:

«Jetzt gibt mir mein Herr gutes Brot und guten Wein,
Liebe Hacke, nun laß uns auch fleißig sein.»

Und er arbeitete so tüchtig, daß der Herr ganz begeistert war. Von da an gab er ihm immer guten Wein und gutes Brot.

76

## *Der Turm von Babylon – wer hineingeht, kommt nicht lebend davon*

*Es war einmal ein Fischer,* der fuhr eines Tages aufs Meer hinaus und traf den König der Fische, den Schellfisch. Der König der Fische bat ihn, er möchte ihn nicht mitnehmen. Dem Fischer war das recht, aber seine Frau lag ihm so lange in den Ohren, er solle ihr den König der Fische mitbringen, daß dem Fischer nichts anderes übrigblieb. Der Schellfisch bat darauf den Mann, er möge ihn in fünf Scheiben schneiden: eine für seine Frau, eine andere für die Stute, eine weitere für die Hündin und zwei, die solle er im Garten hinter dem Haus begraben. So geschah es denn auch.

Die Frau bekam zwei Jungen, die Stute zwei Fohlen, die Hündin zwei Löwen, und aus dem Garten sprossen zwei Lanzen.

Die Jungen wuchsen heran. Als sie schon groß waren, baten sie den Vater, er möge sie in die Welt hinausziehen lassen. Sie zogen denn auch los, jeder mit seiner Lanze, seinem Löwen und seinem Pferd. Als sie an eine bestimmte Stelle kamen, an der sich der Weg teilte, schlug der eine den einen und der andere den anderen ein, wobei sie sich gelobten, einander zu Hilfe zu eilen, wenn einer von ihnen Beistand brauchte.

Der eine kam in einen Wald und sah, wie ein Edelfräulein beinahe das Opfer eines Kriechtiers mit sieben Köpfen wurde. Der Junge tötete das Tier und heiratete das Edelfräulein.

Eines Tages standen beide am Fenster, und als der Junge in der Ferne einen Turm sah, sagte er:

«Was ist das für ein Turm?»

«Das ist der Turm von Babylon. Wer hineingeht, kommt nicht lebend davon.»

«Nun, ich will hingehen und werde schon lebend davonkommen.»

Er nahm den Löwen mit sich, ergriff die Lanze, stieg auf sein Pferd und ritt davon. In dem Turm war eine Alte, die schnitt sich, als sie den Reiter sah, ein Haar vom Kopf und sagte:

«Edler Ritter, bind deinen Löwen an diesem Haar fest.»

Der Reiter tat das, aber als er sah, daß die Alte auf ihn zukam, sagte er:

«Los, mein Löwe!»

Und die Alte erwiderte:

«Werde dick, mein Haar.»

Im selben Augenblick verwandelte sich das Haar der Alten in dicke eiserne Ketten, und der Reiter fiel durch eine Falltür nach unten.

Einige Zeit darauf kam der andere Bursche an das Haus seines Bruders, und da sie sich beide sehr ähnlich sahen (nur daß dieser ein Mal auf der Wange hatte), hielt die Schwägerin ihn ohne weiteres für ihren Mann und nahm ihn über Nacht bei sich auf. Am andern Tag standen beide am Fenster, und als der Schwager den Turm der Alten sah, fragte er:

«Was ist das für ein Turm?»

«Ich hab dir doch gestern schon gesagt, das ist der Turm von Babylon, wer hineingeht, kommt nicht lebend davon.»

«Nun, ich will hingehen und werde schon lebend davonkommen.»

Er rüstete sich genau wie sein Bruder und ritt auf den Turm zu. Sobald die Alte ihn sah, sagte sie ihm, er solle den Löwen an dem Haar festbinden. Der tat nur so, als binde er ihn an, in Wirklichkeit ließ er aber das Haar fallen. Da lief die Alte auf ihn zu. Der Bursche sagte:

«Los, mein Löwe!»

Und die Alte:

«Werde dick, mein Haar!»

Das Haar wurde nicht dick, und der Löwe kam heran. Da sagte die Alte:

«Töte mich nicht, ich geb dir große Reichtümer.»

Der Reiter ging nicht darauf ein.

Darauf die Alte:

«Töte mich nicht. Hier hast du ein Gläschen, das erlöst alle, die hier im Turm festgehalten werden, von ihrem Zauber.»

Der Reiter nahm das Gläschen in Empfang, ließ den Löwen losspringen und tötete die Alte. Dann erlöste er alle im Turm von ihrem Zauberbann. Als der Bruder jedoch erfuhr, daß seine Frau, ohne es zu wissen, die Ehe gebrochen hatte, tötete er seinen Erretter.

## 77

## *Der Fuchs und der Hahn*

*Ein Hahn saß einmal oben auf einem Weinspalier* und fraß Trauben. Da kam ein Fuchs vorbei und sagte:

«He, Hahn, komm doch herunter, die Trauben sind ja noch grün.»

Da sagte der Hahn:

«O nein, sie sind wunderbar reif.»

«Komm runter! Sie sind noch grün.»

«Du willst ja nur, daß ich hinunterkomme, damit du mich fressen kannst.»

Da sagt der Fuchs:

«Nein. Es ist nämlich gerade ein Erlaß herausgekommen, daß die Hunde den Füchsen und die Füchse den Hähnen nichts tun dürfen.»

«Gut, da hinten kommt ein Jäger mit einer Meute Hunde. Wenn sie dir nichts tun, dann komm ich hinunter.»

Da sagt der Fuchs:

«Wo kommen sie denn?»

«Da hinten.»

Da wendet er sich nach der anderen Seite zur Flucht – und lief der Hundemeute des Jägers in die Arme. Die Hunde fallen über ihn her, und er flieht, was hast du, was kannst du... Und der Hahn sagte oben vom Spalier herab:

«Zeig mir doch mal den Erlaß! Zeig ihn mir!»

Da rief er:

«Ich hab keine Zeit! Ich hab keine Zeit!»

Sobald die Hunde ihn in Ruhe ließen, begann er sich an den Beinen zu kratzen und sagte:

«Ihr lieben Beine, ihr habt mir aus der Patsche geholfen! Nur ihr!»

Sagt da der Schwanz zu ihm:

«Und ich?»

«Du? Der Teufel soll dich holen, du bist mir mit deinem Gewicht noch zur Last gefallen.»

## *78*

## ***Sohn einer Eselin***

*Es war einmal ein Junge,* der war ein Findelkind, und alle nannten ihn Sohn einer Eselin. Und eines Tages fragte er seine Ziehmutter:

«Sag mal, Mutter, bin ich wirklich der Sohn einer Eselin?»

«Ja, mein Sohn.»

«Dann will ich meiner Wege gehen.»

Und er machte sich auf und davon. Da traf er auf einen Mann, der fällte Steineichen.

«Gott grüß dich, Steineichenfäller!»

«Gott grüß dich, Sohn einer Eselin!»

«Also der nennt mich auch Sohn einer Eselin! So etwas!»

Sie kamen überein, daß sie nun zusammen losziehen wollten. Da begegneten sie einem Mann, der trocknete Flüsse aus.

«Gott grüß dich, Flüsseaustrockner!»

«Gott grüß dich, Sohn einer Eselin!»

«Also auch der kennt mich!»

Und sie einigten sich, daß sie zu dritt weiterziehen wollten. Sie wanderten und wanderten und kamen an ein großes verfallenes Haus. Da stahlen sie ein Lämmchen, und abends blieb einer im Hause zurück, um einen Suppentopf zuzubereiten, die anderen gingen auf die Suche nach noch einem Lämmchen.

Der zurückblieb, war der Steineichenfäller. Er saß nun so vor dem offenen Kamin, da hört er plötzlich ein Gepolter. Als er aufblickt, sah er einen Teufel mit langem Bart und mit einer Keule in der Hand aus dem Brunnen steigen. Und er kam herbei und setzte sich an den Kamin und begann eine Pfeife zu rauchen und in den Suppentopf zu spucken. Und der Steineichenfäller wollte ihn ausschimpfen, und der Teufel verabreichte ihm mit der Keule eine gehörige Tracht Prügel und löschte das Licht aus und trollte sich von dannen. Und als die Gefährten zurückkamen, sahen sie, daß das Licht aus war und er auf dem Boden lag. Und er sagte, er habe einen Anfall gehabt und sei schwerkrank.

Am andern Abend blieb der Flüsseaustrockner zu Hause. Es geschah das gleiche: plötzlich hört er ein Gepolter, er schaut auf und sieht einen Teufel mit langem Bart und mit einer Keule in der Hand aus dem Brunnen steigen. Und der kam herbei und setzte sich an den Kamin und begann zu rauchen und in den Suppentopf zu spucken. Der Flüsseaustrockner wollte ihn ausschimpfen, und der Teufel verabreichte ihm eine gehörige Tracht Prügel mit der Keule und löschte ihm das Licht aus und trollte sich von dannen. Und als die Gefährten zurückkamen, sahen sie, daß das Licht aus war und er auf dem Boden lag. Und er sagte ebenfalls, er habe einen Anfall gehabt und sei schwerkrank.

«Jetzt bleibe ich hier», sagte der Sohn einer Eselin. Und er blieb am anderen Abend zu Hause. Er war gerade dabei, den Suppentopf zuzubereiten, als er ein Gepolter hört.

«Aha, da haben wir die ‹Krankheit›.»

In diesem Augenblick taucht aus dem Brunnen der Teufel mit dem langen Bart auf mit der Keule in der Hand. Er setzte sich an den Kamin und rauchte und wollte gerade in den Suppentopf spucken, da sagte der Sohn einer Eselin:

«Wenn du mir in den Suppentopf spuckst, geh ich dir mit diesem glühenden Holzscheit an deinen Bart!»

Aber der Teufel wollte mit aller Gewalt spucken. Und da gab der andere es ihm mit dem glühenden Scheit und riß ihm die Keule aus der Hand und verabreichte ihm damit eine gehörige Tracht Prügel. Und er riß ihm den Bart aus und steckte ihn in die Tasche. Und der Teufel trollte sich von dannen und entwischte durch den Brunnenschacht.

Als die Gefährten zurückkamen, meinten sie, das Licht müsse wohl wieder aus sein. Aber das war nicht der Fall, und der Sohn einer Eselin erzählte ihnen alles und sagte:

«Ich will jetzt wissen, was unten in dem Brunnen los ist.»

Und sie besorgten sich einen großen Korb, und er setzte sich in den Korb und ließ sich darin hinunter. Und unten erschien ein Mädchen.

«O weh, Herr, geht fort, sonst bekommt Euch mein Bewacher.»

«Ich hab keine Angst vor Eurem Bewacher, seht her, hier sind sein Bart und seine Keule.»

Und er zeigte dem Mädchen die Keule und den Bart des Teufels. Und das Mädchen gab ihm ein Taschentuch. Und er rief hinauf, sie sollten den Korb herunterlassen. Und sie ließen den Korb hinunter. Und zuerst ging eine Truhe mit der Wäsche des Mädchens nach oben. Und dann folgte das Mädchen. Und dann sollte eigentlich der Sohn einer Eselin an der

Reihe sein, aber um seine Gefährten auf die Probe zu stellen, legte er statt dessen einen Stein in den Korb, und als der Korb auf halber Höhe war, ließen sie ihn los und glaubten, der Sohn einer Eselin würde auf diese Weise erschlagen werden.

Und der Sohn einer Eselin blieb unten im Brunnen zurück. Und es erschien der Teufel, der forderte seinen Bart und seine Keule zurück. Und der Junge sagte zu ihm:

«Ich geb dir den Bart und die Keule, aber du mußt mich zuerst nach oben befördern.»

Und er stieg rittlings auf die Schultern des Teufels, und der Teufel trug ihn nach oben. Und der Teufel forderte erneut seine Keule und seinen Bart zurück.

«Sag mir zuerst, wo das Mädchen steckt!»

«Es ist in der Kirche, es heiratet den Flüsseaustrockner.»

«Dann befördere mich zur Kirchentür, wenn du Bart und Keule haben willst!»

Und der Teufel beförderte ihn an die Kirchentür. Dort waren alle versammelt. Und der Sohn einer Eselin gab dem Teufel seinen Bart. Und das Mädchen erkannte ihn sofort. Und er zog das Taschentuch hervor, und sie war ihrer Sache noch sicherer. Als der Pastor das Mädchen fragte:

«Ist es Euer freier Wille und Entschluß, diesen Herrn zu heiraten?»

da antwortete es:

«Nein, Herr Pastor.»

«Ja, wen denn dann?»

«Mein Wille ist es, den zu heiraten, der drüben an der Tür steht.»

«Dann soll er näher kommen.»

Er kam näher, sie heirateten, und so endete die Geschichte. Und Gott sei Lob und Dank, aus ist der Schwank.

## 79
## *Geschichte vom Elend*

*Als unser Herrgott noch auf Erden weilte,* bettelte er auch einmal an der Tür des Elends, und es sagte ihm, er könne vom Wasser im Brunnen trinken, vom Brot essen und auf dem Stroh schlafen, das dort lag. Da fragte Gott, was das Elend als Entgelt dafür haben wolle, und es antwortete, es wünschte nur, daß die Buben, die auf seinen Feigenbaum stiegen, ohne seine Erlaubnis nicht wieder herunterkönnten. Alle, die hinaufkletterten, blieben nun oben. Bis eines Tages der Tod an die Tür des Elends klopfte, um es abzuholen. Da bat es ihn, auf den Feigenbaum zu steigen, es täte ihm leid um die Feigen, die daran hingen, ohne gepflückt zu werden. Da stieg der Tod auf den Baum und kam nicht wieder herunter.

Nun wollten die alten Leute sterben, der Totengräber wollte die Gruben für ihre Beerdigung schaufeln, aber niemand starb. Schließlich ging unser Herrgott zum Elend und bat es, den Tod doch wieder herunterzulassen, damit alles wieder seine Ordnung hätte. Das Elend aber bat, künftig ihm die Herrschaft über die Welt zu überlassen.

Dies ist eine wahre Geschichte, die sich in Sátão zugetragen hat. Der Feigenbaum gehört der alten Anna Pina und steht nahe bei der alten Schule. Der Sargverkäufer, der nichts verkaufte, war Herr Roman, der Totengräber Leonel aus Pedrosas. Allen ging es wirklich elend schlecht. Und die alte Maria Joseph und die alte Rita Milha und der alte Anton aus Neda und Frau Anita aus Bigairo hatten vor Alter schon richtig Moos angesetzt.

## 80

## Die eigensinnige Ehefrau

*Ein Mann hatte eine Frau,* die war so eigensinnig, daß er es nicht mehr ertragen konnte. Eines Tages brachte er einen Käse mit nach Hause, und sie setzten sich beide zu Tisch, um zu essen. Sie gingen daran, den Käse zu zerteilen, und da sagte der Mann, sie bräuchten ein Messer. Die Frau, eigensinnig, wie sie war, behauptete frechweg, der Käse müsse mit der Schere zerteilt werden. So stritten sie hin und her, und der Mann schlägt schließlich seine Frau und fragt:

«Womit wird der Käse zerteilt?»

«Mit der Schere!» antwortete sie, und um so hartnäckiger, je mehr er sie schlug.

Am Ende war der Mann verzweifelt und warf sie in den Brunnen. Und da sie nicht mehr sprechen konnte, weil sie den Kopf unter Wasser hatte, ahmte sie noch mit den Fingern, die aus dem Wasser ragten, eine Schere nach, die auf und zu ging.

## 81

## Das Findelkind

*Es war einmal eine Frau,* die hatte eine leibliche Tochter und eine, die war ein Findelkind, und diese wurde von der Mutter sehr schlecht behandelt. Sie gab ihr viele Arbeiten auf, wenn sie sie hinausschickte, um eine kleine Kuh zu hüten, die sie besaß. Als die Tochter einmal wieder mit der Kuh losging, gab die Mutter ihr eine Menge Garn zum Aufwickeln mit, und das war nicht zu schaffen, denn einmal war es viel zuviel, und außerdem hatte sie nichts, womit sie das Garn hätte aufwickeln können. Das Mädchen wurde sehr traurig, und die kleine Kuh fragte es:

«Was ist, Mädchen, warum bist du so traurig?»

Da erzählte es ihr alles.

«Meine Mutter hat mir dieses Garn zum Aufwickeln gegeben, und das kann ich nicht.»

«Sei unbesorgt! Du legst es einfach um meine Hörner, dann kannst du es abwickeln.»

Das Mädchen tat das, und abends brachte es das aufgewikkelte Garn mit nach Hause. Die Mutter war erstaunt und ahnte gleich, daß da die kleine Kuh im Spiel war. Am andern Tag führte das Mädchen die kleine Kuh wieder zur Weide, und die Mutter gab ihm ein Brot mit, davon sollte es essen und es ganz wiederbringen. Das Mädchen wurde betrübt, und die kleine Kuh fragte es, was es habe.

«Meine Mutter hat mir dieses Brot mitgegeben, davon soll ich essen und es ganz wiederbringen.»

«Sei ganz ruhig! Ich mache mit meinen Hörnern ein Löchlein hinein, du ißt die Krume, und dann wird's wieder zugemacht. So kannst du essen und nimmst das Brot wieder ganz mit nach Hause.»

Das Mädchen tat das und nahm das Brot wieder ganz mit nach Hause. Die Mutter sagte wieder, da sei die kleine Kuh im Spiel, und sie werde das Tier noch töten, wenn das so weitergehe.

Am andern Tag gab sie dem Mädchen einen kleinen Krug, den sollte es gefüllt mit Vogeltränen zurückbringen. Das Mädchen wurde traurig und weinte. Die kleine Kuh fragte es, was es habe, und es sagte:

«Meine Mutter hat mir diesen kleinen Krug mitgegeben, den soll ich ihr voll mit Vogeltränen zurückbringen. Sie ahnt schon, daß du mir hilfst, und will dich töten.»

«Weine nicht», sagte da die kleine Kuh, «stell den Krug dort oben auf die Anhöhe, alle Vögel werden dort hinkommen und weinen, und wenn sie mich tötet, dann mach dir nichts daraus. Sieh zu, daß du meine Eingeweide auswäschst, dann kommt eine kleine Kugel daraus hervor, und du gehst immer hinter ihr her.»

Das Mädchen tat das, und als es Abend wurde, brachte es den kleinen Krug voll mit Vogeltränen nach Hause. Die Mutter war jetzt noch sicherer, daß die kleine Kuh im Spiel sei, und tötete sie.

Das Mädchen wusch die Eingeweide der kleinen Kuh aus, und als die kleine Kugel herausrollte, lief es hinter ihr her und kam an das Haus von Feen, die gerade zur Messe gegangen waren. Es trat ein, fegte das ganze Haus, räumte alles auf und machte das Frühstück zurecht. Es gab einem Hündchen zu fressen, das sie hatten, und versteckte sich hinter der Tür.

Als die Feen kamen, fragten sie das Hündchen, wer das alles gemacht habe. Das Hündchen sagte:

«Wau, wau, der's getan hat, steht hinter der Tür.»

Sie schauten nach und sagten zu dem Mädchen:

«Gott möge dich verzaubern, daß du das wunderschönste Mädchen der Welt wirst und daß, wenn du sprichst, Goldscheiben aus deinem Mund kommen.»

Das Mädchen ging wieder weg, und die Mutter und die Schwester fragten voller Neid, wie es das zuwege gebracht habe. Es erzählte ihnen alles, sagte aber, es habe den Hund geschlagen und das Haus schmutzig gemacht.

Da ging auch die Schwester hin. Die Feen waren zur Messe gegangen, und sie schlug den Hund und machte das Haus schmutzig, brachte alles in Unordnung und versteckte sich hinter der Tür.

Als die Feen kamen, fragten sie das Hündchen, und es sagte:

«Wau, wau, der's getan hat, steht hinter der Tür.»

Da sagten sie zu dem Mädchen:

«Gott möge dich verzaubern, daß du das häßlichste Mädchen der Welt wirst und daß, wenn du sprichst, lauter Schmutz aus deinem Mund hervorkommt.»

Das Mädchen kam in dieser Verfassung nach Hause. Wenn es sprach, gab es lauter Schmutz von sich, so daß die Mutter ihm befehlen mußte zu schweigen, denn es füllte ihr das Haus mit Dreck und Gestank.

Fortan behandelte sie das Findelkind mit Achtung.

## *82*

## *Die goldene Haspel*

*Es waren einmal drei Schwestern,* die lebten zusammen. Die jüngste stellte jeden Tag eine Schüssel mit Wasser ans Fenster, und dann kam ein kleiner Vogel und badete darin und sprach mit ihr. Das war nämlich ein verzauberter Prinz. Die Schwestern wurden sehr neidisch auf sie und trachteten danach, den Unterhaltungen ein Ende zu bereiten. Sie lauerten ihr auf und sahen den Prinzen und taten schließlich eine Menge kleiner Rasiermesser in die Wasserschüssel. Als der Vogel am andern Tag wiederkam und badete, schnitt er sich daran und flog davon. Das Mädchen kam zur gewohnten Stunde, und der Vogel erschien nicht. Erst als es das Wasser voller Blut und die Messer darin liegen sah, wurde ihm die Heimtücke der Schwestern klar. Es zog in die Welt hinaus, um überall nach dem verzauberten Prinzen zu suchen. Endlich kam es an das Haus, wo der Mond wohnte. Die Mutter des Mondes sagte zu ihm:

«O weh, Mädchen, was willst du hier? Wenn mein Sohn dich hier vorfindet... Weißt du, er hat einen furchtbaren Blick.» Das Mädchen erzählte ihr trotzdem, was es wollte, und die Alte versteckte es und sagte, sie werde ihren Sohn fragen, wo der Prinz sei. Schließlich tritt der Mond herein und brüllt mit finsterer Miene: «Ich rieche, rieche Menschenfleisch.»

Die Alte beruhigte den Mond und fragte nach dem, was das Mädchen wissen wollte. Da antwortete der Mond:

«Was weiß ich! Alle Leute, die krank sind, schließen vor mir die Fenster zu, sobald es Abend wird. Der Wind weiß sicher besser Bescheid.»

Die Mutter des Mondes gab dem Mädchen eine goldene Haspel, und es zog weiter, dorthin, wo der Wind wohnte. Die Mutter des Windes fragte ebenfalls ihren Sohn, und der antwortete:

«Der Prinz ist weit weg, ich bin auch schon dort gewesen, aber weil er krank ist, hatte man alle Fenster vor mir verschlossen. Die Sonne weiß sicher, wo der Prinz ist.»

Das Mädchen zog weiter, und die Mutter des Windes gab ihm einen goldenen Spinnrocken mit auf den Weg, der mit Diamanten besetzt war.

Endlich kam es dorthin, wo die Sonne wohnte. Die Mutter der Sonne nahm sie freundlich auf, und bald kam auch die Sonne strahlend und fröhlich nach Hause. Sie erklärte, wo der Prinz war, und zeigte dem Mädchen den Weg. Die Mutter der Sonne gab ihm eine goldene Spindel.

Das Mädchen kam vor dem Schloß an und setzte sich nieder, denn es fand alles verschlossen. Es zog seine kleine Haspel heraus und begann zu haspeln. Als die Dienerinnen im Schloß das sahen, gingen sie zur Königin und erzählten es ihr. Die ließ dem Mädchen ausrichten, sie wolle die Haspel kaufen. Das Mädchen antwortete: «Nur wenn man mich in das Zimmer des Prinzen läßt.»

Es legte die Haspel zur Seite und begann auf dem goldenen Spinnrocken mit den Diamanten zu spinnen. Als die Königin davon hörte, ließ sie ihm ausrichten, sie wolle den Spinnrokken und die Haspel kaufen. Das Mädchen antwortete, nur wenn man es in das Zimmer des Prinzen ließe. Da war die Königin einverstanden, und das Mädchen kam in das Zimmer, in dem der Prinz krank mit seinen Wunden lag. Das Mädchen trat an das Bett, sprach ihn an, und er erkannte es.

Es erzählte ihm dann von der Tücke der neidischen Schwestern. Der Prinz war froh, die Wahrheit zu erfahren, und war auf der Stelle geheilt. Er erzählte alles der Königin und heiratete das Mädchen, und beide lebten sehr glücklich miteinander.

*83*

## *Die schwarzgekleideten Damen*

*Es war einmal eine Frau,* die hatte einen sehr tölpelhaften Sohn. Eines Tages sagte sie zu dem Jungen:

«Hör mal, mein Sohn, du mußt zum Jahrmarkt gehen, um etwas zu verkaufen. Wir brauchen dringend Geld.»

Sie gab dem Jungen einen kleinen Krug mit Olivenöl und einen mit Honig, dazu einen Schinken. Das alles sollte er verkaufen. Der Junge zog los und sah eine kleine Kapelle des heiligen Antonius, deren Lampe war nahe am Erlöschen. Da schüttete er das Öl, das er bei sich hatte, darauf und sagte:

«Hier hast du etwas, lieber Heiliger. Ich komm später wegen des Geldes wieder vorbei.»

Er zog weiter. Da stieß er auf Hunde, die bellten, und er warf ihnen den Schinken hin und sagte:

«Aha, ihr wollt mir den Schinken abkaufen! Hier habt ihr ihn, bezahlen könnt ihr später.»

Er ging weiter und sah einen Schwarm Fliegen. Da sagte er: «Hallo, ihr schwarzgekleideten Damen, hier habt ihr Honig. Später gebt ihr mir dann das Geld.»

Auf dem Rückweg vom Jahrmarkt sah der Junge eine andere Antoniuskapelle, und da er meinte, es sei die von vorhin, wandte er sich an die Statue des Heiligen und sagte:

«Hallo, Heiliger, gib mir das Geld oder gib mir das Öl zurück!» Und da der Heilige nicht antwortete, verprügelte er ihn mit einem Stock. Die Statue war aus Ton. Sie fiel zu Boden und in tausend Stücke.

Dann sah er eine Schar Hunde und forderte sein Geld, aber die Hunde fletschten mit den Zähnen, und er verprügelte sie so lange, bis sie ihn in Ruhe ließen.

Danach suchte er unentwegt nach den schwarzgekleideten Damen, aber die hatten das Weite gesucht.

Er ging also nach Hause und erzählte alles seiner Mutter. Die schimpfte ihn kräftig aus. Da sagte er:

«Macht Euch keine Sorge, Mutter. Den Heiligen habe ich mit Prügeln zur Kasse gebeten, die Hunde ebenfalls, und die schwarzgekleideten Damen werde ich auch noch zum Zahlen bringen.»

Er suchte einen Advokaten auf, der sollte ihm einen Rat geben, was er mit den schwarzgekleideten Damen tun sollte, die ihm den Honig weggegessen hatten. Der Advokat sagte zu ihm:

«Jedesmal wenn Ihr eine dieser schwarzgekleideten Damen seht, gebt ihr eine Tracht Prügel!»

Kaum hatte der Advokat ausgesprochen, da setzten sich zwei der schwarzgekleideten Damen auf seine Glatze. Der Junge versetzt ihm einen solchen Schlag mit seinem Stock, daß er am hellichten Tag die Sterne sah, und so mußte der Advokat die Folgen seines unüberlegten Ratschlages tragen.

## *84*

## *Weißblümchen*

*Es war einmal ein Vater,* der hatte zwei Töchter, Weißblümchen und Maria. Er hatte auch einen Diener, der verliebte sich in Weißblümchen, aber der Vater wollte nicht, daß seine Tochter den Diener heiratete. Die beiden waren sich aber schon so weit einig, daß der Vater sie nicht mehr zu trennen vermochte. Der Vater sagt eines Tages zu dem Diener:

«Wenn du Weißblümchen heiraten willst, dann nimm diese Handvoll Weizen, sä ihn, laß ihn wachsen, mahl ihn, knet ihn und bring mir schnell ein fertig gebackenes Brot davon.»

Der Junge sah sich in großer Not. Er sagte zu Weißblümchen:

«O weh, Weißblümchen, weißt du, was dein Vater gesagt hat? Ich soll das hier säen, ernten, mahlen, kneten, backen und es ihm zum Essen bringen.»

Da sagt Weißblümchen zu ihm:

«Hab keine Sorge: Nimm diesen kleinen Stab und geh säen!» Und der kleine Zauberstab erledigte alles im Handumdrehen. Der Junge brachte das fertiggebackene Brot zu seinem Schwiegervater.

«Schön, aber nun mußt du diesen Rebschößling nehmen, ihn einpflanzen und mir ein Glas Wein von dieser Rebe bringen.»

Er sagte das Weißblümchen. Da antwortet Weißblümchen:

«Hab keine Sorge! Nimm den kleinen Stab und tu wie das letzte Mal.»

Im gleichen Augenblick erschien das Glas Wein. Da sagte der Schwiegervater zu ihm:

«Jetzt mußt du auf den Grund des Meeres hinabsteigen. Als ich aus Amerika zurückkam, ist mir ein Ring hineingefallen, und du mußt ihn mir herausholen, wenn du Weißblümchen heiraten willst.»

Er sah schon mit Bangen dem entgegen, was kommen würde. Da sagte Weißblümchen zu ihm:

«Hab keine Sorge. Hack mich in ganz kleine Stücke und tu mich dann in eine Flasche, aber laß nichts von dem Blut auf den Boden fallen.»

Nun fiel ihm aber ein Tröpfchen davon auf den Boden. Er

warf die Flasche ins Meer. Sogleich taucht Weißblümchen wieder empor mit dem Ring in der Hand und gibt dem Verlobten den Ring und erschien wieder in unverletzter Gestalt vor ihm. Das fehlende Tröpfchen Blut, das er hatte fallen lassen, führte zu einer winzigen Vertiefung an ihrem kleinen Finger. Da sie eine Heilige war, wußte sie, was der Vater tun würde. Sie sagte zu dem Burschen:

«Mein Vater wird mich und meine Schwester an ein Gitterfenster setzen und uns eine Hand heraushängen lassen. Dann gib gut acht! Du weißt ja jetzt, daß mir an diesem Finger das Tröpfchen Blut fehlt, daran kannst du erkennen, welche Hand meine ist.»

Der Junge brachte dem Vater der Verlobten den Ring.

«Gut, jetzt mußt du sie durch ein Fenster erkennen.»

Er setzte die beiden Töchter an ein Fenster und ließ sie eine Hand heraushängen, und der Junge gab acht auf den kleinen Finger und fand Weißblümchen heraus.

Als der Vater das alles sah, mußte er sie heiraten lassen. Am Hochzeitsabend sagte er zu seiner Frau:

«Dieser Junge schläft mir nicht mit Weißblümchen, ich werde ihn töten.»

Es gingen alle zu Bett. Der Vater legte sich ein großes Messer zurecht, und alle Augenblicke war er zur Stelle und sagte:

«Weißblümchen!»

«Was wollt Ihr, Vater?» antwortete das Mädchen. Etwas später wieder dasselbe:

«Weißblümchen!»

«Was wollt Ihr, Vater?»

So rief er viele Male nach ihr, und da sie eine Heilige war, sagte sie zu ihrem Mann:

«Heute nacht tötet mein Vater uns.»

Da sagte ihr Mann:

«Woher willst du denn das wissen?»

«Ich weiß es, weil er nach mir ruft. Wir müssen von hier fort. Geh hinunter und sattle das Pferd.»

Und voller Schrecken sattelte er das Pferd. Sie füllte eine Haut mit Luft, legte sie ins Bett und spuckte auf den Boden des Zimmers. Der Speichel antwortete, wenn der Vater nach ihr rief.

Als der Speichel alle war, hörte er auf zu antworten.

«Jetzt sind sie eingeschlafen», sagte der Vater.

Er steht auf, ergreift das Messer und durchbohrt die aufgeblasene Haut. Ärgerlich ging er zu seiner Frau hinein.

«Sie sind weg.»

«Dann geh runter. Es fehlt ein Pferd. Nimm ein anderes und reite hinter ihnen her.»

Da die beiden das Pferd genommen hatten, das weniger schnell lief, kam der Vater ihnen langsam näher. Da Weißblümchen eine Heilige war, wußte sie das. Und da verwandelt sich das Pferd in einen Garten, sie selber in einen Salatkopf und er in einen Gärtner. Der Vater kommt nun heran und sagt zu dem Gärtner:

«Sind hier ein Mann und eine Frau auf einem Pferd vorbeigeritten?»

«Ich hab niemanden gesehen. Falls Sie Salat kaufen wollen, ich geb Ihnen welchen ab.»

«Ich will keinen Salat, ich geh nach Hause.»

Er kehrte nach Hause zurück.

«Hast du sie gesehen?» fragte ihn seine Frau.

«Nein, aber ich hab einen Gärtner gesehen, der sagte, es sei niemand vorbeigekommen. Er fragte mich, ob ich Salat kaufen wolle.»

Da die Mutter auch eine halbe Heilige war, sagte sie zu ihm:

«Das waren sie. Reit nochmals hinter ihnen her!»

Er war ihnen schon wieder auf den Fersen, da sagt Weißblümchen:

«Da kommt mein Vater schon wieder. Jetzt soll das Pferd zu einer Kapelle, ich zu einem Muttergottesbild und du zu einem Einsiedler werden.»

Der Vater kam also.

«Sind hier ein Mann und eine Frau auf einem Pferd vorbeigekommen?»

«Geh hinein und bete zur Muttergottes», sagte der Einsiedler.

Der Vater ärgerte sich und kehrte wieder nach Hause zurück.

«Hast du sie gesehen?» fragte seine Frau.

«Ich hab nur einen Einsiedler gesehen. Ich hab ihn nach den beiden gefragt, da sagte er mir, ich solle in seine Kapelle hineingehen und zur Muttergottes beten.»

Da sagte die Frau:

«Kehr nochmals um: das waren sie.»

Schon erblickte Weißblümchen den Vater erneut.

«Mein Vater ist schon wieder da. Jetzt soll das Pferd in einen Fluß, ich in Wasser verwandelt werden, und du versteckst dich. Dann kommt mein Vater und kann nicht hinüber.»

Der Vater kehrt nach Hause zurück. Da sagt seine Frau zu ihm: «Hast du sie gesehen?»

«Ich konnte nicht weiterkommen: ich stieß auf einen großen Fluß, und da bin ich umgekehrt. Jetzt such ich sie nicht mehr. Sollen sie sehen, was sie tun!»

Und so, einmal rein, einmal raus, ist das Märchen aus.

## 85

## Der Jäger

*Es war einmal ein Jäger,* der ging auf die Jagd und fand kein Wild. Da erschien ihm der Teufel und sagte zu ihm:

«Hör zu: Gibst du mir, was du neu vorfindest, wenn du nach Hause kommst, dann jagst du Wild, soviel du willst.»

Und der Mann sagte ja. Da konnte er sich reichbeladen mit Wild auf den Heimweg machen.

Als er zu Hause ankam, sah er, daß ihm ein Sohn geboren worden war, das stimmte ihn sehr traurig, weil er an sein Versprechen dachte. Und während der kleine Junge heranwuchs, durchlitt er großen Kummer. Wenn er seine anderen Söhne anschaute, lachte er, und wenn er den einen ansah, begann er zu weinen.

Da sagte dieser eines Tages zu seinem Vater:

«Lieber Vater, warum weint Ihr nur, wenn Ihr mich anschaut, und lacht, wenn Ihr die anderen anschaut?»

Zunächst wollte der Vater es ihm nicht sagen. Aber der Sohn war so hartnäckig, daß der Vater es ihm erklären mußte.

«Weißt du, mein Sohn, ich hab deine Seele dem Teufel vermacht.»

«Macht Euch deswegen keine Sorge! Richtet mir morgen ein Bündel, ich will auf die Suche nach meiner Seele gehen.»

Und er zog los. Auf halbem Wege traf er auf ein steinaltes Frauchen, das sagte zu ihm:

«Wohin gehst du, Kind?»

«Ich geh zur Hölle.»

«Gott bewahre! Weißt du denn überhaupt, wo das ist?»

«Man hat mir gesagt, es sei dort hinter dem Gebirge, weit, weit von hier.»

«Aber was willst du da?»

«Ich will meine Seele holen, die mein Vater verkauft hat.»

«Dann nimm dich in acht! Wenn du dorthin gehst, packen dich die Teufel und lassen dich nicht mehr los.»

«Aber ich kann doch auch nicht ohne Seele leben.»

«Nun, dann geh! Aber nimm diese Blase voll Weihwasser mit. Wenn du dort ankommst, klopfst du an die Tür, und sie fallen sofort alle über dich her, und dann bespritzt du sie mit dem Weihwasser und verlangst nach deiner Seele. Du bespritzt sie, und so werden sie in Schach gehalten, bis sie sie dir geben. Das Weihwasser wird dir nicht ausgehen, soviel du auch davon verbrauchst.»

Er tat das, und da gaben sie ihm seine Seele.

Auf dem Rückweg traf er das gleiche Frauchen wieder. Das sagte ihm, er solle fortan nie mehr sündigen.

## *86*

## *Die kleine goldene Kuh*

*Es war einmal ein König,* und der hatte eine Tochter. Und eines Tages sagte der König zu seiner Tochter, er wolle sie heiraten. Und die Prinzessin ging auf ihr Zimmer und weinte, denn sie wollte nicht ihren Vater heiraten. Und sie hatte eine Kammerjungfer, die gab ihr immer gute Ratschläge, und die Kammerjungfer sagte zu ihr:

«Sagt ihm doch, Ihr würdet ihn heiraten, aber zuerst müsse er Euch ein Kleid beschaffen mit allen Arten von Fischen darauf, die im Meer sind.»

Und die Prinzessin ging zu ihrem Vater und sagte ihm das. Und der König wußte keinen Rat, wie er ein solches Kleid beschaffen sollte. Und er stieg auf sein Pferd und ritt aus auf die Suche nach jemandem, der ihm das Kleid beschaffen könnte. Und er traf einen Mann und fragte ihn, wo er wohl ein Kleid bekäme, das so und so gemacht wäre.

Und der Mann war der Teufel und sagte zu ihm:

«Das besorge ich Euch. Kommt morgen vorbei, dann ist das Kleid fertig.»

Und der König kam am anderen Tag wieder, und da war der Mann mit dem Kleid zur Stelle, und er nahm das Kleid für seine Tochter mit.

Und die Prinzessin ging, sobald sie das Kleid sah, auf ihr Zimmer und weinte, und die Kammerjungfer sagte zu ihr:

«Sagt Eurem Vater, er müsse Euch ein Kleid beschaffen mit allen Arten von Bäumen darauf, die es auf der Welt gibt.»

Und die Prinzessin ging zu ihrem Vater und sagte ihm das. Und der König stieg auf sein Pferd und machte sich auf die Suche nach dem Mann, der ihm das andere Kleid beschafft hatte. Und er traf den Teufel an derselben Stelle und fragte ihn, wie er ein Kleid bekommen könnte, das so und so gemacht wäre. Und der Teufel sagte zu ihm:

«Das besorge ich Euch. Kommt morgen hier vorbei, dann ist das Kleid fertig.»

Und der König kam am andern Tag wieder, und da war der Mann mit dem neuen Kleid wieder zur Stelle, und er nahm es der Tochter mit.

Und die Prinzessin ging, sobald sie das Kleid sah, auf ihr Zimmer und weinte, und die Kammerjungfer sagte zu ihr:

«Sagt Eurem Vater, er müsse ein Kleid beschaffen mit allen Blumenarten darauf, die es auf dem Felde gibt.»

Es geschah dasselbe. Der König stieg auf sein Pferd und ging auf die Suche nach dem Mann, der ihm die anderen Kleider beschafft hatte. Und er traf den Teufel an derselben Stelle und fragte ihn, wie er wohl ein Kleid bekommen könne, das so und so gemacht sei. Und der Teufel sagte ihm genau wie zuvor:

«Kommt morgen hier vorbei, dann ist das Kleid fertig.»

Der König kam am anderen Tag wieder, und das Kleid war fertig, und er nahm es der Tochter mit.

Und als die Prinzessin das Kleid sah, ging sie auf ihr Zimmer und weinte. Und die Kammerjungfer sagte ihr, sie solle an die Freunde ihres Vaters schreiben und sie zu einer großen Jagd einladen. Und so geschah es. Und der König ging auf eine große Jagd. Und die Prinzessin ließ einen Tischler kommen, der sollte ihr eine kleine Kuh schreinern, die innen hohl wäre. Und sie ließ einen Goldschmied kommen, der sollte die kleine Kuh vergolden. Und sie ließ einen Juwelier kommen, der sollte sie mit Edelsteinen besetzen. Und sie versteckte sich in der kleinen Kuh und ließ sie auf ihr Zimmer bringen.

Und da kam der König zurück und wollte seine Tochter aufsuchen und fand sie nicht. Und er sah die kleine Kuh und wurde sehr zornig, denn er dachte, seine Tochter sei geflohen und habe ihm dieses Geschenk hinterlassen. Und er wollte das Geschenk nicht, weil es von ihr stammte. Und er ließ dieses seltsame Geschenk zum Verkauf ausrufen. Und es kam ein auswärtiger Prinz und kaufte die kleine Kuh, denn es war ein kostbares Geschenk. Und er nahm sie mit und ließ sie in seinem Zimmer aufstellen. Und jeden Abend wurde auf das Nachttischchen des Prinzen ein Tablett mit allerlei Kuchen und einem Glas Wasser gestellt. Und als der Prinz am nächsten Abend essen wollte, sah er, daß das Tablett leer war und das Glas auch. Und er war sehr böse darüber und schalt am anderen Tag mit seinem Knappen. Und der Knappe sagte ihm, er habe wie immer den Kuchen ans Bett gestellt.

Und am folgenden Abend geschah das gleiche: der Prinz greift nach dem Kuchen und greift ins Leere. Und er ging zu seinem Knappen und schimpfte ihn aus, und der Knappe sagte zu ihm, er habe das Tablett in der vergangenen Nacht noch besser als sonst hergerichtet. Und der Prinz bestand darauf, das Herrichten des Tabletts mit dem Glas Wasser selber zu überwachen. Und am Abend geht er nachschauen, und das Tablett ist leer. Und am folgenden Abend legte er sich auf die Lauer und tat, als schliefe er.

Und da, mitten in der Nacht, entstand plötzlich ein Geräusch in der Ecke, wo die kleine Kuh stand. Er geht hin und sieht da ein Mädchen. Und das Mädchen kam ganz leise herbei, trank das Wasser aus, nahm sich den Kuchen und versteckte sich wieder in der kleinen Kuh.

Und der Prinz sagte kein Wort, und am andern Abend, als das Mädchen wegen des Kuchens herauskam, packte er es plötzlich. Da erzählte es ihm alles, und daraufhin heiratete er es, und so sind die beiden noch heute dort. Und Gott sei Lob und Dank, aus ist der Schwank.

## *87*

## *Die maurische Wöchnerin von Nisa*

*In Nisa lebte einst eine Frau,* die war Hebamme. Einmal klopfte spät in der Nacht ein Mann an ihre Tür. Sie stand auf und ging auf die Straße. Dort stand der besagte Mann, den sie nicht kannte, und wartete auf sie. Sie begleitete den Mann bis vor die Stadt. Sie hatte große Angst, aber sie sagte nichts. Die beiden kamen an eine Stelle, wo sich ein Fels mit einer Öffnung in Form eines Fensters befand. Da sagte der Mann zu der Frau:

«Tritt ein!»

Die Hebamme trat ein und sah eine Frau, die war in großer Not, denn sie erwartete jeden Augenblick ein Kind. Die Hebamme bediente die Frau und bediente das Kind, und dann fragte sie, ob sie sonst noch etwas von ihr wollten. Die Wöchnerin sagte nein, nahm eine Schaufel voll Kohlen, füllte ihr damit die Schürze und begleitete sie dann zur Tür. Da die Frau die Kohlen für wertlos hielt, ließ sie sie unterwegs nach und nach fallen, so daß am Ende in ihrer Schürze nur noch drei oder vier Stückchen übrig waren. Als sie sich auszog, fielen die Kohlestückchen zur Erde, ohne daß sie es merkte. Am andern Morgen, als sie aufstand, sah sie, daß sich die Kohlen in Goldstücke verwandelt hatten. Sie ärgerte sich, daß sie nicht alles mitgebracht hatte, und ging hinaus, um zu sehen, ob sie noch mehr Goldstücke fände. Aber sie fand nichts.

Der Mann vom Felsen war ein Maure gewesen und die Wöchnerin eine Maurin.

## *88*

## *Die Maurin und ihr Laden*

*Eines Tages gingen zwei Männer ihres Weges,* und an einer Stelle wuchs plötzlich ein Laden aus der Erde. Sie gingen auf den Laden zu, der war Zauberwerk: eine verwunschene Maurin führte ihn. Da sagt die Maurin zu einem der Burschen:

«Was wünschst du dir aus meinem Laden?»

«Eine Schere», sagte der Bursche.

«Sie soll dir die Zunge abschneiden», sagte die Maurin.

Damit schlug die Tür des Ladens zu, und die Maurin verschwand mit allem Drum und Dran. Sie hätte gern gehabt, der Bursche hätte nach ihr selber verlangt. So wäre sie nämlich von ihrem Zauber erlöst worden.

## *89*

## *Der Verbannte von Ledão*

*In Ledão, einem kleinen Nest in einem Gebirgstal* von Mantel, gab es einen bestimmten Stein, den die Bauern bei der Feldarbeit auf die Egge zu legen pflegten.

Ein Mann aus diesem Ort wurde im fernen Maurenland gefangengehalten, und einer der Mauren sagte zu ihm, wenn er verspräche, ihm eine Bitte zu erfüllen, würde er ihn nach Portugal zurückversetzen. Der Mann versprach das, und der Maure sagte ihm, er solle von dem besagten Stein ein Stück abhauen und in die Tasche stecken und den Rest in den Douro-Fluß werfen. Darauf versetzte der Maure den Mann durch Zauberkraft nach Portugal zurück, und der erfüllte das Versprechen. Als er den Stein in den Fluß warf, verwandelte der sich in eine Goldkugel, hüpfte über das Wasser und verschwand in Richtung auf das Maurenland. Der Mann wollte sie noch festhalten, aber es gelang ihm nicht. Das Stück, das er in der Tasche trug, hatte sich ebenfalls in Gold verwandelt.

## 90

## *Zum Reichsein geboren*

*Es war einmal ein Schuster,* der arbeitete Tag und Nacht, aber er kam nie auf einen grünen Zweig. Ein reicher Nachbar hörte ihn immer dieses Lied singen:

«Ich bin ein armer Schustersmann,
Der an seinem Los nichts ändern kann.
Wer arm auf diese Welt gekommen,
Was kann ihm alle Arbeit frommen?»

Beim Gesang dieses Liedes hämmerte er seine Sohlen. Der Nachbar wollte ihm eine Überraschung bereiten und schickte ihm eine große Brezel ins Haus, die innen voller Geld war, die sollte er mit seiner Frau und seinen Kindern essen und sich, wenn er sie aufschnitt, nicht mehr über sein Los zu beklagen haben. Sobald der Schuster die Brezel bekommen hatte, stattete er dem Nachbarn seinen Dank ab, aber da bei ihm zu Hause jemand krank gewesen war, kam ihm der Gedanke, die Brezel dem Arzt als Geschenk mitzunehmen, bei dem er in der Schuld stand. Die Frau war sehr froh über diesen Einfall und brachte sie selber zum Arzt. Nach einigen Tagen kam der reiche Nachbar an der Tür des Schusters vorbei, hörte ihn wieder das Lied singen und fragt:

«Mann, hast du denn nicht mit deiner Familie die Brezel gegessen?»

Der Schuster erzählte ihm, warum er sich verpflichtet gefühlt hatte, sie dem Arzt zum Geschenk zu machen. Der Reiche ging wieder weg, und nach einigen Tagen schickte er ihm ein paar Kiefernscheite ins Haus, die innen ebenfalls voller Geld waren, und ließ ihm sagen, damit könne er sein Feuer heizen. Nun war aber der Schuster Nachbar eines Bäckers, bei dem er auf Pump kaufte, und um sich ihm erkenntlich zu zeigen, nahm er ihm die Scheite als Geschenk mit, damit könne er den Backofen heizen. Wenig später kam der reiche Nachbar an der Tür des Schusters vorbei und fragte ihn, ob er die Holzscheite schon gespalten habe, die er ihm geschickt hatte. Der gute Mann erzählte, wie er sich verpflichtet gefühlt hatte, die Scheite seinem Nachbarn, dem Bäcker, zum Geschenk zu machen, bei dem er auf Pump kaufte. Da sagte der Reiche zu ihm:

«Es scheint, daß du dich zu Recht beklagst, daß du zur Armut geboren bist. Die Brezel und die Scheite waren nämlich mit Geld gespickt. Jetzt kann ich dir nicht mehr helfen, selbst wenn ich wollte, und habe auch weiter nichts bei mir. Das einzige, was ich dir geben kann, ist dieses Stück Blei, das ich unterwegs vom Boden aufgehoben habe.»

Der Schuster nahm das Stückchen Blei, und da es zu nichts nütze war, warf er es in eine Ecke und fuhr fort, sein altes Lied zu singen und zu arbeiten. Nachts, als er im Bett lag, hörte er jemanden an die Tür klopfen: «Tack, tack!» Es ertönte eine Stimme:

«Hallo, Frau Nachbarin!»

Die Frau des Schusters stand auf und ging an das Türfensterchen. Es war die Frau eines Fischers, der Wand an Wand mit ihnen wohnte, die sagte:

«Mein Mann fährt jetzt aufs Meer hinaus, um die Netze auszuwerfen. Es ist günstige See, aber es fehlt ihm Blei für die Netze. Ihr habt nicht irgendwo ein Stückchen Blei, das Ihr mir geben könnt?»

Der Schuster erinnerte sich an das Blei, das der Reiche ihm

gegeben hatte, und sagte der Frau, wo es war. Sie sollte es dem Fischer hinüberbringen. Was dann geschah, weiß ich nicht, aber der Fischer zog ein Netz voller Fische heraus, und die Frau kam zum Schuster und brachte ihm als Lohn einen prächtigen Seebarsch, den sollten sie sich zum Abendessen zurechtmachen. Als die Schustersfrau dabei war, ihn zurechtzumachen, schnitt sie ihn auf und fand darin einen Stein, der wie geschliffenes Glas aussah, und gab ihn den Kindern zum Spielen, ohne sich etwas dabei zu denken. Die Kleinen spielten mit dem Stein und ließen ihn, als sie zu Bett gingen, irgendwo liegen. Als der Schuster nachts im Bett lag und das Talglicht schon ausgemacht hatte, sah er etwas wie Katzenaugen leuchten.

«Nanu, mir scheint, ich seh da etwas leuchten!»

Die Frau schaute hin und sah das auch. Da stand der Schuster auf, um zu sehen, was das war. Er fand einen glattgeschliffenen Stein, und da erinnerte sich die Frau, daß sie ihn im Bauch des Seebarsches gefunden hatte. Als es Morgen wurde, ging der Schuster hin und zeigte ihn einem Goldschmied, der sagte ihm, es sei ein Edelstein, und der sei so viel wert, daß nicht einmal er genug Geld habe, ihn zu bezahlen. Aber wenn er wolle, werde er ihn dem König zeigen, denn nur der könne sich Juwelen von solchem Wert leisten. So tat er denn auch, und der Schuster erhielt viel Geld für den Stein. Er konnte jetzt ein ganz anderes Leben führen, kaufte sich Häuser und Gärten, und als er schon wie ein richtiger Herr lebte, kam der frühere reiche Nachbar, der lange Zeit auswärts verbracht hatte, an seiner Tür vorbei und war außer sich vor Staunen, ihn nunmehr so begütert zu sehen. Er sprach bei sich:

‹Dieser Schlaumeier von Schuster hat mir etwas vorgemacht, er hat das Geld für sich behalten, das ich ihm in der Brezel und in den Kiefernscheiten geschickt habe, und erst als die Sache vergessen war, hat er es plötzlich wieder hervorgeholt.›

Aber der Schuster war ein ehrlicher Mann und erzählte ihm,

wie ihm das Glück mit dem Stückchen Blei ins Haus gekommen war, das er ihm gegeben hatte. Er dankte ihm vielmals und schloß aus allem, daß er trotz seiner Klagen zum Reichsein geboren war, denn zweimal hatte er dem Glück einen Fußtritt versetzt.

## 91

## *Der Kohlenverkäufer*

*Ein reicher Kaufmann hatte einen Sohn und eine Tochter.* Eines Tages mußte er fortreisen und sagte zu seinem Sohn:

«Wir müssen fortreisen, wo lassen wir da deine Schwester? Ich habe an deinen Paten gedacht, der auch ihr Pate ist, bei dem könnte sein Patenkind die Zeit über bleiben. Er ist Pfarrer, kennt sich aus in den heiligen Büchern und weiß, was Sünde ist und was nicht Sünde ist.»

Der Sohn antwortete ihm: «Ja, Vater, am besten ist sie bei unserem Paten aufgehoben.»

Der Vater ließ also seinen Gevatter rufen und sagte zu ihm:

«Lieber Gevatter, nehmt Eure Patentochter eine Zeitlang zu Euch! Wir werden für einige Zeit verreisen.»

Der Pate willigte ein, und sein Patenkind kam zu ihm. Nach einiger Zeit fängt er an, sein Patenkind verführen zu wollen, aber die weicht den Belästigungen immer aus. Als sie schon eine ganze Reihe seiner Verführungsversuche zurückgewiesen hatte, setzte er sich hin und schrieb seinem Gevatter einen Brief: Er könne nun die Narreteien des Mädchens nicht mehr ertragen, der Gevatter solle sie zurückholen lassen, er könne sie nicht länger bei sich haben, wo sie ihren eigenen Paten frech herausfordere.

Als der Vater den Brief erhielt, ließ er seinen Sohn zu sich kommen.

«Lies diesen Brief hier und sieh, was dein Pate von deiner Schwester berichtet.»

Der Bursche las den Brief, sah seinen Vater an und sagte:

«Lieber Vater, unser Pate ist Priester, er kennt sich in den heiligen Büchern aus und weiß, was Sünde ist und was nicht Sünde ist. Und Papier ist geduldig.»

Der Vater antwortete:

«Nein, mein Junge, wenn dem so wäre, würde dein Pate nicht in dieser Weise schreiben. Nimm dein Pferd, reite zu ihm und hol deine Schwester ab, bring sie hinaus aufs Feld, und weil sie eurem Paten Schande bereitet hat, sollst du sie töten und mir ihr Herz bringen, das will ich essen.»

Der Sohn bestieg sein Pferd, ritt zum Paten und sagte zu seiner Schwester:

«Zieh dich an, und dann kommst du mit mir.»

Unterwegs fragte er sie:

«Schwester, ist wirklich wahr, was unser Pate unserem Vater geschrieben hat?»

Und er erzählte ihr, was in dem Brief stand, und das Mädchen antwortete:

«Bruder, unser Pate ist Priester, er kennt sich in den heiligen Büchern aus und weiß, was Sünde ist und was nicht Sünde ist. Wenn er es geschrieben hat, muß es wohl so sein.»

Da sagte der Bursche zu ihr:

«Schwester, Papier ist geduldig.»

Ein Stück weiter fragte er sie noch einmal:

«Schwester, ist wirklich wahr, was unser Pate dem Vater geschrieben hat? Unser Vater will dich töten lassen.»

«Ich hab dir schon gesagt, daß unser Pate Priester ist, der sich in den heiligen Büchern auskennt und weiß, was Sünde ist und was nicht Sünde ist. Wenn unser Vater befiehlt, mich zu töten, dann töte mich.»

«Fände ich hier einen Hund, dann würde ich dich nicht töten, aber ich muß unserem Vater das Herz bringen.»

In diesem Augenblick läuft ihnen ein Hund über den Weg. Er tötete ihn und nahm ihm das Herz heraus und sagte:

«Schwester, sieh, wie du dich durchschlägst, und halte dich an die Muttergottes!»

Das Mädchen blieb also zurück, er brachte seinem Vater das Herz, als wäre es das Herz seiner Schwester, und der Vater briet es und aß es auf.

Verlassen wir nun den Vater und seinen Sohn und sehen wir, wie es dem Mädchen erging. Da es nicht wußte, wo es Aufnahme finden könnte, klagte es über sein Los. Da kam es an einer Korkeiche vorbei, die hatte in ihrem Stamm ein großes Loch. Das Mädchen schlüpfte hinein, um den Tieren und Räubern zu entgehen, aber die Arme hatte weder zu essen noch zu trinken. Zwei Tage später geschah es, daß ein Prinz mit seinen Edelleuten in der Gegend jagte, die hatten einen Hund bei sich, der bellte unaufhörlich das Loch an.

Da sagte der Prinz zu seinem Diener:

«Der Hund bellt dauernd an derselben Stelle. Geh einmal hin und sieh, was dort ist. Vielleicht hat er einen Hasen gesehen.»

Der Diener ging hin und erblickte ein wunderschönes Mädchen, sagte aber dem Prinzen nichts davon. Er habe nichts Besonderes entdecken können. Aber der Hund ließ nicht ab, der Prinz wunderte sich, daß da nichts sein sollte, ging also selbst hin, und da erblickte er das schöne Mädchen und fragte:

«Mädchen, wer hat dich hierhergebracht?»

Sie antwortete:

«Mein Unglück.»

«Willst du mit mir auf mein Schloß kommen?»

«Das will ich gern, warum sollte ich nicht?»

Da wandte sich der Prinz um zu seinem Diener und sagte:

«So hast du mich betrogen?»

«Nein, königlicher Herr, ich wollte sie nachher mit einem Wagen holen und sie Euch auf das Schloß bringen.»

«Geh und hol mir einen Wagen!»

Der ging und holte den Wagen. Da faßte der Prinz das Mädchen bei der Hand und nahm es mit sich. Als sie angekommen waren, sagte er zur Königin:

«Königin, liebe Mutter, ich habe ein Mädchen mitgebracht, das soll meine Gemahlin sein.»

Die Königin, die ein gutes Herz hatte, willigte ein, weil auch sie großen Gefallen an dem Mädchen fand. Die Hochzeit fand statt, und die beiden lebten sehr glücklich miteinander.

Nach einem Jahr gebar die Prinzessin einen Knaben, und als dieser ein Jahr alt wurde, sagte die Prinzessin zu ihrem Gemahl:

«Ich möchte noch einmal den Ort besuchen, wo du mich aufgelesen hast, und zusammen mit unserem Sohn Gott Dank sagen für das Gute, das er an uns getan hat.»

Der Prinz willigte ein, und am Geburtstag des kleinen Prinzen machten sie sich auf, begleitet von vier Dienern, unter denen auch derjenige war, der dem Prinzen falsch berichtet hatte. Der Prinzessin war es gar nicht recht, daß auch dieser Diener mitkam, aber sie sagte nichts. Sie kamen also an die Stelle, aßen und tranken dort, dann ging der Prinz fort, um sich auf der Jagd zu vergnügen. Er wollte aber nicht, daß die Prinzessin allein bliebe, und loste aus, welcher Diener zu ihrem Schutz zurückbleiben sollte. Das Los fiel auf den besagten Diener, aber die Prinzessin, die Ärmste, sagte nichts.

Der Prinz mit seinen Begleitern war schon weit weg und nicht mehr zu sehen, da begann der Diener mit Aufdringlichkeiten. Sie sagte zu ihm:

«Als du mich hier gefunden hast, wolltest du den Prinzen betrügen, hattest aber keinen Erfolg. Jetzt versuchst du es wieder, aber ich werde mich beklagen, wenn er zurückkommt.»

Als sie Anstalten machte zu entfliehen, riß er ihr das Kind

aus den Armen und tötete es. Sie lief davon, er aber blieb bei der Leiche des Kindes, um auf den Prinzen zu warten.

Der Prinz kam und sah seinen Sohn tot daliegen.

«Wie? Mein Sohn ist tot!?»

«Ja, königlicher Herr, Ihr ahnt nicht, was die Prinzessin getan hat! Sie wollte mit mir entfliehen, und als ich mich weigerte, tötete sie das Kind und machte sich davon.»

Traurig kehrte der Prinz auf sein Schloß zurück und erzählte der Königin, was geschehen war. Da sagte sie:

«Siehst du, lieber Sohn, so ist es, wenn man Frauen heiratet, deren Stand und Herkunft man nicht kennt.»

Und er antwortete ihr:

«Ich werde trotzdem nach ihr suchen, denn das kann unmöglich wahr sein.»

Die Prinzessin zog inzwischen durch die Lande, bis sie einem Burschen begegnete, der war Kohlenverkäufer und mit seinem Esel und mit Kohlen unterwegs. Zu dem sagt sie:

«Willst du mir deinen Anzug und den Esel und die Kohlen verkaufen?»

Der antwortete darauf:

«Und was soll ich anziehen?»

«Geh in die Stadt und kauf dir einen anderen Anzug, denn ich möchte diesen da.»

Der Bursche war einverstanden, sie gab ihm das Geld, und er ging in die Stadt, kaufte sich einen Anzug und gab ihr den alten. Dann bezahlte sie ihm noch den Esel und die Kohlen, und er machte sich auf die Beine, während sie in seinem Anzug in die Stadt ging, wo ihr Vater und ihr Bruder lebten, um die Kohlen auszubieten.

Der Sohn sagte:

«Vater, da kommt ein Bursche, der Kohlen verkauft.»

«Dann ruf ihn und kauf welche!»

Da sagte der Sohn:

«Es wäre schön, Vater, wenn der Kohlenverkäufer bei uns bleiben würde.»

«Dann frag ihn nur!»

Der Sohn rief ihn also und fragte ihn:

«Willst du nicht hier bei uns bleiben?»

«Das würde ich schon tun, aber unter der Bedingung, daß ich meinen Esel behalten kann. Es könnte sein, daß es mir nicht gefällt, dann kann mir der Esel helfen, mein Brot zu verdienen.» Vater und Sohn hatten den Burschen sehr gern, und er blieb also in ihrem Hause.

Sehen wir nun, wie es dem Prinzen erging, der sich in Begleitung des besagten Dieners auf die Suche nach der Prinzessin begeben hatte. Wohin er auch kam, ließ er an jedem Gasthof eine Bekanntmachung anschlagen: Wer Auskunft geben könne über eine Prinzessin, die man vermißte, dem würde eine große Belohnung ausgezahlt. Doch in der ganzen Gegend hörte er nichts.

Der Sohn des Kaufmanns kam von einer Reise zurück und sagte zu seinem Vater:

«Vater, ein Prinz zieht hier durch alle Lande und will demjenigen eine große Belohnung geben, der ihm Nachrichten über eine vermißte Prinzessin bringt.»

Als der Kohlenverkäufer das hörte, hatte er sofort den Verdacht, daß es sich um seinen prinzlichen Ehegemahl handelte. Da antwortete der Vater seinem Sohn:

«Wir können den Prinzen nicht zu uns einladen, denn wir haben niemanden, der ihm ein Essen zubereitet, wie es ihm gebührt.»

«Wenn Ihr wollt, Herr, laßt ihn nur kommen, ich werde schon für das Essen sorgen.»

«Traust du dir etwa zu, für einen Prinzen das Essen zuzubereiten?»

«Gewiß. Schafft nur alles Nötige herbei und laßt mich machen!» Wie ihr euch schon denken könnt, wurde der Prinz eingeladen und kam in das Haus des Kaufmanns. Der Kohlenverkäufer kochte ein Essen, wie es besser nicht sein konnte, und sagte zu dem Herrn des Hauses:

«Ladet ein, soviel Ihr wollt, Gevattern und Freunde, es wird an Essen für sie nicht fehlen.»

Da bemerkte der Sohn:

«Vater, meinen Paten, den solltest du auch einladen.»

Als alles bei Tisch beisammen war, sagt der Prinz:

«Wer ist der Koch, der solche Speisen zu bereiten versteht?»

Da antwortet der Kaufmann:

«Es ist ein Kohlenverkäufer, der bei mir im Hause ist. Er kocht ein Essen, das sich sehen lassen kann.»

«Laßt ihn rufen, ich möchte ihn kennenlernen.»

Der Kohlenverkäufer wurde gerufen und erkannte sogleich seinen Ehegemahl und seinen Paten, aber sie erkannten nicht, wer er war.

«Das lob ich mir, ein Kohlenverkäufer, der so gut kocht!»

Er antwortet:

«Königliche Hoheit, ich war in einem guten Hause in der Lehre.»

«Und Kohlen verkaufen über Land, machst du das schon lange?»

«Ja, hoher Herr, von klein auf, mit meinem Vater.»

«Und dein Vater lebt noch?»

«Nein, er ist schon tot.»

«Auf deinen Reisen über Land hast du sicher allerlei gehört und gesehen?»

«Ja, ein Ereignis hat mir mein Vater erzählt, als ich noch ganz klein war. Das kommt mir nicht aus dem Kopf, und ich kann fast nicht glauben, daß es wahr ist, aber mein Vater hat es erzählt.»

«Nun, dann erzähl es uns einmal!»

«Ich würde es schon erzählen, aber nur unter der Bedingung, daß niemand aufsteht, solange die Geschichte dauert.»

«Einverstanden, niemand steht auf.»

«Und dann laßt noch Euren Diener dazu rufen, damit auch er sie hört.»

Der Prinz ließ auch seinen Diener herbeiholen.

«Also ich will erzählen, was mein Vater mir erzählt hat, als ich noch ganz klein war. Ein Vater hatte eine Tochter und einen Sohn, und als er eine Reise antreten wollte, vertraute er seine Tochter einem Paten an, den sie hatte, wie es heißt. Ob es stimmt oder nicht, kann ich Euch nicht sagen. Zu dem sagte der Vater des Mädchens: ‹Gevatter, ich möchte gern meine Tochter in Eure Obhut geben.› Der Pate willigte ein und behütete nun also sein Patenkind. Es las viel in den heiligen Büchern und wußte, was Sünde ist und was nicht Sünde ist. Aber dann fing er an, seine Patentochter zu belästigen, und da sie nicht wollte, schreibt er einen Brief an ihren Vater und läßt ihn wissen, seine Tochter sei die verworfenste Weibsperson der Welt und immer auf Sünde bedacht, und er möchte sie wieder zurückholen lassen. Der Vater aber, so heißt es, zeigte den Brief seinem Sohn, der sollte lesen, was ihr Pate über seine Schwester schrieb. Und der Sohn antwortete: ‹Lieber Vater, unser Pate ist Priester und weiß, was Sünde ist und was nicht Sünde ist. Aber Papier ist geduldig.›»

Da sagte der Pfarrer:

«Gevatter, erlaubt Ihr, daß ich mal eben hinausgehe?»

Da sagt der Bursche:

«Wenn jemand Anstoß nimmt an der Geschichte, erzähle ich nicht weiter. Mein Vater hat sie jedenfalls so erzählt.»

«Los, Junge, erzähl! Der Gevatter bleibt schön auf seinem Platz sitzen.»

«Der Vater soll nun seinem Sohn befohlen haben, seine Schwester zu töten und ihm ihr Herz zu bringen, weil er es essen wolle. Der Bruder fragte seine Schwester zwei- oder dreimal, ob es wahr wäre, was ihr Pate geschrieben hätte, und sie soll ihm geantwortet haben: ‹Unser Pate ist Priester, er kennt sich in den heiligen Büchern aus und weiß, was Sünde ist und was nicht Sünde ist, und Papier ist geduldig.› Da tötete der Bruder einen Hund und brachte dessen Herz seinem Vater, der es verzehrte und glaubte, daß es das Herz seiner Tochter wäre.»

Nun erhob der Kaufmann ein großes Wehklagen:

«Was ist aus meiner geliebten Tochter geworden?!»

Darüber unterbricht ihn der Pfarrer:

«Gevatter, ich geh hinaus.»

«Nein, Ihr steht nicht von Eurem Platz auf!»

Da sagt der Kohlenverkäufer:

«So hat mein Vater es erzählt, als ich klein war. Ob es wahr ist oder nicht, weiß ich nicht. Aber wenn jemand aufsteht, erzähle ich nicht weiter.»

«Doch, erzähl weiter bis zum Ende!»

«Dann zog das Mädchen durch die Lande, und einmal suchte es Unterkunft in der Höhlung einer Korkeiche. Mein Vater hat erzählt, daß in der Gegend ein Prinz mit seinen Dienern auf der Jagd war, und als das Mädchen sie sah, verkroch es sich in seiner Höhle, und die Hunde schlugen an, und der Prinz befahl einem seiner Diener nachzusehen, was es wäre, und der Diener bemerkte das Mädchen, sagte aber, es sei nichts.»

Da sagt der Kaufmann von neuem:

«Ach, meine geliebte Tochter, was ist aus ihr geworden?»

Und darauf der Prinz:

«Ach, meine geliebte Frau!»

«Ich erzähle lieber nicht weiter, denn meine Geschichte bereitet euch Kummer, ich weiß nicht warum. Aber so hat mein Vater sie mir erzählt, als ich klein war, und ob es wahr ist oder nicht, kann ich nicht sagen.»

Da sagt der Diener:

«Königlicher Herr, ich will nachsehen, ob die Pferde noch zu fressen haben.»

Da sagt der Kohlenverkäufer:

«Gut! Auch der Diener will hinausgehen. Ich erzähle lieber nicht mehr weiter.»

Da sagt der Prinz:

«Erzähl nur weiter! Hier erhebt sich niemand von seinem Platz!»

Der Pfarrer hatte Bauchschmerzen, und Bauchschmerzen plagten auch den Diener.

«Gut, hören wir also das Ende. Die Hunde ließen nicht ab zu bellen, so ging also der Prinz selber hin, um nachzusehen. Und er sah das Mädchen, das so schön war, und sagte zu seinem Diener: ‹Das wolltest du also vor mir geheimhalten?› – ‹Nein, königlicher Herr, ich wollte nur einen Wagen holen.› – ‹Dann hol ihn nur, damit sie in meiner Begleitung mit auf unser Schloß kommt.›

Und er sagte dem Mädchen, wer es dorthin gebracht habe: Sein Unglück.

Der Prinz nahm sie bei der Hand und nahm sie mit sich auf das Schloß und sagte zu seiner Mutter, der Königin, daß er sie heiraten wolle, und die Königin, die ein gutes Herz hatte, willigte ein. Er heiratete sie, und alle behandelten sie gut. Nach einem Jahr aber gebar die Prinzessin einen Knaben, und als dieser ein Jahr alt werden sollte, bat sie den Prinzen, ihr zu gewähren, daß sie noch einmal an den Ort zurückkehre, wo er sie aufgelesen hatte, dort wolle sie Gott für alles Dank sagen.

Mit vier Dienern machten sie sich auf den Weg, unter denen war auch derselbe Kerl, der das Mädchen vor dem Prinzen verheimlicht hatte. Der Prinzessin war das gar nicht recht, aber sie sagte nichts. Der Prinz wollte die Prinzessin bei der Korkeiche nicht allein lassen, während er sich auf der Jagd vergnügte, und ließ darum unter den Dienern auslosen, welcher bei der Prinzessin bleiben sollte. Das Los fiel auf den besagten Diener. Als der Prinz schon nicht mehr zu sehen war, so erzählte mein Vater, und ich weiß nicht, ob es Wahrheit ist oder Lüge…»

Da sagt der Diener:

«Königlicher Herr, Euer Pferd hat sicher nichts mehr zu fressen.»

«Laß nur, hier steht niemand von seinem Platz auf!»

Da sitzt nun der Vater, um seine Tochter bangend, und der Prinz, voller Sorge um das Leben seiner Gemahlin.

«Da fängt der Diener an, der bei der Prinzessin geblieben war, sie zu belästigen, und sie sagte zu ihm: ‹Wenn der Prinz zurückkommt, werde ich Klage über dich führen. Das erste Mal konntest du seiner Ehre nichts antun, jetzt willst du es nachholen.› Sie versuchte, mit ihrem Söhnchen zu entfliehen, und der Diener riß ihr das Kind aus den Armen und tötete es. Und sie floh voller Angst.»

Da sagt der Kaufmann:

«Ach, meine geliebte Tochter!»

Und der Prinz:

«Ach, meine geliebte Frau!»

«Da begegnete sie einem Kohlenverkäufer, dem kaufte sie seinen Anzug ab und zog ihn selber an. Die Prinzessin und der Kohlenverkäufer, das bin ich, wie ihr gleich sehen werdet. Bis dahin aber steht niemand von seinem Platz auf!»

Sie ging nun nach nebenan, dort lag schon Kleidung für sie. Sie wusch sich und zog sich um. Dann kehrte sie zurück und sagte:

«Nun, bin ich Eure Tochter? Bin ich Euer Patenkind, das Ihr so verfolgt habt? Bin ich die, die du dem Prinzen verheimlichen wolltest?»

Ihr Vater wollte aufstehen und sie um Vergebung bitten, und als sie ihn bat, sitzen zu bleiben, fragte er sie:

«Was soll ich mit deinem Paten tun?»

«Er soll nicht sterben, denn er hat mir die Seele gegeben, aber er soll dieses Land verlassen.»

Da sagt der Prinz zu ihr:

«Und was soll ich mit dem Diener machen?»

«Er soll sterben, um nicht neues Unheil zu stiften.»

Der Pate wurde gleich auf ein Schiff gebracht und auf das offene Meer gefahren, und der Diener wurde getötet. Dann blieb der Vater in seinem Haus, das Prinzenpaar kehrte auf sein Schloß zurück, und die Königin war sehr froh zu erfahren, wer die Prinzessin war und wie gut sie war.

Und ich hab sie besucht, bekam als Geschenk ein Paar Schuhe aus Butter, und die sind unterwegs zusammengeschmolzen.

# MADEIRA
# UND DIE AZOREN

## 92

## *Betschwestern*

*Es war einmal ein König,* an dessen Hof gingen zwei Edelleute aus und ein. Der eine sprach von seinen drei Töchtern, die seien sehr fromm und hielten nichts von den Eitelkeiten dieser Welt. Der andere hatte nur eine Tochter, und die war lustig und fröhlich. Eines Tages kamen am Hofe viele Damen zusammen und sprachen von ihren Töchtern, und der Prinz, der anwesend war, hörte das, ging zu seiner Mutter, der Königin, und bat sie, ihm ihre Juwelen zu geben. Er verkleidete sich in eine Händlerin und ging zum Haus des Edelmanns, der die drei Betschwestern zu Töchtern hatte. Er klopfte an die Tür, die Diener riefen die Herrin des Hauses herbei, und die sagte ihm:

«Meine Töchter wollen jetzt sicher nichts von dem Schmuck, sie sind ganz mit ihren Gebeten beschäftigt.»

Da bat die Händlerin, man möge sie wenigstens über Nacht aufnehmen, um sie vor der Kälte zu bewahren, und im Zimmer der Töchter einquartieren, da wäre sie mit den kostbaren Juwelen, die sie bei sich hatte, am sichersten aufgehoben. Die Mutter sprach mit den Töchtern darüber, aber die sagten:

«Wir wollen hier keine alten Weiber, die uns beim Beten stören.»

Die Mutter sagte darauf:

«Sie kann ja in einer Zimmerecke lagern, ich möchte nicht, daß sie in unserem Hause bestohlen wird.»

Die Händlerin kam also in das Zimmer der Mädchen, legte sich hin und tat so, als wenn sie schliefe. Als es mitten in der Nacht war, kamen drei Jünglinge herein, das waren die Liebhaber der drei Mädchen, und jeder von ihnen ließ beim Fortgehen ein Geschenk zurück. Als die Händlerin die Geschenke sah, nahm sie sie fort und machte sich davon.

Am nächsten Tag wartete der Prinz, der die besagte Händlerin war, bis es dunkel wurde, und ging wieder in seiner Verkleidung als Händlerin an das Haus des andern Edelmannes und klopfte an die Tür. Es kam die Mutter des Mädchens heraus. Die Händlerin sagte, sie habe Juwelen bei sich und ob die Tochter nicht etwas kaufen wolle. Die Tochter kam fröhlich daher, besah sich die Juwelen, und da das eine geraume Zeit beanspruchte, sagte sie:

«Liebe Alte, ich benötige nichts, aber weil es schon spät ist, könnt Ihr hier über Nacht bleiben und in meinem Zimmer schlafen.»

Man bewirtete die Alte zum Abendessen, dann ging sie ins Zimmer der Tochter, um sich schlafen zu legen, und die überließ ihr sogar ihr Bett. Die Alte tat so, als wenn sie schliefe. Da kam das Mädchen, kämmte sich, betete, zog sich aus und legte sich ohne Hemd ins Bett. Sobald die Alte merkte, daß es eingeschlafen war, nahm sie das Hemd und stahl sich davon.

Einige Tage später ließ der Prinz alle Edelleute mit ihren Familien auf das Schloß einladen, und als alle beisammen waren, rief er einen der Edelleute zu sich, zeigte ihm eines der Geschenke und fragte, ob er es wohl kenne. Der sagte ja, er habe es im Zimmer eines Mädchens zurückgelassen. An die anderen Jünglinge richtete er die gleiche Frage, und die drei Betschwestern standen tief beschämt da. Dann kam das Mädchen mit dem Hemd an die Reihe. Er rief sie herbei, und sie brach in ein helles Gelächter aus. Ihre Mutter sagte zu ihr:

«Beherrsche dich, Tochter, und lache nicht.»

«Ach, Frau Mutter, jetzt sehe ich, daß der Prinz die alte Händlerin war, die mein Hemd gestohlen hat.»

Der Prinz fragte sie:

«Ist das Euer Hemd?»

«Jawohl, hoher Herr.»

«Gut, dann nehmt es zurück, von nun an sollt Ihr meine wirkliche Gemahlin sein. Aber für die Mädchen da, die solche Betschwestern sind, soll man ein Kloster bauen, in das werden sie für immer hineingesteckt.»

## *93*

## *Die Ohren des Herrn Pfarrer*

E*s war einmal ein Mann,* der war ein guter Jäger, und eines Tages lud er den Pfarrer seiner Gemeinde ein, mit ihm zwei gebratene Rebhühner zu essen, und gab seiner Frau die Rebhühner, damit sie sie herrichtete. Die Frau war wütend, weil er für das Essen gar nicht mit ihr gerechnet hatte, bereitete die beiden Rebhühner zu und aß sie auf. Da kommt der Pfarrer wohlgelaunt ins Haus, aber sie flüstert ihm zu:

«Retten Sie sich, Herr Pfarrer, denn mein Mann hat geschworen, daß er Ihnen die Ohren abschneiden will. Das mit den Rebhühnern war nur ein Vorwand, um Sie hier ins Haus zu locken.» Der Pfarrer ließ sich das nicht zweimal sagen, und fort war er, was hast du, was kannst du.

Da ist auch schon der Mann zur Stelle, und die Frau sagt zu ihm: «Der Pfarrer war hier, und als er die Rebhühner sah, wollte er nicht länger warten, schnappte sie sich beide und verschwand.»

Der Mann geht an die Haustür, sieht den forteilenden Pfarrer noch und ruft ihm zu:

«Hallo, Herr Pfarrer, lassen Sie mir wenigstens eines!»
«Nicht beide, und auch nicht eines», antwortete der ihm von weitem.

## 94

## *Der kleine Vogel Bisch-bisch*

*Der winzig kleine Bisch-bisch* hatte irgendwo Brei erwischt und fraß und fraß, bis er dem Platzen nahe war. Und vollgefressen legte er sich hin und streckte die Füße in die Luft.

«Ich bin jetzt so stark, daß, wenn der Himmel herunterkäme, ich ihn mit den Füßen hochhalten würde.»

Im selben Augenblick setzt ein Donnern und Blitzen ein, als wollte der Himmel zusammenstürzen, und da sagte der Bisch-bisch voller Angst:

«Gott, straf den Bisch-bisch nicht,
Verzeih dem armen Wicht.
Er hat zuviel geschmatzt
Und weiß nicht, was er schwatzt.»

## 95

## *Die Spinne und der Schnupfen*

*Der Schnupfen ist auf dem Weg in die Stadt,* und als er so querfeldein talwärts geht, begegnet er der Spinne und fragt:

«Oho, Frau Spinne, wohin geht denn der Weg?»

«Ich zieh nach oben, denn die Frauen in der Stadt haben nichts zu tun und denken nur daran, Spinnen aufzustöbern. Ich bin es leid! Ich geh aufs Land, die Frauen auf dem Lande arbeiten im Wald oder auf der Weide, oder sie haben zu waschen und zu bügeln, gehen hierhin und dorthin und haben keine Zeit, nach Spinnen zu jagen. In der Stadt bin ich überall unbeliebt und hab nirgendwo Ruhe, ich gehe aufs Land.»

Da sagte der Schnupfen:

«Ich geh in die Stadt, in der Stadt haben die Frauen den ganzen Tag Zeit, sich zu schneuzen, mit einem Tüchlein in der Hand. Die Frauen, die auf dem Felde arbeiten, können das nicht, die müssen arbeiten und für den Schnupfen bestenfalls die Schürze nehmen oder den Rock aufschürzen. Die in der Stadt, die haben Zeit, sich die Nase immer fein mit einem Tüchelchen zu putzen.»

## *96*

## *Des Schusters Gitarre*

*Es war einmal ein Schuster,* der hatte eine Gitarre wie jede andere auch, da gab es nichts Besonderes zu bestaunen. Und abends, wenn seine Arbeit getan war, ging er in die Küche, und wenn die ganze Familie ihr Abendessen verzehrt hatte, griff er zur Gitarre, und das Vergnügen der Familie begann. Die Frau hatte ihre Freude daran, beim Aufwaschen des Geschirrs und beim Aufräumen und, wenn das getan war, beim Nähen zu singen, unbeschwert wie eine Bachstelze, und das kleine Volk um beide Eltern herum ließ seiner ausgelassenen Laune beim Klang der Gitarre freien Lauf.

Dem Schusterhaus gegenüber wohnte nun ein schwerreicher Mann in seinem Palast. Doch trotz aller seiner Habe und seines Vermögens wurde er seines Lebens nicht froh, ganz im Gegenteil, und abends setzte er sich an ein dunkles Fenster, um dem lustigen Treiben der Nachbarsfamilie zuzuschauen. Eines Tages schließlich sagte der Reiche zum Schuster:

«Herr Nachbar, wollt Ihr mir Eure Gitarre verkaufen?»

Sie vereinbarten also den Kauf, und für die Gitarre gab er einen Sack voll Geld. Und was für einen Sack! Alles Goldmünzen, so daß man aus dem Staunen nicht herauskam, wenn man das ganze Gold auf dem Küchentisch glänzen sah und den Schuster, seine Frau und die Kinderschar drum herum. Aber damit beginnt auch die Schattenseite der Geschichte. Das Geld ist nun gezählt, doch was soll man jetzt damit tun? Es grübelt der Schuster, es grübelt seine Frau, daß weder zur Arbeit noch zum Schlaf Zeit übrigbleibt. Und wenn nun jemand käme und ihnen das Geld wegnähme: «Geldsack oder Leben!», wenn Bösewichte ohne Seele und Gewissen sie umbrächten? In solchen Ängsten verbrachten sie Tage um Tage, der Schuster traurig und verstört, seine Frau hinfällig, mit verlorenem Blick und schweren Beinen, die sie nicht mehr tragen wollten. Und sogar die Kleinen waren nur noch ein Schatten ihrer selbst. Die Freude im Schusterhaus war dahin, und der vor Reichtum platzende Nachbar, der sich abends an das unbeleuchtete Fenster setzte, lebte freudlos wie zuvor. Die Gitarre, die er gegen einen Sack voll Gold aufgewogen hatte, brachte ihm nicht die Gabe des Glücks.

Es kam soweit, daß der Schuster und seine Frau sich wegen des Berges Gold wie in der Hölle fühlten, so daß sie zu ihm sagte:

«Und wenn du nun das Geschäft rückgängig machtest?»

Er stimmte sofort zu, geht zum Reichen, gibt ihm das Gold und bekommt seine Gitarre zurück. Schon auf dem Sprung nach Hause, arm «aber frei», beginnt er, die Saiten zu zupfen.

So kam die Freude von neuem in ihr Leben. Nach dem Abendessen war es ein Tanzen, ein Singen, ein Lachen und eine Lust, das zu hören und zuzusehen, während der Reiche am Fenster seines Palastes im Dunkeln saß.

97

## *Die Jungfrau Maria und die Sämänner*

*Als die Jungfrau Maria* mit ihrem Kind und dem heiligen Joseph nach Ägypten floh, kam sie an einem Feld vorbei, auf dem säten Männer.

«Was sät ihr?» fragte sie.

«Wir säen Steine», antworteten die zum Spott.

«Dann soll eure Ernte auch Stein sein.»

Und kurz darauf war das ganze Feld mit Steinen besät.

Ein Stück Weges weiter traf sie wieder auf Männer, die säten.

«Was sät ihr?» fragte die Jungfrau Maria sie.

«Wir säen Weizen», antworteten sie freundlich.

«Dann sollt ihr Weizen ernten, sobald ihr gesät habt.»

Und so geschah es. Kaum hatten die Männer die letzten Samenkörner ausgestreut, da stand schon der Weizen auf dem Felde und wartete auf die Sense, und sie fingen an zu mähen. Eine so reiche Ernte, wie es sie nie gegeben hatte!

Während sie so arbeiteten, kamen auf schnellen Pferden die Juden vorbei, die verfolgten die heilige Familie. Als die die erste Gruppe der Männer sahen, fragten sie sie, ob sie eine Frau mit einem Kind und einem Mann und einem Esel hätten vorbeigehen sehen. Ja, die seien vor wenigen Stunden vorbeigezogen und konnten noch nicht weit sein. Ein Stück weiter trafen sie die anderen Männer, die singend den Weizen mähten. Die Juden richteten an sie die gleiche Frage.

«Ja, die sind hier vorbeigezogen, als wir den Weizen säten.»

«Dann ist es schon lange her, und es können nicht die sein, die wir suchen.»

Sie kehrten also mit verhängten Zügeln um. Auf diese Weise wurden die Jungfrau Maria, das Jesuskind und der heilige Joseph vor ihren Verfolgern gerettet.

## 98
## *Die sieben Städte*

*Es war einmal ein mächtiger König,* der besaß unendliche Schätze und lebte doch voller Kummer, weil er keinen Sohn hatte, der ihm auf dem Thron nachfolgen könnte. Und dieser Kummer machte ihn, obwohl er von Natur gut war, zu einem grausamen Tyrannen für sein Volk.

Eines Abends, als er mit der Königin zusammensaß, sah er eine lichtumflutete Gestalt vom Himmel herabschweben, die versprach ihm, er werde eine Tochter bekommen, so schön wie die Sonne. Aber nach der Geburt der Prinzessin müsse der König sich dreißig Jahre lang von ihr trennen, damit das Böse in seinem Herzen Zeit habe zu verschwinden. Und weiter sagte die Lichtgestalt:

«Die Prinzessin wird mit aller Liebe und Zärtlichkeit in sieben schönen Städten bewacht werden, die von starken Mauern aus Bronze umgeben sind und von niemandem erobert werden können. Aber weh dir, wenn du vor Ablauf der Zeit den Versuch machst, sie zu sehen. Denn dann mußt du an demselben Tag sterben, und über dein Reich wird großes Unheil hereinbrechen.» Der König war hocherfreut über die Nachricht und versprach deshalb, die Bedingung zu erfüllen. Nach einiger Zeit kam die Prinzessin zur Welt und wurde in die sieben Städte gebracht, die zu ihrer Bewachung erbaut worden waren.

Mit quälender Langsamkeit gingen nun die Tage und Jahre dahin, und der König litt vor Sehnsucht wahre Höllenqualen. Als nur noch zwei Jahre fehlten, ging ihm die Kraft aus, noch länger zu warten, und in seinem Grimm beschloß er, obwohl die Königin darüber viele Tränen vergoß, sich zur Prinzessin aufzumachen. Mit einem prachtvollen Gefolge ritt er los, doch je mehr er sich den Mauern näherte, um so mehr färbten sich die Wolken wie von Blut, eine erstickende

Schwüle hüllte das Land ein, und der Boden begann unter immer stärker werdenden Stößen zu zittern.

Der König, der in seiner Verblendung allen diesen Zeichen keine Beachtung schenkte, setzte seinen Ritt fort. Als er die Stadtmauern erreichte, schlug er mit dem Schwert auf sie ein. Da ertönte ein grauenerregendes Geräusch, die Erde erzitterte mehr als zuvor, und aus ihrem Schoß stießen gewaltige Flammen empor. Das Meer überschwemmte in ungezügelter Wut die riesige Insel, die in wenigen Augenblicken verschwand. Als die furchtbare Flut abebbte, waren von dem mächtigen Reich nur neun felsige Eilande übriggeblieben, das sind unsere Azoren-Inseln.

Der Ort, wo die Prinzessin lebte, verwandelte sich in den berühmten See der sieben Städte, den das Gelände gleichsam in zwei Teile teilt. Da das Wasser des einen von blauer, das des anderen von grüner Farbe ist, berichtet die Sage: Der eine ist grün, weil auf seinem Grund die grünen Pantoffeln der Prinzessin liegen, der andere blau, weil dorthin ihr blauer Hut gefallen ist. Andere sagen, daß die Pantöffelchen blau waren und der grüne Teil seine Farbe vom Sonnenschirm der Prinzessin hat.

## 99

## *Klärchen*

*Es war einmal eine Königin,* die hatte eine sehr schöne Tochter namens Klärchen, die einem Prinzen zur Frau versprochen war. Sobald sie alt genug war, um die Herrschaft über das Reich zu übernehmen, das ihre Mutter regierte, sollte die Hochzeit sein. Klärchen ging jeden Tag in den Park. Eines Tages flog ein Adler über den Park, und jedesmal wenn er an ihr vorbeiflog, sagte er:

«Klärchen, Klärchen, willst du lieber in der Jugend oder im Alter Kummer durchmachen?»

Die Prinzessin erzählte das der Königin, und die antwortete ihr:

«Du mußt sagen: ‹Lieber in der Jugend›, da wird man mit allem fertig. Im Alter weiß man sich mit nichts zu helfen.»

Klärchen ging wie immer in den Park, und der Adler fragte wieder dasselbe. Als die Prinzessin sagte: «Lieber in der Jugend», nahm der Adler sie mit sich in die Lüfte und warf sie in dem Land ab, wo der Prinz lebte, dem sie zur Frau versprochen war. Dort kannte sie nur die Königin und den Prinzen, aber man konnte nur mit vorheriger Erlaubnis mit ihnen sprechen, und die hatte sie nicht. Da ging sie in eine Bäckerei und bat, als Dienstmagd eingestellt zu werden. Die Bäckersfrau nahm sie an. Als nun die Bäckerin eines Tages verreiste, hinterließ sie für Klärchen eine Ladung voll Brot zum Bakken, das schon geknetet war. Das Mädchen verschloß ängstlich alle Türen und Fenster, damit der Adler nicht hereinkonnte, aber der kam durch den Kamin, schlug ihr den Backofen in Stücke, warf diese auf das Brot, zerbrach die Backschüsseln und viel Geschirr und flog davon. Als die Bäckersfrau zurückkam, schlug sie Klärchen und setzte sie auf die Straße. Sosehr diese auch bat und weinte, die Bäckersfrau glaubte ihr nicht.

Da ging das Mädchen zu einem Kaufmann und trat bei dem in Dienst. Als dieser eines Tages ausging und sie im Laden zurückließ, schloß sie sich ein, aber der Adler kam doch hinein und zerbrach Gläser, Meßbecher und Flaschen und zog den Zapfen aus den Fässern. Als der Kaufmann zurückkehrte, fand er alles in Scherben vor, ohrfeigte sie, ohne etwas auf das zu geben, was Klärchen ihm erklärte, und setzte sie sogleich auf die Straße. Klärchen ging nun zum Schloß, ohne sich zu erkennen zu geben, und bot ihre Dienste beim Prinzen an. Die Königin sagte, sie benötigte keine Dienerinnen mehr, da trat der Prinz hinzu.

«Nehmt sie doch, Mutter, und wenn es nur zum Entenhüten ist.»

«Nun gut, dann soll sie hereinkommen.»

Jeden Tag starben die Enten, die sie hütete, und als der Prinz sie darüber bitterlich weinen sah, bat er seine Mutter, sie doch als Näherin zu nehmen. Nach geraumer Zeit wollte der Prinz sich auf den Weg machen, seine Braut zu besuchen, und er trat zu den Kammerfräulein und sagte:

«Was soll ich euch aus dem Land mitbringen, in das ich reise?»

Alle baten ihn um etwas, nur Klärchen nicht. Da bat der Prinz Klärchen, auch sie solle ihm sagen, was sie gern mitgebracht hätte.

«Nun, dann möge Eure Hoheit mir einen Stein von dem Schloß mitbringen.»

Der Prinz zog los, und als er im Schloß seiner Braut ankam, hörte er, daß alle Trauer trugen, weil die Prinzessin verschwunden war. Da wurde er sehr bekümmert, kaufte auf der Stelle alles, um das die Dienerinnen ihn gebeten hatten, beschaffte den Stein für Klärchen und zog zurück. Er kam sehr traurig an und war ein wenig mißtrauisch, wer Klärchen wohl sei. Er gab ihr den Stein, und um zu erfahren, was sie damit vorhatte, versteckte er sich, während sie zu tun hatte, unter ihrem Bett. Als sie in das Zimmer kam, schloß sie sich darin ein, und da sie glaubte, es sei niemand da, begann sie also zu sprechen:

«Du Stein vom Schloß meines Vaters, ich will dir mein Leben erzählen.»

Und sie erzählte alles, von den Spaziergängen im Park und dem Adler angefangen bis dahin. Und am Ende tat der Stein einen Knall, und Klärchen sagte zu ihm:

«Öffne dich, Stein, zu einem Rad aus scharfen Messern, ich will mich hineinstürzen.»

Da kam der Prinz unter dem Bett hervor und umarmte sie mit den Worten:

«Warum hast du mir nicht dein Leid geklagt, liebes Klärchen?»

«Weil der Adler wollte, daß ich Kummer durchmache, und da wollte ich ihn lieber durchmachen, solange ich jung war, denn dann brauchte ich die Hoffnung nicht zu verlieren.»

Das Prinzenpaar heiratete gleich darauf und suchte die Königin, die Mutter der Prinzessin, auf. Die war sehr froh und lebte fortan bei ihnen.

## 100

## *Wie Blinde sehend werden*

E*in Blinder hatte eine hübsche Tochter,* die ihn auf allen seinen Wegen begleiten mußte, weil er glaubte, so über ihre Ehre wachen zu können. Mit ihrem Freund aber heckte sie den folgenden Plan aus: An einem bestimmten Weg stand ein Kirschbaum, in dem solle er sich verstecken, und wenn sie mit ihrem Vater dort vorbeikäme, würde sie es schon so einrichten, daß sie sich umarmen könnten.

So lief auch alles nach Wunsch und Plan. Als sie an dem Kirschbaum vorbeikommen, sagt das Mädchen: «Vater, der Baum hier hängt voller Kirschen wie ein reichbeladener Wagen bei der Prozession. Darf ich mir eine Handvoll pflücken?»

Der Blinde sagte ja, und während seine Tochter in den Baum stieg, hielt er sich am Stamm fest, um, wie er es sich vorgenommen hatte, über die Ehre seiner Tochter zu wachen.

Die beiden Verliebten verloren unterdessen ihre Zeit nicht. Aber als sie gerade weltvergessen beieinandersaßen, kamen zwei Pilger vorbei, das waren Jesus Christus und der heilige Petrus auf ihrer Wanderung durch die Welt.

«Göttlicher Meister», rief der heilige Petrus aus, «wie lobenswert ist doch ein Vater, der die Ehre seiner Tochter behütet!»

Ein Blick des göttlichen Meisters genügte, um dem Blinden das Augenlicht zurückzugeben. Als er aber erschrocken in den Ästen des Kirschbaums seine Tochter in den Armen ihres Freundes sah, rief sie eiligst:

«Seid nicht böse, Vater, ich hab das nur getan, um Euch das Augenlicht zurückzugeben.»

Petrus sah seinen göttlichen Meister fragend an, der aber sagte lächelnd in seiner unendlichen Güte:

«Frauen sind halt immer Frauen.»

## *101*

## *Das verzauberte Mädchen*

*Es war einmal eine Frau,* die wünschte sich sehnlichst ein Kind, und wenn es ein Seebarsch wäre. Gott erfüllte ihren Wunsch und ließ sie einen solchen Fisch zur Welt bringen, aber sie war böse darüber und ließ ihn ins Meer werfen. Ein Reiher kam geflogen und nahm ihn mit auf sein Schloß. Als er ihn aber fressen wollte, verwandelte er sich in ein wunderschönes Mädchen.

Vor dem Haus des Reihers floß ein Bach vorbei, da wuschen die Wäscherinnen. Eines Tages sahen sie das Mädchen auf den Balkon heraustreten, und voller Verwunderung über seine Schönheit fragten sie es, wer es sei.

«Mutter Reiherin», antwortete es – das einzige, was es sagen konnte.

Der Sohn des Königs, der oft dort vorbeikam, sah das Mädchen und war sofort ganz verliebt. Er verabredete daher mit den Wäscherinnen, sie sollten es anlocken, damit es ans

Ufer des Baches käme, um ihnen zuzuschauen. Sobald er es auf dem Weg dorthin erwischte, warf er ihm seinen Mantel über den Kopf und entführte es auf sein Schloß. Er schloß es in sein Zimmer ein, ohne daß seine Mutter davon erfuhr. Diese wunderte sich, daß der Sohn immer so traurig war, kaum ausging und kaum aß. Sie ahnte, daß er ihr irgendeinen Kummer verbarg. Eines Tages ließ der Prinz aus Versehen den Schlüssel in der Tür stecken, und die Mutter nutzte die Gelegenheit, um nachzusehen, was ihn immer so lange im Zimmer festhielt. Als sie das Mädchen sah, sagte sie:

«Ach, du bist es... Na, warte!»

Sie öffnete die Balkontür und warf es in einen Brunnen. Das Schicksal wollte es, daß das arme Mädchen auf einen Stein fiel und schwer verletzt wurde. Da kamen Feen vorbei, die hatten Mitleid mit ihm und sprachen Zaubersprüche. Die erste sagte:

«Du sollst dereinst den Königssohn heiraten.»

Die zweite:

«Diese Stelle hier soll sich in ein Schloß verwandeln, das schöner sein soll als das des Königs.»

Die dritte:

«Du sollst immer nur einmal sprechen. Wenn man dich nicht versteht und du wiederholen mußt, was du gesagt hast, sollst du dem, der reden sollte, die Zungenspitze abschneiden. Nur zu deinem künftigen Mann darfst du immerzu sprechen, und so wirst du deinen Zauber lösen.»

Als der Königssohn kam und das Mädchen vermißte, war er ganz traurig und wurde krank. Als es ihm wieder besser ging, trat er ans Fenster und war erstaunt, ein so schönes Schloß gegenüber dem seinen zu sehen. Da niemand ihm zu sagen wußte, wem es gehörte, beschloß er, einen Diener hinüberzuschicken. Das Mädchen gab zur Auskunft:

«Habt wohl acht, was ich Euch sage:
Als Fischjunges bin ich geboren worden,

Meine Mutter ließ ins Meer mich werfen,
Ein Reiher fischte mich heraus
Und nahm mich mit sich in sein Haus,
Wäscherinnen lockten vom Wege mich ab,
Ein Prinz auf dem Schloß mir Obdach gab,
Seine Mutter warf mich in den Brunnenschacht,
Drei Feen kamen mit Zaubers Macht,
Und nun leb ich hier in des Schlosses Pracht.»

«Gnädige Frau», sagte der Diener, «wiederholt das bitte noch einmal!»

«Scherlein, Scherlein, schneid ihm die Zungenspitze ab!»

So konnte der Diener, als er beim Prinzen ankam, nicht sprechen. Dieser wurde immer neugieriger und schickte drei oder vier Diener hin, und allen widerfuhr das gleiche. Schließlich sah er, daß sie nichts erreichten, und ging selber hin. Da das Mädchen sehr gut verkleidet war, erkannte er es nicht sofort, und es wiederholte ihm, was es den Dienern gesagt hatte. Wie diese verstand der Prinz ebenfalls nicht sofort, und er bat, es möge seine Worte wiederholen. Da sagte es, da es den Prinzen gern hatte:

«Scherlein, Scherlein, schneid ihm den Zipfel des Mantels ab.»

Der Prinz erkannte es schließlich an der Stimme. Sie blieben zusammen und heirateten.

## 102

## *Die Fische des Bruders Vorsteher*

*Eines Tages saßen die Klosterbrüder* im Refektorium beim Essen, und einer von ihnen bekam nur einen winzigen kleinen Fisch ab. Er blickte sich um und sah auf dem Teller des Bruders Vorsteher einen sehr großen, den der mit vollem Mund verzehrte. Der Bruder war schlau, und um sich für die Fastenmahlzeit zu rächen, zu der man ihn verurteilte, beugte er seinen Kopf über das Fischchen, das er auf dem Teller hatte, und begann zu murmeln, wie wenn er sich heimlich mit ihm unterhielte. Der Vorsteher bemerkte dies und fragt vom Kopfende des Tisches her:

«Sag mal, Bruder Soundso, was treibst du denn da?»

«Hochwürdiger Pater Meister, ich frage gerade dieses Fischchen, ob ihm irgendwann mein Vater begegnet sei, der im Meer ertrunken ist. Aber es antwortete mir, da es winzig klein sei, wisse es nicht Bescheid, und wer es vielleicht wisse, sei der Fisch, der sich auf dem Teller von Hochwürden befindet. Der sei sehr groß und könne gewiß Näheres sagen.»

## *103*

## *Maiskorn*

*Es waren einmal ein Mann und eine Frau,* die hatten keine Kinder. Sie hatten schon alle Hoffnung aufgegeben, als er eines Tages die seltsame Idee hatte:

«Und wenn er nur so groß wie ein Maiskorn wäre, es wäre doch wenigstens ein Sohn!»

Und so geschah es. Als er bei der Arbeit war, gebar die Frau eines guten Tages einen Sohn, der war wirklich so groß wie ein Maiskorn. Nach der Geburt tat die Frau ihn in ein Glas. Gegen Abend kommt der Mann von der Arbeit zurück und hört eine Stimme:

«Vater, Euren Segen!»

Er sah sich überall um, und wieder ertönt es:

«Vater, Euren Segen!»

Wie sehr er auch suchte, er konnte nichts finden. Woher

kam die Stimme nur? Da erzählte ihm seine Frau, was geschehen war. Es war der beiden Sohn Maiskorn!

Am nächsten Morgen machte sich der Mann fertig, um aufs Feld zu gehen. Es war noch halb dunkel, und in seinem Innern rumorte die Geschichte von seinem Sohn Maiskorn. So etwas! Er mochte das Glas, die Wiege seines Erstgeborenen, gar nicht angucken. Aber siehe da, keck redet Maiskorn ihn an:

«Vater, geh nur an deine Arbeit, ich bring dir das Mittagsbrot aufs Feld.»

Ein Korn, das in einem Hühnerschnabel Platz fände, sollte ihm das Mittagsbrot bringen, dachte der Mann erschrocken und erwiderte:

«Wie kannst du dir den Korb mit dem Mittagsbrot aufladen, winzig, wie du bist?»

«Wir werden schon sehen, Vater.»

Zur Mittagszeit geht unser Maiskorn mit dem Essenskorb los. Das heißt der Korb schleifte am Boden dahin, ohne daß man des Maiskorns gewahr wurde. Als sie an einer Gruppe von Kindern vorbeikamen, wollten die den Korb, der von sich allein zu laufen schien, aufheben. Aber da hörten sie eine Stimme, als spräche der Korb selber:

«Nehmt euch in acht, mein Vater ist Polizist.»

Die Kinder ergriffen voller Schrecken die Flucht.

Maiskorn kam auf das Feld, der Korb hinter ihm her, dann sagte er zu seinem Vater, der mit einem Ochsen pflügte:

«Da ist Euer Mittagsbrot.»

Der Mann setzte seinen Sohn Maiskorn auf ein Kohlblatt und machte sich ans Essen. Aber Maiskorn fühlte sich wegen des Ochsen, der in der Nähe nach Herzenslust graste, nicht sicher auf seinem Ruheplatz.

«Vater, nehmt mich hier herunter, der Ochse kann das Kohlblatt und mich mit ihm verschlingen.»

Aber schon war es zu spät, und Kohlblatt und Maiskorn verschwanden im Maul des Tieres. Der verblüffte Mann konnte sich nur noch den Kopf kratzen. Auch das noch! Aus dem Ochsen hörte er nun Maiskorns Stimme:

«Schlachte den Ochsen! Ich bezahle ihn dir gut, hab keine Angst wegen des Verlustes!»

Was war zu tun? Der Mann schlachtete also das Tier, zog ihm das Fell ab und öffnete es, um Maiskorn zu suchen, auf den er, dem Himmel sei's geklagt, nicht achtgegeben hatte. Es wäre immerhin eine größere Schande gewesen, wäre sein Sohn eine Laus.

Er suchte ihn also überall in den Eingeweiden des Ochsen. Umsonst. Er suchte noch einmal: wieder nichts. In diesem Augenblick kommt ein altes Weib vorbei und weidet die Augen an dem leckeren Mahl, das der verzweifelte Vater auf die Erde geworfen hatte.

«Mann Gottes, gebt mir doch wenigstens die Eingeweide!» Und mit der Gabe, die sie in ihren Korb tat, zog sie davon. Da fängt Maiskorn an zu sprechen, der, wie man sieht, doch im Eingeweide des Ochsen verborgen war und nun unten im Korb lag:

«Wohin, zum Teufel, willst du mit mir, Alte?»

Ihr ließen die Worte, die aus dem Korb kamen, keine Ruhe. Das mußte Teufelswerk sein, und als wollte sie sich von einem bösen Fluch befreien, schleuderte sie den Korb eine Böschung hinab. Das war es gerade, was Maiskorn wollte, wie ihr euch vorstellen könnt.

Da kam ein Hund vorbei, roch den Leckerbissen und verschlang alles im Nu. Mit vollem Magen mußte der nun sein Teil erleben. Er hörte in seinem Innern eine Stimme, schriller als eine Glocke, die sagte:

«Zum Teufel, laß mich los, du Hund des Teufels!»

Das geplagte Tier rennt wie toll davon, als brennten ihm die Eingeweide, überspringt Mauern, kugelt Abhänge herunter, platzt und landet schließlich mit aufgerissenem Leib mitten im Dornengesträuch. Aber Maiskorn ist wieder einmal frei!

Er tut einige Sprünge, wobei ein kleiner Windstoß ihm hilft, und wo kommt er an? In einem Loch in einer Wand. Das Loch führte in die Erde hinein, Maiskorn ging ihm nach und gelangte schließlich in eine große Höhle, das war das Versteck einer Diebesbande. Da hörte er das Klirren von Münzen und sah einen Berg Geld, das die Diebe in einen Sack schütteten, der war größer als die große Kirchenglocke, und das Geld darin alles Silber und Gold, fast bis oben an den Rand.

Da schrie der Schelm Maiskorn ihnen mit Grabesstimme zu: «Flieht, macht euch davon, ihr verdammten Seelen! Flieht ihr nicht auf der Stelle, so seid ihr verloren!»

Die Diebe sahen einander an, blickten in alle Richtungen, als Maiskorn auch schon von neuem anhub:

«Flieht, flieht!»

Und die Diebe ergriffen die Flucht, ohne auch nur einen Heller mitzunehmen, und mit einem Eifer – Füße, jetzt weiß ich, warum ich euch liebe –, daß ihre Schuhe auf den Steinen Funken schlagen.

Maiskorn schleifte den Sack mit sich fort, kam zu Hause an, klopfte an die Tür. Sein Vater machte ihm auf, und der Sack rollte ihm zu Füßen. Da ließ sich Maiskorn vernehmen:

«Ich bring Euch Geld in Hülle und Fülle. Das ist für den Ochsen.»

## 104

## *Der Schweinehirt*

*Ein Bauer, der war verheiratet* und hatte einen Burschen, der ihm die Schweine hütete. Als der Bursche einmal mit seinen Schweinen unterwegs war, kam ein Mann auf ihn zu und sagte zu ihm:

«Willst du mir die sieben Schweine verkaufen?»

«Nur sechs verkaufe ich Euch, aber die Schwänze und die Ohren müßt Ihr mir lassen.»

So wurde es vereinbart. Der Bursche bekam das Geld und schnitt auf der Stelle den sechs Schweinen die Ohren und die Schwänze ab. Als er an einen Sumpf kam, steckte er Ohren und Schwänze der sechs Schweine in den Schlamm und begrub bis zur Hälfte auch noch das siebte Schwein darin. Dann erhob er ein großes Geschrei, sein Herr solle kommen und ihm helfen, die Schweine aus dem Sumpf zu ziehen, in den sie geraten seien. Der kam, und wie er zog, hatte er die Schwänze in der Hand. Als er Angst bekam, die Schweine alle zu verlieren, sagte er zu dem Burschen:

«Geh nach Hause und sag zu meiner Frau, sie soll dir zwei Schaufeln geben, damit wir die Schweine wieder herausbekommen.»

Der Bursche, der wußte, daß der Bauer zwei große Säcke voll Geld zu Hause hatte, sagte zu der Frau:

«Der Herr läßt sagen, Ihr sollt mir die beiden Säcke mit Geld geben.»

Die Frau traute der Sache nicht, aber der Bursche sagte, sie solle auf den Balkon gehen und fragen, ob es beide sein sollten oder nicht. Sie ruft also zu ihrem Mann hinüber:

«Willst du beide?»

«Ja, gib ihm beide!»

Die Frau, die nicht wußte, daß er zwei Schaufeln meinte, gab ihm also die zwei Säcke voll Geld.

Der Bursche ergriff sie und machte sich in anderer Richtung davon. Als ihm ein Hirsch in den Weg kam, tötete er ihn, nahm ihm die Eingeweide aus und steckte sie sich unters Hemd. Da begegnete er einem Bekannten seines Herrn, zu dem sagte er:

«Ich will mir die Eingeweide abschneiden.»

Und er begann, die Eingeweide abzuschneiden, die er dem Hirsch ausgenommen hatte. Als der Bauer nach Hause kam und von dem Betrug des Schweinehirten erfuhr, lief er los, um ihn zu suchen, und traf auf dem Weg seinen Bekannten und fragte ihn, ob er dem Burschen begegnet sei. Der antwortete:

«Ja, und er hat etwas Sonderbares getan: er hat sich die Eingeweide herausgeholt und abgeschnitten, um schneller entfliehen zu können.»

«Dann will ich das gleiche tun, um ihn einzuholen.» Und er schnitt sich die Eingeweide heraus und fiel tot hin. Als der Bursche das hörte, kehrte er um, ging zur Bäuerin, die nun Witwe war, und heiratete sie.

# GALICIEN

105

## *Die drei Ratschläge*

*In einem Dorf lebten einmal ein Mann und eine Frau,* die hatten einen Sohn. Und weil sie arm waren, beschlossen sie, daß der Mann in die weite Welt hinauszöge, um sein Geld zu verdienen. Er zog also los, und nach langen Märschen kam er an ein stattliches Haus und fragte, ob man ihn als Knecht einstellen wollte. Nachdem er die üblichen Fragen beantwortet hatte, nahm man ihn auf, und er arbeitete hier zwanzig Jahre lang. Da bat er um die Abrechnung, denn nun mochte er nicht länger warten, seine Familie wiederzusehen.

Sein Dienstherr fragte ihn, was er lieber wolle: daß er ihm seinen Lohn in barem Geld oder daß er ihm drei gute Ratschläge gäbe.

«Dann geben Sie mir Ihre Ratschläge», sagte der Knecht.

«Tue nie etwas, ohne es vorher dreimal zu bedenken. Tausche nie die Straße gegen den Abkürzungsweg ein. Und frage nie nach etwas, was dich nichts angeht.»

Außerdem gab er ihm die Wegzehrung und einen großen Laib Brot, den sollte er daheim mit seiner Familie teilen. Sie nahmen nun Abschied voneinander, und unser Mann machte sich auf den Weg zu seiner Familie.

Nach einiger Zeit begegnete er einem Lasttiertreiber. Nachdem sie ein Stück zusammen marschiert waren, wollte der Treiber einen Abkürzungsweg einschlagen und forderte ihn auf mitzukommen, da würden sie viel Zeit sparen. Aber er erinnerte sich an den Ratschlag seines Herrn und blieb auf der Straße, ohne sich um den Vorschlag seines Gefährten zu kümmern. Und kaum hatten sie sich eine Weile getrennt, da hörte er laute Hilferufe und das Heulen von Wölfen, die die Tiere des Lasttiertreibers überfallen und nur die Hufe seiner Maultiere übriggelassen hatten. Da dachte unser Männlein bei sich, daß er gut daran getan habe, dem Ratschlag seines Dienstherrn zu folgen.

Nach einiger Zeit kam er an ein Haus und bat um Herberge. Beim Abendessen fragten sie ihn nach allerlei Dingen und wollten sehen, ob auch er ungereimte Fragen stellen würde. Sie öffneten einen Schrank, und heraus kam ein seltsames Tier mit langen Haaren, das leckte die Teller auf dem Tisch blank. Dann zeigten sie ihm eine dunkle Grube, in der lagen viele Köpfe von menschlichen Wesen, Männern und Frauen. Aber unser Männlein schwieg wie ein Ertrunkener. Weil sie ihn nicht zum Fragen bringen konnten, ließen sie ihn schließlich in Ruh und gingen zu Bett. Als er morgens aufstand und die Rechnung forderte, sagten sie ihm, daß sie ihm nichts abnehmen und ihn in Frieden abziehen lassen wollten, denn all die Köpfe, die er gesehen hatte, seien von Leuten, die der Versuchung nicht widerstanden hatten, Fragen zu stellen. Da marschierte unser guter Mann wieder los, so zufrieden und froh, als feierte man das Osterfest.

Als es schon Nacht geworden war, kam er schließlich in seinem Heimatdorf an und guckte zunächst einmal durch das Schlüsselloch in der Tür. Da sah er seine Frau mit einem Pfarrer vor dem Herdfeuer sitzen. Ihn kam die Lust an, hineinzustürmen und den Pfarrer umzubringen, aber da erinnerte er sich an den Ratschlag, den ihm sein Herr beim Abschied gegeben hatte, er solle nie etwas tun, ohne es vorher dreimal zu bedenken. Er kratzte sich den Kopf, und nach vielem Überlegen beschloß er, anderswo im Dorfe um Unterkunft zu bitten.

Weil niemand ihn kannte, konnte er nach seiner Familie fragen, und er hörte, daß der Mann vor langer Zeit in die Welt hinausgezogen war und daß die Frau den Sohn mit Liebe aufgezogen hatte. Sie hatte ihn Pfarrer werden lassen und wohnte nun mit ihm zusammen.

Mehr wollte der Mann gar nicht wissen. Den nächsten Tag über verbarg er sich noch, und als es Abend wurde, bat er bei sich zu Hause um Unterkunft. Die Frau wollte sie ihm nicht geben, aber ihr Sohn überredete sie, es doch zu tun, denn wer weiß, ob nicht jemand sie auch seinem Vater in der Fremde verweigerte. Zum Abendessen stellte die Frau einen Teller zuviel auf den Tisch, und er fragte, für wen der sei.

«Ach, lieber Herr, der ist für meinen Mann, der vor vielen Jahren fortgegangen und nicht zurückgekommen ist.»

«Dann ist der Teller für mich, denn dein Ehemann, das bin ich.»

Da erkannten sie einander und hielten einen großen Schmaus, um das Ereignis zu feiern. Zum Nachtisch aber schnitten sie den Laib Brot an, den ihm sein Herr gegeben hatte, und fanden ihn innen voll von Gold. Jeder erzählte nun die Mühsal, die er während der Trennung erlitten hatte, und sie lebten hernieden in Glück und in Frieden und ohne Verdruß, drum mach ich jetzt Schluß.

## 106

## Die Spiegeleier

*Es war einmal ein Lasttiertreiber,* der kam mit einem Zug Lasttiere, die mit Weinschläuchen beladen waren, das Tal herauf. Und da es Nacht geworden war, bevor er nach Hause kam, suchte er sich auf dem Wege eine Herberge. Zum Abendessen bestellte er sich ein Dutzend Spiegeleier. Als er morgens wieder aufbrechen wollte, stellte sich heraus, daß er nicht bezahlen konnte, weil er sein ganzes Geld in dem Wein angelegt hatte. Er sagte also der Wirtin, er würde alles bezahlen, wenn er wieder vorbeikäme.

Der Fuhrmann hatte nun die Gewohnheit, jedesmal wenn es über eine Brücke ging, die etwas unsicher schien, zu sagen:

«Gott ist gut, und der Teufel ist nicht böse.»

Auf der Brücke waren zwei Opferstöcke, einer für die Seelen der Verstorbenen, der andere für den Teufel. Unser Fuhrmann warf immer zwei Groschen in den für die Seelen der Verstorbenen und einen in den für den Teufel.

Es vergingen vier Jahre, bis er wieder in der Herberge einkehrte, um die alte Schuld zu bezahlen. Die Wirtin machte ihm die Rechnung auf und sagte:

«Ein Dutzend Eier hätten bebrütet zwölf Küken ergeben, diese zwölf noch einmal zwölf im nächsten Jahr und so weiter, die Eier, die sie gelegt hätten, nicht zu rechnen.»

«Wenn man so rechnet, gibt es auf der ganzen Welt nicht Geld genug zu bezahlen, das bezahle ich nicht.»

«Wenn Sie das nicht bezahlen, gehe ich vor Gericht.»

Und das tat sie. An dem Tag, an dem der Fuhrmann vor Gericht erscheinen sollte, begegnete er auf dem Weg einem Mann, der sich als der Teufel entpuppte, und der fragte ihn, was los war.

«Nun, mach dir keine Sorgen, in diesem Prozeß will ich dich verteidigen, und du kommst gut da heraus. Wenn der Prozeß im Gange ist, komm ich herein, dann hab keine Angst. Ich nehme dir auch kein Geld ab, du hast ja schon in meinen Opferstock auf der Brücke bezahlt.»

Als nun die Gerichtsverhandlung im Gange war, erschien der Teufel mit einer Stange in der Hand und machte Anstalten, als wollte er den Boden aufgraben. Da sagte der Richter:

«Mensch oder Teufel, seid Ihr verrückt? Was fällt Euch ein, hier so anzukommen?»

«Nun, verrückt bin ich nicht, ich will nur Kastanien rösten, um Kastanienbäume zu säen.»

«Geben etwa geröstete Kastanien neue Kastanienbäume?»

«Wenn geröstete Kastanien keine neuen Kastanienbäume geben, dann geben Spiegeleier auch keine Küken.»

So gewann der Fuhrmann den Prozeß und brauchte nur das Dutzend Eier zu dem Preis zu bezahlen, den sie wert waren, als er sie gegessen hatte.

## 107

## *Der Schützling des heiligen Antonius*

*Ein Schützling des heiligen Antonius* lag todkrank danieder, und als er aus dem Bett schon nicht mehr aufstehen konnte, kam ein Armer und bat an der Tür um ein Almosen. Da ging die Magd an die Tür und fragte, was er wollte. Der Arme sagte, er wolle sehen, ob man ihm einen Scheffel Weizen geben könne. Das Mädchen antwortete, ob das nicht reichlich sei, um soviel auf einmal zu bitten, aber der Arme sagte, sie solle ihren Herrn fragen.

Das Mädchen ging zu seinem Herrn und erzählte ihm, was der Arme wollte. Da sagte er:

«Gib ihm, was er will, denn wenn er um soviel bittet, ist er sicher in großer Not.»

Da ging das Mädchen zu dem Armen zurück und sagte:

«Ihr habt Glück gehabt und meinen Herrn in einem guten Augenblick angetroffen. Er hat mir gesagt, ich soll Euch geben, worum Ihr gebeten habt. Also her mit Eurem Sack!»

«Ihr müßt mir auch schon den Sack geben, denn ich habe keinen mitgebracht.»

Ganz verärgert antwortete ihm das Mädchen:

«Zum Teufel mit dem Bettler! Er verlangt einen Scheffel

Weizen und hat nicht einmal etwas bei sich, um ihn mitzunehmen.»

«Fragt doch Euren Herrn», sagte der Arme.

Das Mädchen ging nochmals zu seinem Herrn und sagte, der Arme wolle auch noch einen Sack für den Weizen, nicht einmal den habe er mitgebracht.

«Gut», sagte der Herr, «und gib ihm einen neuen, damit ihm der Weizen auf dem Weg nicht herausfällt.»

Als der Arme schließlich den Weizen im Sack verstaut hatte, fragte er das Mädchen, ob sie nicht den Sack ein Stück tragen könne, denn seine Kräfte wären schwach bemessen.

«Was sagt Ihr da? Ihr seid gut, bettelt um nicht mehr und nicht weniger als einen Scheffel Weizen, wollt den Sack noch dazu, und jetzt soll ich Euch das Ganze noch nach Hause tragen!»

«Fragt Euren Herrn, ob er das erlaubt!»

Das Mädchen ging wieder zu seinem Herrn und erzählte ihm, was der Arme jetzt wünschte, dabei dachte sie insgeheim, auch ihr Herr würde nun die Aufdringlichkeit des Bettlers satt haben und ihn zum ..., aber der Herr sagte:

«Wenn er dich gebeten hat, trag ihm den Sack hin. Er ist sicher krank und würde es nicht schaffen.»

Das Mädchen lud sich den Sack auf den Kopf, und als sie ein Stück gegangen waren, ließ der Arme sie anhalten und sagte ihr, sie müsse jetzt nach Hause gehen und sich nicht aufhalten, wenn sie ihren Herrn noch lebend antreffen wolle. Er aber blieb auf dem Sack sitzen, und nach einer Weile kam ein Hase aus dem Haus gelaufen, dem war ein Windhund auf den Fersen. Als sie bei dem armen Mann vorbeikamen, stand der auf und schrie dem Windhund zu:

«Laß ihn los, der gehört mir.»

Der Windhund blieb stehen und antwortete ihm:

«Das werden wir sehen.»

Der Hase war aber die Seele des Herrn des Hauses, und der Windhund war der Teufel, und der Arme war der heilige

Antonius. Sie wogen nun die guten und die bösen Werke des Toten gegeneinander ab, und weil die bösen schwerer wogen, sagte der Teufel:

«Hab ich es nicht gesagt? Sie gehört mir.»

Da antwortete ihm der heilige Antonius:

«Und der Sack Weizen?»

Sie zählten nun die Weizenkörner ab, aber auch die genügten noch nicht. Da meldete sich wieder der heilige Antonius:

«Und die Fäden des Sackleinens?»

Sie zählten die Fäden des Sackleinens aus, aber es war immer noch nicht genug. Da sagte der heilige Antonius:

«Und die Schritte der Magd?»

Da rechneten sie die Schritte der Magd auf, und es blieben noch welche übrig. Und der heilige Antonius konnte die Seele seines Schützlings mit sich nehmen.

## 108

## *Die Mahnungen des Todes*

*Ein junger Mann begegnete einmal dem Tod,* und beide schlossen Freundschaft miteinander. Da sagte der junge Mann eines Tages zum Tod, wo sie so gute Freunde seien, wollte er ihn um einen Gefallen bitten. Bevor er ihn für immer abhole, solle er ihm das doch ankündigen, dann könne er sein Leben besser genießen. Das versprach ihm der Tod. Sie trennten sich, und es vergingen viele Jahre, ohne daß der Mann vom Tod irgendeine Mahnung erhielt. Aber eines Tages, als er schon alt geworden war, erschien der Tod bei ihm und sagte, er wolle ihn holen. Der Mann erschrak, erwiderte, das ginge gegen die Abmachung, der Tod habe doch versprochen, sich zeitig anzukündigen. So ohne weiteres ginge das nicht. Da antwortete ihm der Tod:

«Hast du nicht weiße Haare bekommen?»
«Das habe ich», antwortete der Mann.
«Sind dir die Zähne nicht ausgefallen?»
«Das allerdings.»
«Sind deine Beine beim Gehen nicht müde geworden?»
«Ja, das sind sie.»
«Und hast du nicht mehr und mehr an Kräften verloren?»
«Ja, auch das ist richtig.»
«Aber was erwartest du denn noch mehr an Ankündigungen von mir?»

## 109

## *Wer ist Herr im Hause?*

*Es war einmal ein König,* der wollte heiraten, aber da er ein vorsichtiger Mann war und nichts unüberlegt tat, wollte er vorher wissen, wer Herr im Hause ist, der Mann oder die Frau. Da fragte er einen seiner Diener, dem er sehr vertraute. Der sollte ihm offen und ehrlich sagen, wer bei ihm zu Hause zu sagen hat, er oder seine Frau, und der Diener antwortete ihm:

«Herr, bei uns befiehlt, wenn es auch nicht so aussieht, meine Frau, und ich glaube, daß das überall so ist und auch immer so sein wird.»

Dem Herrn König gefiel gar nicht, was er da hörte, weil er nicht wollte, daß die Frauen im Hause das Wort haben, und er sagte zu seinem Diener:

«Wie ist das möglich! Wenn es bei dir so zugeht, dann liegt das daran, daß du eben kein Mann bist. Aber nicht alle sind so wie du.» Der Diener erwiderte, er sei sicher, daß es überall gleich sei. Da will sein Herr König eine Probe machen und beschließt, daß sie beide sich verkleiden und überall in den

Häusern Mann und Frau fragen, was sie lieber möchten, ein Pferd oder eine Kuh, denn auf diese Weise würden sie am besten herausbekommen, wer in dem Hause das Sagen hat, denn das Pferd ist für die Männer da, die Kuh aber für die Frauen.

Die beiden gehen also los und nehmen noch eine Reihe Diener zum Helfen mit, denn sie hatten auch eine Herde Pferde und Kühe dabei. Sie kommen also an das erste Haus, klopfen an die Tür, bitten den Mann und die Frau heraus und sagen zu ihnen, sie sollten im Auftrag des Herrn Königs unter den Bewohnern Pferde und Kühe verteilen, aber in jedes Haus nur eines von beiden, ein Pferd oder eine Kuh, wie es gewünscht würde. Der Mann und die Frau sagten jeder seinen Wunsch, da bedeutete ihnen der Herr König, daß sie ihnen nur eines von beiden geben könnten.

Der Mann bittet um ein Pferd, wie er sagt, um damit Reisen zu machen, das Korn zur Mühle zu tragen oder das Viehfutter aufzuladen. Die Frau aber wünschte sich, nachdem sie ihn hatte ausreden lassen, eine Kuh, weil die Milch gäbe, Kälber brächte und bei der Feldarbeit von Nutzen wäre. Der Mann wollte zuerst nicht nachgeben, aber am Ende war er überzeugt, daß der Wunsch der Frau der vernünftigere wäre, und so behielten sie also die Kuh. Der Herr König und seine Diener begaben sich nun in ein anderes Haus und in noch eines und in viele mehr, und immer war es das gleiche. Am Ende hatten sie nur noch eine Kuh, aber noch alle Pferde, die sie mitgenommen hatten.

Der Herr König sah nun, daß sein Diener recht gehabt hatte, aber er wollte es doch nicht glauben. Als sie nun in noch ein Haus kamen, trafen sie auf einen sehr gewitzten Mann, dem konnte seine Frau nicht das Wasser reichen, und sie war ihm in allem wirklich untertan. Der Herr König hatte kaum ausgesprochen, da entschied er sich schon für das Pferd, die Frau aber stand stumm daneben und wagte kein Sterbenswörtchen. Also bekamen sie ein Pferd.

Die ganze Gesellschaft machte sich wieder auf den Weg, und der Herr König, der vorher ganz niedergedrückt war, richtete sich nun stolz wieder auf und sagte zu seinem Diener:

«Siehst du, es gibt noch Männer, die Herr in ihrem Hause sind», und als er das sagte, hörten sie Hufegetrampel hinter sich, drehten sich um und sahen den Mann mit all seinem Witz, dem seine Frau so untertänig ergeben war, mit dem Pferd an der Leine auf sie zukommen und hörten ihn schreien:

«Hallo, Leute, haltet mal an!»

Die anderen warteten auf ihn, und dann erklärte er ihnen, daß sie sich nun doch anders besonnen hätten, und wenn es ihnen nichts ausmachte, möchten sie ihm das Pferd gegen eine Kuh eintauschen.

Der Herr König gab sie ihm, und nach einigem Nachdenken sagte er zu seinem Diener:

«Weißt du, ich heirate nicht, weil ich nicht will, daß meine Frau Herr im Hause ist.»

Und wie man sagt, ist der Herr König als Junggeselle gestorben.

*110*

## *Die Absicht genügt*

*Es war einmal ein Bauer,* der ging zur Beichte und sagte zum Pfarrer:

«Herr Pfarrer, als ich neulich an der Tenne von Gevatter Hans vorbeikam, war da ein schönes Zicklein, das wollte ich einfangen, aber weil das Gitter um die Tenne verschlossen war, hab ich es nicht bekommen.»

Da sagte der Pfarrer zu ihm:

«O weh, mein Sohn, schon die Absicht genügt zum Sündigen! Wieviel mag das Zicklein wert gewesen sein?»

«Ein solches Zicklein ist mehr oder weniger einen Peso wert, Herr Pfarrer.»

«Dann bringst du mir einen Taler als Bezahlung für eine Messe für die armen Seelen im Fegefeuer. Sonst kann ich dir die Absolution nicht erteilen.»

«Gut, Herr Pfarrer, das Geld sollen Sie haben.»

Der Bauer ging nach Hause, um das Geld zu holen, aber statt es durch die Tür zu reichen, wollte er es durch das Gitter des Beichtstuhls stecken. Der Pfarrer sagte ihm, er solle es ihm durch die Tür reichen, aber er bestand darauf, es durch das Gitter abzugeben. Und da das Gitter zu eng war und der Taler da nicht hindurchging, sagte er zu dem Pfarrer:

«Die Absicht genügt, Herr Pfarrer. Das Zicklein ging auch nicht durch das Gitter der Tenne.»

## *111*

## *Wie der Teufel dem Pächter half*

*Es war einmal ein reicher Gutsbesitzer,* der hatte einen bettelarmen Pächter, und eines Tages ging der Pächter hin und fragte seinen Herrn, ob er ihn ein Stück ungerodeten Landes, das ihm gehörte, umgraben ließe. Der sagte ihm, er solle umgraben, soviel er wolle, aber der Pächter fragte, zu welchen Bedingungen das wäre. Da antwortete ihm der Herr:

«Wer mehr Land umgräbt, kann auch mehr abbrennen.»

Der Pächter ging also weg und grub nun Tag für Tag, soviel er konnte, und obwohl sein Herr nicht auf dem Feld erschien, dachte er, eines Tages würde schon eine tüchtige Gruppe von Leuten kommen und das Stück Feld umgraben, das er bis dahin noch nicht bearbeitet hatte. Aber nein, der Herr ließ sich nicht sehen, und so grub der Pächter das ganze Brachland um.

Als der Sommer kam, ging der Pächter wieder zu seinem Herrn und sagte ihm, er habe das ganze Feld umgegraben, nun könne das Abbrennen losgehen, und wie er es damit halten solle.

«Gut», antwortete der Herr, «wer mehr abbrennt, kann auch mehr säen.»

Wieder machte der Pächter sich an die Arbeit und brannte das ganze umgegrabene Land ab, ohne daß der Herr auch nur einmal auftauchte.

Dann kam der Oktober, aber der Pächter wagte nicht, mit dem Säen anzufangen, bevor der Herr seine Zustimmung gegeben hatte. Er ging also zu ihm und sagte, es wäre nun Zeit zu säen, und wie das vor sich gehen sollte. Der Herr antwortete wie immer, wer mehr säe, der könne auch mehr abmähen. Der Pächter sputete sich wieder, wie er nur konnte, und wieder war der Herr noch nicht aufgetaucht, als er schon über das ganze Feld gesät hatte. Die Zeit des Mähens kam heran, und weil der Pächter damit nicht anfangen wollte, ohne seinen Herrn zu befragen, ging er zu ihm und sagte, das Getreide sei nun reif, man könne mit der Mahd beginnen, und wie das vonstatten gehen solle.

«Wie das vonstatten gehen soll? Nun, wie schon immer, wer mehr mäht, kann auch mehr einfahren.»

Da ging der Pächter los, und da er meinte, daß sein Herr keine Eile an den Tag legen würde, rief er alle Nachbarn zusammen und bat sie um ihre Hilfe beim Mähen vom nächsten Tag an. Alle sagten ihm zu, und er war sehr froh, weil er glaubte, wenn sein Herr kommen würde, um nachzusehen, würde er schon das ganze große Feld abgemäht haben. Aber es kam ganz anders, denn gleich nach ihm hatte der Gutsbesitzer alle anderen Pächter zusammengerufen.

Der Mähtag kam, unser Pächter stand ganz früh auf, marschierte los, ohne auf die Nachbarn zu warten, und fing an, in einer Ecke des Feldes zu mähen. Als er aber drei oder vier Reihen gemäht hatte, erschien sein Herr und mit ihm alle

Nachbarn, die begannen nun, an der anderen Ecke des Feldes zu mähen.

Da wurde unser Mann traurig, und da er sah, wie wenig er allein ausrichten konnte, ging er betrübt nach Hause. Auf dem Weg begegnete er dem Teufel, der fragte ihn nach dem Grund seines Kummers. Der Pächter erzählte ihm alles, und da sagte der Teufel zu ihm, er würde das schon in Ordnung bringen und ihm das ganze Getreide mähen, wenn er ihm das Erstgeborene gäbe, das bei ihm zu Hause geboren würde.

Der Pächter überlegte, daß seine Frau, eine schwere Sau, die er hatte, und seine Katze mehr oder weniger um dieselbe Zeit gebären müßten. Er rechnete genauer nach, und da meinte er, daß die Katze die erste sein würde, und nahm darum das Angebot des Teufels an.

Der Teufel ging also auf das Feld, und er mähte reihauf, reihab mit einer Geschwindigkeit, daß er allein mehr als die anderen zusammen schaffte. Die wurden natürlich ärgerlich und sagten unter sich, das beste wäre, ihm einen Fußtritt in den Hintern zu geben und ihn fortzujagen. Da meldete sich ein Junge und sagte, er würde das schon besorgen. Er stellte sich hinter den Teufel, und als er sich ihm nähern konnte, trat er ihm mit aller Macht in das Hinterteil. Aber sein Tritt hatte eine solche Kraft, daß Fuß und Holzschuh im Hintern des Teufels steckenblieben. Der aber mähte ruhig weiter, als sei nichts gewesen, und schleifte den Jungen auf den Stoppeln hinter sich her. Als die andern das sahen, packte sie eine solche Angst, daß sie nach Hause rannten und nicht wagten, auf das Feld zurückzugehen. Als es dem Teufel genug schien, drückte er ein wenig und ließ den Fuß des Jungen wieder frei. Aber der war schon ganz verfault, und der Junge humpelte so schlecht und recht, wie er konnte, nach Hause. Als die Dorfbewohner das sahen, kam sie noch einmal die große Angst an, und keiner dachte daran, noch einmal aufs Feld zu gehen außer unserem Pächter, der in aller Ruhe das ganze Getreide nach und nach in seine Scheune brachte.

Die Zeit verging, aber die Kätzchen wollten und wollten nicht auf die Welt kommen, so daß unser Pächter allmählich die Nerven verlor. Und tatsächlich: das erste, was in seinem Haus geboren wurde, war sein kleiner Sohn, und der Pächter ging sorgenvoll umher und dachte daran, daß von einem Augenblick zum andern der Teufel kommen konnte, um ihn sich zu holen.

Seine Frau, die ihn so bekümmert sah, fragte ihn, ob ihm der Kleine nicht gefiele, da erzählte er ihr alles, was mit dem Teufel geschehen war. Sie sagte dazu, er solle sich wegen einer solchen Kleinigkeit keine Sorgen machen, das Kind gehöre ja auch ihr, und er solle den Teufel, wenn er käme, nur hereinlassen, sie würde schon mit ihm fertig werden. Und so geschah es. Als der Teufel erschien und den Mann vor der Haustür antraf, sagte er zu ihm: «Du weißt, ich komme, um das Versprochene zu holen.»

Der Mann bat ihn herein, das Kind liege im Bett, und als der Teufel drinnen war, redete die Frau ihn an:

«Ich weiß, was mein Mann dir versprochen hat, aber das Kind gehört auch mir. Du kannst es erst mitnehmen, wenn du dieses Haar geradegerichtet hast.»

Und sie zupfte sich ein Haar unter dem Arm aus und gab es dem Teufel. Der legte es auf eine Hand, und mit der anderen drehte er es mehrmals herum. Aber je öfter er es tat, um so mehr kräuselte sich das Haar, bis der Teufel, der vergeblichen Mühe und des Spottes der anderen satt, einen Knall tat und durch eine Luke verschwand. Der Schwefelgeruch, den er hinterließ, war aber noch mehr als einen Monat lang zu riechen.

112

## Der dumme Hans

*Es waren einmal ein Mann und eine Frau,* die waren sehr arm und hatten viele Kinder, und weil der Mann, der Hans hieß, zu keiner Arbeit taugte, fehlte es ihnen am Nötigsten. Es kam ein Tag, da erzürnte sich die Frau so sehr über ihren Mann, daß sie ihn aus dem Hause schickte und sagte, er solle sich in der weiten Welt umtun, sich einen Dienstherrn suchen und so wenigstens für sich selber sorgen.

Auf dem Weg erschien ihm unser Herrgott in menschlicher Gestalt und fragte ihn:

«Wohin gehst du, Hans?»

«Ich suche mir einen Dienstherrn.»

«Willst du nicht mit mir kommen?»

«Das will ich gern, Herr.»

Er diente dem Herrgott schon eine gute Weile, da sagte dieser zu ihm:

«Hans, jetzt ist es an der Zeit, daß du deine Frau wiedersiehst.»

«Das auf keinen Fall, Herr! Wenn ich zu Hause auftauche, ist sie imstande und bringt mich um.»

«Du mußt gehen! Sieh, ich schenke dir dieses Eselchen, und wenn du zu Hause ankommst, versammelst du deine Frau und alle Kinder um dich und sagst zum Esel: ‹Eselchen, Gott hat dir die Gnade dazu geschenkt, scheiß nun Geld!› Und der Esel wird einen Haufen Geld machen.»

Hans zog also los, ganz zufrieden bei dem Gedanken, daß seine Frau ihn nun daheim lassen würde. Unterwegs wollte er aber in einem Hause Rast machen, in dem wohnten Frauen, die sagten zu ihm, Unterkunft, ja die gäben sie ihm, aber zum Essen hätten sie nichts.

«Keine Sorge», sagte darauf Hans, «für das Abendessen will ich schon aufkommen.»

Er ging zum Esel und befahl ihm, Geld zu scheißen. Dann nahm er die Münzen und sagte den Frauen, die sollten davon alles kaufen, was zum Abendessen nötig wäre. Die Frauen taten das, aber hinterher tauschten die Gaunerinnen den Esel gegen einen anderen aus.

Am nächsten Tag marschiert Hans nun mit dem Esel nach Hause, und als er ankam, rief er laut nach Frau und Kindern und sagte: «Kommt her, ihr Lieben, und seht, wie reich ich bin. Ich habe nämlich einen Esel mitgebracht, der scheißt Geld. Los, holt einen großen Kübel, den will ich euch damit füllen.»

Alle kamen herbei, und Hans stellte dem Esel den Kübel unter den Schwanz und sagte zu ihm:

«Eselchen, Gott hat dir die Gnade dazu geschenkt, scheiß nun Geld!»

Aber der Esel dachte gar nicht daran. Da nahm der Mann einen Knüppel und schlug ihn damit auf das Hinterteil und befahl: «Los, Esel, scheiß Geld!»

Aber das einzige, was der tat, war, den Kübel zu Stücken zu machen. Da nahm die Frau dem Hans den Knüppel weg und gab ihm eine solche Tracht Prügel, daß sie ihn fast umgebracht hätte, und beschimpfte ihn dabei mit «Dummkopf», «Faulpelz» und was ihr sonst noch einfiel.

Hans ging wiederum von zu Hause fort, um sein Brot zu verdienen, und wieder erschien ihm der Herrgott, diesmal in anderer Gestalt als damals, und sagte zu ihm:

«Wohin gehst du denn jetzt, Hans?»

«Ich suche mir einen Dienstherrn.»

«Willst du nicht zu mir kommen?»

«Das will ich gern, Herr.»

Er diente dem Herrgott wieder eine geraume Weile, da sagte dieser zu ihm:

«Hans, jetzt ist es an der Zeit, daß du wieder zu deiner Frau gehst.»

«Nein, Herr, das auf keinen Fall. Ich habe schon einmal bei

einem anderen Herrn gedient, der hat mich auch zu ihr zurückgeschickt, aber sie hat mir solche Prügel verabfolgt, daß sie mich fast umgebracht hat.»

«Diesmal schlägt sie dich nicht, denn ich will dir einen Tisch geben, auf dem erscheint alles, was du willst, wenn du nur sagst: ‹Tischchen, bei der Gnade, die Gott dir gegeben hat, tisch Essen für alle auf, die hier versammelt sind!›»

Hans ging also mit seinem Tisch von dannen und machte wieder Rast in dem Haus, in das er das vorige Mal eingekehrt war. Wieder boten sie ihm Unterkunft und sagten, zu essen hätten sie nichts. «Keine Sorge, im Handumdrehen haben wir hier Essen für alle und im Überfluß.»

Und zum Tischchen sagte er:

«Tischchen, bei der Gnade, die Gott dir gegeben hat, tisch Essen für alle auf, die wir hier beisammen sind.»

Auf dem Tischchen stand plötzlich Essen für alle, mehr als genug. Sie taten sich gütlich daran, bis nichts mehr rutschen wollte, dann gingen sie zu Bett. Als die Frauen sahen, daß Hans fest schlief, stahlen sie ihm den Tisch und stellten einen anderen dafür hin. Hans aber stand am anderen Morgen auf, lud sich den Tisch auf den Rücken und marschierte damit nach Haus. Dann rief er wie damals seine Frau und die Kinder zusammen.

«Aber was tust du denn hier, du Unglücksrabe? Hast du immer noch nichts dazugelernt?»

«Schweig still, Frau, diesmal komme ich wirklich als reicher Mann zurück. Ich habe einen Tisch, wenn ich dem sage, er soll uns zur Mahlzeit auftischen, dann tut er das. Kommt nur heran und seht!»

Die Frau bewaffnete sich vorher mit einem Besen, dann ging sie mit den Kindern zu ihrem Mann, der neben dem Tisch stand, und er sagte:

«Tischchen, bei der Gnade, die Gott dir gegeben hat, tisch nun auf für alle, die wir hier beisammen sind!»

Aber der Tisch blieb, wie er war. Da dachte die Frau, er

wolle sich über sie lustig machen, und gab ihm mit dem Besenstiel eine Lektion, die ihn vom Leben halb zum Tode beförderte.

Als der arme Hans wieder auf den Beinen stehen konnte, machte er sich abermals auf, um einen neuen Dienstherrn zu suchen. Wieder erschien ihm der Herrgott in veränderter Gestalt und sagte zu ihm:

«Hans, wohin gehst du denn jetzt zum drittenmal?»

«Ich suche einen Dienstherrn.»

«Willst du nicht mit mir kommen?»

«Das will ich gern, Herr.»

Er tat lange seinen Dienst, und eines Tages sagte sein Herr zu ihm: «Jetzt ist es an der Zeit, wieder zu deiner Frau zu gehen, Hans.»

«Nie mehr gehe ich zurück. Ich habe vorher schon bei zwei Herren gedient, und beide haben mir nach einiger Zeit gesagt, ich sollte zu ihr zurückkehren. Aber beide Male hat sie mich halbtot geschlagen.»

«Nein, Hans, sie schlägt dich nicht tot. Aber du bist ein Dummkopf. Höre, ich bin dein Herrgott, und alle drei Male hast du bei mir gedient. Ich habe dich immer so reich beschenkt, daß du keine Sorgen mehr zu haben brauchtest, aber du hast dich von den Frauen, bei denen du Rast gemacht hast, betrügen lassen. Diesmal gebe ich dir ein Kruzifix, und jedesmal, wenn du sagst: ‹Kruzifix, bei der Gnade, die Gott dir gab, schlag diese Person›, wird das Kruzifix losschlagen. Dazu gebe ich dir ein Tuch, und du mußt in dem Haus sagen, es habe große Zauberkraft. Wenn du schlafen gehst, leg das Tuch auf deinen Kopf und halt das Kruzifix gegen die Brust. Wenn sie glauben, du schläfst, werden sie kommen, um dir das Tuch zu stehlen. Dann sagst du zum Kruzifix, es soll auf sie einschlagen, und erst wenn sie dir den Esel und das Tischchen zurückgegeben haben, sagst du zum Kruzifix, es soll mit dem Schlagen aufhören.»

So wie Gott gesagt hatte, geschah es. Als die Frauen glaubten, daß Hans schliefe, wollten sie ihm das Tuch wegnehmen, das er so gerühmt hatte, aber er rief:

«Kruzifix, bei der Gnade, die Gott dir gab, schlag los auf diese Weiber.»

Sie bettelten, er solle sie in Ruhe lassen, aber Hans sagte, er werde dem Kruzifix erst Einhalt gebieten, wenn sie ihm das Diebesgut herausgäben. Schließlich gaben sie es ihm.

Nun ging Hans mit seiner Habe nach Hause, und als seine Frau sah, daß das mit dem Esel und mit dem Tischchen seine Richtigkeit hatte, umarmte sie Hans und sagte:

«Hans, mein Guter, wie sehr ich dich liebe! Ich wußte ja, daß du der Klügste auf der ganzen Welt bist.»

## 113

## *Freude, Sauberkeit und Respekt*

*Es war einmal ein reicher Mann,* der ließ die Armen nie ohne Unterkunft, wenn sie ihn darum baten. Eines Tages kam ein Bettler, der bat um Herberge. Da sagte der Herr zu ihm:

«Ich nehme dich auf, weil ich dich kenne, sonst täte ich es nicht.»

Als der Arme am nächsten Morgen aufstand, sagte er zu dem Herrn des Hauses:

«Bei euch im Haus fehlen drei Dinge.»

Der Herr, der sich durch diese Form des Dankes getroffen fühlte, fragte, was das für Dinge wären, und der Arme antwortete:

«Freude, Sauberkeit und Respekt.»

Der Herr wurde nachdenklich, schließlich fragte er, was das zu bedeuten habe, und der Arme erklärte ihm, was fehlte:

«Ein Hahn, das ist die Freude des Hauses, eine Katze, das ist seine Sauberkeit, und ein Hund, der bringt ihm Respekt.»

114

## *Der Knecht, der den Bauern tanzen ließ*

*Ein Knecht diente zwei Jahre lang bei einem Bauern.* Als diese Zeit abgelaufen war, entließ der Bauer ihn und gab ihm als Lohn für die zwei Jahre Arbeit vier Peseten. Der Knecht wollte sie erst gar nicht annehmen, war das doch wie eine Verhöhnung der Arbeit, die er geleistet, und des Schweißes, den er vergossen hatte. Aber er nahm sie dann doch, weil er sie auf seinem Weg nach Hause wohl brauchen könnte.

Unterwegs traf er einen Armen, der bat ihn um ein Almosen. Er machte seine Geldbörse auf, holte die vier Peseten heraus und gab sie dem Armen und sagte zu ihm, daß das der Lohn wäre, den er für zwei Jahre Arbeit bekommen hatte. Der Arme antwortete ihm: «Jetzt könnt Ihr Euch etwas von mir wünschen.»

«Gut, ich möchte eine Flinte, die immer trifft, und eine Geige, die alle zum Tanzen bringt, wenn ich darauf spiele.»

Der Arme gab ihm beides, und er ging zu seinem Bauern zurück, der gerade einen buntgefiederten Vogel in einem Brombeergebüsch beobachtete, den er fangen wollte. Da schoß der Knecht seine Flinte ab, und der Vogel fiel durch das Gebüsch tot zu Boden.

Als der Bauer das sah, lief er los, um sich den Vogel zu holen. Und er war mitten im Brombeergebüsch, als der Knecht auch schon auf seiner Geige aufspielte, um ihm seine üble Behandlung heimzuzahlen. Da ließ der Bauer den Vogel wieder fallen und tanzte mit einem Feuereifer wie auf dem schönsten Fest und zerfetzte sich dabei nach und nach die Kleider, bis er fast nackt war. Damit der Knecht mit dem Spielen aufhörte, gab er ihm eine große Börse voller Geld. Doch kaum war er frei, da wollte er sie ihm wieder abnehmen, der Knecht aber wehrte sich und behielt sie.

Der Bauer ging wieder nach Hause, zog andere Kleider an

und verklagte den Knecht vor Gericht, weil er ihn bestohlen habe. Der arme Knecht wurde zum Tode am Galgen verurteilt.

Als er gehängt werden sollte, durfte er einen letzten Wunsch äußern, wie das immer denen erlaubt wird, die am Galgen sterben müssen. Er bat darum, daß er noch einmal auf seiner Geige spielen dürfe, und obgleich der Bauer heftig widersprach, sagte das Gericht, daß es nichts Böses darin sehen könne, wenn er Geige spielen wolle, und gestattete es ihm. Kaum hatte er begonnen, auf den Saiten der Geige zu kratzen, da tanzten auch schon alle los. Der Bauer, der ja wußte, wie das weitergehen würde, klammerte sich an einen Ginsterstrauch, aber dessen Wurzeln lösten sich aus der Erde, und da tanzte der Bauer mit dem Strauch in der Hand umher.

Die Mitglieder des Gerichts schrien dem Knecht zu: «Hör auf! Hör auf!», aber der spielte weiter und spielte, bis niemand mehr sich auf den Beinen halten konnte, und dann sagte er: «Ich höre auf, wenn ich das Geld, das mir rechtmäßig zusteht, wiederbekomme und wenn dem Bauern eine kräftige Tracht Prügel verabreicht wird, damit er lernt, wie man seine Leute zu behandeln hat und sie nicht um den Lohn ihres Schweißes bringt.»

Es blieb ihnen nichts anderes übrig, als zu tun, was er gesagt hatte, und ihn wieder freizulassen.

## 115

## *Liebe unter Eheleuten*

*Ein Ehepaar hatte keine Kinder,* und sie versicherten einander immer wieder, daß er vor ihr sterben wolle, aber vor allem sie sagte, sie bete zum Herrgott, daß er sie zuerst zu sich rufen möge. Der Mann wollte nun gern die wahre Absicht seiner

Frau auf die Probe stellen, und eines Tages bat er seinen Nachbarn, er solle nachts in ein weißes Bettuch gehüllt und mit einer Sense über der Schulter in ihr Haus kommen, er wollte wissen, ob die Frau es ehrlich meinte, daß sie wünschte, vor ihm zu sterben.

Der Nachbar tat das, und als er in die Küche trat, tat der Mann sehr erschrocken und rief:

«Der Tod!»

Und er sprang auf und versteckte sich in dem Backofen, der in der Küche stand. Die Frau aber hatte vor Schreck die Sprache verloren und war nicht mehr imstande, sich zu bewegen. Als nun der Tod auf sie zuging und sie nicht sprechen konnte, zeigte sie mit dem Finger auf den Backofen, damit er sich den Mann holte.

## *116*

## *«So Gott will»*

*Es waren einmal ein Mann und eine Frau,* und eines Tages sagte der Mann zu seiner Frau:

«Morgen gehe ich in den Wald und fälle Bäume.»

«So Gott will», sagte darauf die Frau.

«Ob er will oder nicht will, ich fälle die Bäume.»

Am andern Tag ging er in den Wald, aber als er einen Abhang hinunterspringen wollte, fiel er hin und brach sich ein Bein. Kurz darauf kam ein Nachbar vorbei, und zu dem sagte er:

«Bestell doch meiner Frau, sie soll den Ochsen das Joch auflegen, so Gott will, und sie an den Wagen spannen, so Gott will, und mich hier abholen, so Gott will.»

117

## *Ein guter Richter*

*Es war einmal ein Mann,* der sah, als er über Land gehen wollte, einen Hänfling auf dem Weg. Weil er sich nicht entschließen konnte, nach Hause zurückzugehen, standen ihm also schwere Dinge bevor.

Als er an einen Sumpf kam, den er überqueren mußte, hörte er jemanden schreien und klagen, der ein Tier zum Weitergehen antrieb. Der tat unserem Mann leid, und er überlegte, wie er ihm helfen könnte. Im Nu war er bei dem, der geschrien hatte, und sah, daß es ein Maultiertreiber mit einer Koppel Maultiere war, die den Sumpf schon hinter sich hatten außer einem, das vom Gehpfad abgekommen und in den Sumpf geraten war. Je mehr es versuchte, wieder herauszukommen, um so mehr sank es ein, weil es so schwer beladen worden war, daß es sich kaum bewegen konnte.

Als der Treiber das sah, bat er unseren Mann um Hilfe, und der legte Hand an und faßte das Maultier am Schwanz, während der Treiber am Zaumzeug zerrte. Unser Mann aber zog so heftig, daß er dem Tier den Schwanz ausriß und dieses mit all seiner Last im Schlamm verschwand.

Der Treiber, der unseren Mann erst um seine Hilfe angefleht hatte, schimpfte jetzt mit ihm, nannte ihn einen Taugenichts, der an seinem Verlust schuld sei, und forderte am Ende, er müsse ihm das Maultier und die Last ersetzen. Wenn nicht, würde er vor Gericht gehen.

Der arme Mann aber, der kein Geld hatte, antwortete, er würde nichts bezahlen, denn er habe ihm nur einen Gefallen tun wollen, und es wäre ungerecht, wenn er etwas begleichen sollte, was gar nicht seine Schuld sei. Der Treiber begann derart zu schimpfen, daß der andere ganz ängstlich wurde und sich mit allem einverstanden erklärte. Der Treiber stellte schließlich seine anderen Maultiere bei einem Nachbarn ein, um auf dem Leittier zum Richter zu reiten, und unser armer Mann kam ohne Federlesens mit ihm und legte den Weg neben dem Reiter zu Fuß zurück. Als die Nacht hereinbrach, waren sie noch weit vom Ziel entfernt, und der Treiber bestimmte, daß sie haltmachten und in einem Haus am Wege um Unterkunft baten.

Der Treiber, der dort gut bekannt war, wurde mit Freuden aufgenommen, aber dem Ärmsten, der auf seinem Weg dem Hänfling begegnet war, schenkte die Frau des Hauses nur unfreundliche Blicke. Als es Zeit zum Essen war, bestellte der Treiber ein paar Eier mit Speck, während sein Begleiter, der nur wenig Geld, aber einen Rest Schweinespeck in seinem Bündel hatte, die Wirtin bat, den für ihn auszubraten. Man wollte ihm keine Pfanne leihen, um sein kümmerliches Gericht ein wenig warm zu machen, und erst nach langem Nörgeln gab die Frau ihm schließlich eine Pfanne, in der sollte er es sich selber zubereiten. Immer niedergeschlagener machte er sich daran. Ich weiß nicht, was es mit dem Speck auf sich hatte, aber jedenfalls roch der so gut, daß die Frau des Hauses, die schwanger war, großen Appetit darauf bekam, der arme Mann aber, der sonst nichts zu essen hatte, wollte ihn ihr nicht geben, weil sie ihn so übel behandelte. Die Frau geriet deswegen in solche Wut, daß plötzlich ihre Wehen einsetzten und sie ein Baby zur Welt brachte. Das Kind überlebte zur Verzweiflung der Eltern die Geburt nicht, und da hättet ihr sehen sollen, wie der Vater unseren Mann zur Rede stellte.

«Aber was kann ich denn daran ändern», erwiderte dieser, «wo mich doch keine Schuld trifft?»

Aber der Herr des Hauses sah es anders und sagte ihm, auch er würde ihn verklagen und zusammen mit dem Treiber vor den Richter gehen.

Unser Mann tat in dieser Nacht kein Auge zu und überlegte, wie er sich die Forderungen der beiden vom Halse schaffen könnte. Am Morgen machten sie sich auf den Weg, und als sie an einer Kirche vorbeikamen, machten sie halt, um den Schatten der Bäume vor der Kirche auszunutzen, und da fiel unserem Mann plötzlich ein Ausweg aus seiner Not ein. Er ging in die Kirche hinein, stieg auf den Chor, sprang durch das Türchen zum Kirchturm auf das Dach und stürzte sich kopfüber herunter, um allem ein Ende zu machen. Aber sein Mißgeschick wollte, daß in diesem Augenblick der Küster herauskam, um das Seil zu ziehen und die Glocken zu läuten, und unser Mann fiel auf ihn und tötete ihn, ohne selbst den mindesten Schaden zu nehmen.

Da kamen die Frau und der Sohn des Umgekommenen, um von unserem Mann Rechenschaft zu fordern, aber da er nichts dazu konnte, wollten auch sie ihn verklagen, und der Sohn des Küsters schloß sich dem Treiber und dem Gastwirt an, und sie setzten nun zu vieren den Weg fort.

Sie kamen schließlich beim Richter an, der den Ruf hatte, ein Mann von großer Gerechtigkeit zu sein.

«Wir sind gekommen, Herr Richter», begann der Treiber, «um Euch um Gerechtigkeit gegenüber diesem Mann zu bitten, der uns großen Schaden zugefügt hat. Ich habe durch ihn ein Maultier mit seiner ganzen Traglast verloren, und es ist nicht mehr als recht, daß er den Schaden ersetzt.»

«Und bei mir», sagte der Gastwirt, «hat er die Fehlgeburt meiner Frau herbeigeführt, als wir einen Sohn erwarteten, der unser Haus führen sollte, wenn ich zu alt dafür geworden bin, und es ist nicht mehr als recht, daß er den Schaden ersetzt.»

«Und ich klage diesen Bösewicht an», sagte der Sohn des Küsters, «weil er sich vom Kirchendach heruntergestürzt und meinen Vater umgebracht hat, der die einzige Stütze unserer Familie war und ohne den wir jetzt dem Elend preisgegeben sind. Es ist darum nicht mehr als recht, daß er den Schaden ersetzt.»

Der Richter schwieg eine Weile, dann sagte er:

«Es mag gewesen sein, wie ihr sagt, doch wird es euch recht erscheinen, daß nun auch der Beschuldigte aussagt.»

Und er ließ unseren Mann erzählen, wie die Dinge sich zugetragen hatten, und nachdem er dann eine Weile nachgedacht hatte, fällte er das Urteil. Der Treiber solle noch einmal ein anderes Maultier, ähnlich dem, das er verloren hatte, und mit der gleichen Last an die gleiche Stelle bringen, und um zu entscheiden, wo die Schuld läge, solle er am Schwanz und unser Mann am Zaum des Tieres ziehen. Käme das Tier gut heraus, so müsse der Beschuldigte das andere Maultier mitsamt der Last bezahlen, versinke es aber wieder im Morast, so ginge der ganze Verlust auf Kosten des Treibers.

Dem Gastwirt trug er auf, unseren Mann wieder mit sich nach Hause zu nehmen, ihn gut zu bewirten, bis die Wirtin wieder schwanger würde, und dann die Geschichte mit dem aufgebratenen Speck zu wiederholen. Gäbe es wieder eine Fehlgeburt, dann müsse der Beschuldigte bezahlen, wenn nicht, der Wirt den Schaden tragen.

Dem Sohn des Küsters sagte er, er solle mit unserem Mann wieder zurückgehen, ihn da hinstellen, wo sein Vater zu Tode gekommen war, selbst auf den Kirchturm steigen und sich von oben auf ihn stürzen, um ihn zu töten.

«Hahaha», sagte er dabei, «und wißt, wenn ihr nicht so handelt, schuldet euch der Angeklagte nichts und kann frei seines Weges gehen.»

Aber wie man erzählt, wollte keiner von den dreien die Probe wiederholen, und der, der den Hänfling sah, als er von zu Hause fortging, zog ungeschoren von dannen.

## 118

## Das Geheimnis

*Es war einmal ein Brautpaar,* die waren schon lange miteinander verlobt, und eines Tages rief die Mutter des Mädchens den Bräutigam – das war Seraphim, der Sohn des Gevatters Zolerpas – und sagte zu ihm, er müsse nun endlich an die Hochzeit denken, er habe um das Mädchen schon lange genug gefreit, und man müsse auch einmal an das weitere denken.

Seraphim kratzte sich den Kopf, verzog den Mund, zuckte mit den Schultern und sagte schließlich, gut, er wolle es überdenken und werde es mit seiner Braut besprechen. Und so geschah es. In die Enge getrieben, wollte der junge Mann, der nicht auf den Kopf gefallen war, wenigstens wissen, inwieweit die Frauen imstande sind, ein Geheimnis zu bewahren. Und er sagte zu seiner Braut Josepha:

«Josepha, du weißt, daß ich treu zu dir halte, daß ich dich liebe, und so weiter und so weiter. Deine Mutter hat mir gesagt, wir müßten jetzt an die Hochzeit denken, und was mich angeht, du lieber Gott, was könnte ich mir Besseres wünschen. Aber es geht nicht, es geht einfach nicht.»

«Was soll das heißen, es geht nicht?» fragte ihn das Mädchen. «Das ist ein Geheimnis, und ich kann es dir nicht sagen.»

Das Mädchen drang in ihn, und er wehrte immer wieder ab, so stritten sie mehrere Tage herum, bis schließlich Seraphim mit seinem Geheimnis herausrückte.

«Weißt du, ich will es dir schon erzählen, aber es ist ein Geheimnis, und du darfst es niemandem weitersagen.»

«Erzähl schon, erzähl», sagte sie.

«Weißt du, ich, nun ich, ich lege jeden Tag ein Ei, ein Ei wie die Hennen.»

«Ist das wahr?»

«Ja, so ist es, aber du mußt das Geheimnis bewahren. Du siehst, daß ich nicht heiraten kann.»

«Der Himmel steh mir bei», sagte Josepha, «und deswegen hast du dir Sorgen gemacht? Das ist doch kein Fehler, sondern eher ein Vorteil, denn wie viele Hennen legen schon jeden Tag ein Ei?»

Sie trennten sich, und noch an demselben Abend erzählte das Mädchen die Geschichte seiner Mutter, wieder unter dem Siegel der strengsten Verschwiegenheit. Aber um das Verdienst ihres Eier legenden Bräutigams noch herauszustreichen, sagte es, Seraphim lege jeden Tag zwei Eier.

Als ihr Mann aus der Gastwirtschaft kam, erzählte die Mutter ihm sofort, was los war, aber sie sagte, daß der Bräutigam ihrer Tochter drei Eier am Tag lege.

Der Vater konnte das Geheimnis nicht bei sich behalten, es fiel ihm schwer, es seinen Freunden nicht am nächsten Tage in der Gastwirtschaft zu erzählen, und so machte das «Geheimnis» die Runde und nahm kräftig zu, bis es dem König zu Ohren kam, dem man berichtete, daß es in seinem Reiche einen Mann gebe, der jeden Tag hundert Eier lege.

Der König ließ den Mann kommen, um ihn in seinen Dienst zu nehmen, denn so konnte er sich seinen Hühnerstall sparen. Als Seraphim an den Hof kam, war er in großer Verwirrung, dann aber erzählte er die volle Wahrheit. Alle lobten seine Klugheit, Josepha aber blieb ledig, «um Heiligenfiguren anzukleiden».

Die Geschichte ist aus, und wir geh'n nach Haus.

## 119
## Der Tote als Gast beim Bankett seiner Freunde

*Es waren einmal drei gute Freunde,* und einer von ihnen war ein Spaßvogel und immer guter Laune, so daß er mit seinen Einfällen und Witzen alle Welt zum Lachen brachte. Dieser Freund starb nun, und die beiden anderen waren sehr traurig darüber, weil sie ihre Schlemmereien immer zusammen veranstaltet und er sie mit seinem Humor in Stimmung gebracht hatte. Eine Zeitlang nach seinem Tode verabredeten sich nun die beiden Freunde wieder einmal zu einem gemeinsamen Essen, und da sagte der eine von ihnen:

«Wie schade, daß unser Freund nicht mehr dabei ist. Ich muß immer an ihn denken.»

Der andere wollte nun den Witzbold und den Mutigen spielen und antwortete ihm:

«Wenn du willst, gehe ich hin und lade ihn ein dabeizusein.»

«Einverstanden», sagte der andere im Scherz.

Um nun nicht als feige zu erscheinen, machte sich der andere wirklich auf zum Friedhof, der nah beim Dorf war, ging hinein und rief:

«Hallo, ich und dein Freund Soundso, wir haben uns zu einem Bankett verabredet und möchten, daß du dabei bist.»

Darauf hörte man die Stimme des Toten, die antwortete:

«Sag nur unserem Freund, daß ich komme.»

Der Lebende ging nicht ohne ein Gefühl der Beklemmung wieder zurück, und kaum hatte er sich hingesetzt und seinem Freund erzählt, was geschehen war, da erschien auch schon der tote Freund und begrüßte sie.

«Guten Abend, hier bin ich und danke euch, daß ihr an mich gedacht habt.»

Sie speisten also zusammen, die beiden Lebenden ohne Appetit, und am Ende sagte der Tote zu ihnen:

«Vielen Dank! Für morgen lade ich euch zum Abendessen ein.» Die beiden Freunde gingen zum Pfarrer und erzählten dem, was geschehen war. Der tadelte und ermahnte sie ernsthaft und sagte ihnen zum Schluß:

«Ihr geht morgen hin, legt aber vorher diese Skapuliere und diese Sprüche auf eure Brust!»

Sie gingen also hin und riefen nach dem Toten. Der antwortete ihnen:

«Das, was ihr an eurem Leib tragt, ist eure Rettung. Ohne dem müßtet ihr mit mir in das Jenseits.»

## 120

## *Der Müller und der Schankwirt in der Hölle*

*In der Hölle begegneten sich* ein Müller und ein Schankwirt, die sich kannten, und als beide sich sahen, waren sie sehr verwundert. Da fragte der Schankwirt den Müller:

«Und du, wieso bist du hier?»

«Weil ich reichlich gemessen habe», antwortete der Müller.

«Und ich, weil ich zu knapp gemessen habe. Wie reimt sich das zusammen?»

## 121

## *Der Andalusier und der Galicier*

*Ein Andalusier und ein Galicier* fuhren einmal zusammen im Zug. Und wie sie sich so hänselten, sagte der Andalusier zu seinem Reisegefährten:

«In meiner Heimat habe ich einen Kohlkopf gesehen, der nahm vier Quadratkilometer Platz ein.»

Da sagte der Galicier zu ihm:

«Und in meiner Heimat machen sie einen Kessel, der ist so riesig, daß hundert Kesselschmiede daran arbeiten und der eine den anderen nicht hören kann, wenn sie mit ihren Hämmern klopfen.»

«Und wozu brauchen die einen so großen Kessel?»

«Um deinen Kohlkopf zu kochen», antwortete ihm der Galicier mit listigem Lächeln.

## 122

## *Die Burgruine von Baran*

*Auf dem Berg dieses Namens* leuchtet jede Nacht unter einem Felsen mitten auf der Bergkrone ein Lichtchen auf.

Eines Tages setzte sich ein Hirtenjunge, der seine Schafe weidete, auf den Felsen, da erschien ihm eine Frau, die war sehr schön und trat zu ihm und sagte ihm, sie sei aus sehr reichem Hause, aus einem Grafengeschlecht, aber sie sei dort verzaubert seit vielen Jahren, und er solle am nächsten Tag wiederkommen mit seinen Schafen und sich auf denselben Felsen setzen. Sie würde dann in Gestalt einer Schlange erscheinen und an ihm hochkriechen, aber wenn er keine Angst bekäme, würde ihm nichts geschehen, und sie würde ihn glücklich machen.

Als es Abend war, ging der Junge nach Hause zurück und erzählte alles seinen Eltern, und sie beschlossen, daß er wieder hingehen, aber die Schlange nicht an sich hochkriechen lassen sollte. Und seine Eltern wollten auch hingehen, um zu sehen, was wohl daran wäre.

Als es am andern Tag Zeit war, die Schafe zur Weide zu

bringen, machten sich der Junge und seine Eltern auf den Weg. Am Ziel setzte sich der Kleine auf den Felsen, und seine Eltern versteckten sich in einem Ginstergebüsch, von wo sie unbemerkt alles beobachten konnten.

Kaum hatte der Junge sich hingesetzt, da kam auch schon die Schlange auf ihn zugekrochen, aber da sprang er wie vereinbart auf und lief weg und kam mit seinen Eltern wieder nach Hause zurück. Sie erzählten nun alles ihren Nachbarn, die fanden, daß er recht getan habe, denn wenn er die Schlange an sich hätte hochkriechen lassen, wäre auch er verzaubert worden.

Im Nachbardorf lebte ein Mann namens Mingos de Caraba, der war berühmt unter den Leuten, und kaum erfuhr der von der Geschichte, da holte er sich zwei Männer aus dem Dorf, die ihm tapfer zu sein schienen, und sagte ihnen, sie sollten ihm helfen, einen Zauber zu lösen, dann würde er sie glücklich machen. Aber sie dürften sich nicht erschrecken, was auch immer sie zu sehen bekämen. Sie nahmen das Angebot an und verabredeten, am nächsten Abend loszuziehen.

Als es Abend wurde, machten sich die drei auf den Weg, und der alte Mingos führte sie heimlich aus dem Dorf hinaus. An ihrem Ziel angelangt, zeichneten sie zuerst mit einer Silbermünze einen Kreis auf den Boden und stellten sich da hinein. Der alte Mingos hatte mehrere Skapuliere umgehängt, eine Kette voll von Medaillen, eine Stola und das Buch des heiligen Cyprian, um die Lösung des Zaubers vorzunehmen. Um sie an die Vereinbarung zu erinnern, sagte er seinen Begleitern noch einmal, sie dürften sich nicht erschrecken und nicht fortlaufen, was auch immer sie sähen, denn sonst war alles verloren. Die beiden vertrauten auf seine Kunst und gaben ihr Wort, dort auszuhalten.

Sie begannen dann ihr Werk, bei dem nur Mingos eigentlich zu tun hatte. Er las aus dem Buch vor, was er für den Zweck für richtig oder notwendig hielt. Sobald er mit der Arbeit angefangen hatte, öffnete sich ein Spalt mitten im

Gestein, dem entstieg ein Geist von riesigen Ausmaßen, kahlköpfig und von rötlicher Farbe, der war nur mit einem Lendenschurz bekleidet und hielt in der Hand eine Heugabel, an der hingen lauter Hähne, auch von rötlicher Farbe, als kämen sie frisch gebraten aus dem Ofen. Zugleich kam aus dem Spalt auch ein Mädchen, das breitete eine Decke auf den Boden und schüttete Säcke voll Gold auf der Decke aus.

Die Begleiter des alten Mingos drängten sich voller Angst an ihn, während er weiterlas, als hätte er nichts gesehen. Gleich danach kam ein riesiger Stier heraus und sprang auf sie zu, als wenn er sie töten wollte. Die beiden Männer waren schon drauf und dran, vor Angst das Weite zu suchen, hielten aber schließlich aus, obwohl ihnen die Knie nur so schlotterten. In der ganzen Zeit las Mingos weiter, so ruhig, als säße er zu Hause am Kaminfeuer und bei geschlossenen Türen, und das Mädchen schaffte eilig Säcke über Säcke voll Gold heran und warf alles auf die Decke, auf der schon ein ganzer Berg von Goldstücken lag. Nur wenig später sahen sie über sich große Felsblöcke, die schienen sich loszumachen, und die beiden Männer blickten voller Schrecken nach oben, und als sie es krachen hörten und die Felsen schon einstürzen sahen, liefen sie fort, als wäre das Feuer hinter ihnen her, und ließen Vater Mingos allein zurück.

Dieser kam erst ein ganzes Jahr später wieder nach Hause, und soviel man ihn ausfragte, niemand erfuhr je, wo er die ganze Zeit über geblieben war. Seltsam ist jedenfalls, daß er genau ein Jahr nach seiner Rückkehr starb.

## 123

## Die Geschichte von Roland und den drei Näherinnen von Puxares

*Es geht die Sage,* daß in alten Zeiten, als Roland nach Spanien kam, in Vilanuide, im Kreis Quiroga, drei Näherinnen lebten, die wohnten allein in einem Haus auf dem Hügel, etwas abseits vom Dorfe. Die Legende sagt, daß sie wohlgestaltet und hübsch waren, wie es nur wenige gibt, und daß Roland, als er einmal an ihnen vorbeiritt, ein solches Gefallen an ihnen fand, daß er nichts anderes mehr im Sinn hatte, als an ihrem Hause auf dem Hügel zu erscheinen, um sie sehen und mit ihnen sprechen zu können. Und es wird erzählt, daß er ihnen vor lauter Verliebtheit den Hof machte und auch viele Geschenke brachte und ihnen aufpaßte, wo er nur konnte.

Aber sie liefen fort vor ihm und sagten, sie wollten ihn nicht anhören, denn sie glaubten, daß er sich ihnen nicht mit guten Absichten näherte oder daß er sich über sie lustig machen wollte. Ihn verdroß es deswegen nicht, und jeden Nachmittag kam er, um ihnen an ihrer Haustür den Hof zu machen, und, Muttergottes hilf!, er dachte sogar daran, sie mit sich nach Frankreich zu nehmen.

Aber die Mädchen wurden es allmählich müde, ihn Tag für Tag um das Haus streifen zu sehen, und eines Tages, als sie aus ihrem Dorf Puxares zurückkamen, sprachen sie ihn an und sagten ihm, er möge sich doch die Mühe sparen, sie zu verfolgen, er würde eh nichts erreichen, sie wünschten keinen Umgang mit Franzosen, er solle sie ein für allemal in Frieden lassen und lieber in seine Heimat zurückkehren. Aber er gab sich deswegen nicht geschlagen und beharrte darauf, daß sie sich ihm, wenn nicht im Guten, dann eben im Bösen ergeben müßten, und besaß sogar die Frechheit, sie zu fragen, wann er sie nun abholen könne. Da antworteten sie:

«Wir werden mit dir nach Frankreich ziehen,
wenn der Xares vor unserem Haus vorbeifließt.»

Natürlich sagten sie das, weil sie es für ganz unmöglich hielten, denn der Xares-Fluß, der heute Bibei heißt, floß damals weit von der heutigen Stelle entfernt. Aber als Roland das hörte, verlor er keineswegs den Mut, sondern lenkte einfach in der Nacht, wer weiß mit Hilfe welchen Zaubers oder Teufels, den Lauf des Flusses um. Und am nächsten Morgen sahen die Bewohner von Puxares, was geschehen war, liefen zusammen und ulkten vor dem Hause der Mädchen:

«Näherinnen von Puxares,
wascht nun eure Füße
im Wasser des Xares.»

Sie wachten auf, und Furcht ergriff sie wie Seelen im Fegefeuer, als sie den Fluß vor ihrer Tür vorbeifließen sahen. Ohne daß Roland, der sie erwartete, sie sah, rannten sie wie die umherirrenden Geister unerlöster Verstorbener auf einem Seitenweg davon, um nicht von den Franzosen oder von ihren Nachbarn ergriffen zu werden und ihr Versprechen erfüllen zu müssen. In aller Eile begaben sie sich in das Tal von Valdeorras, das sechs oder sieben Kilometer von Vilanuide entfernt ist. Die Soldaten aber überbrachten Roland, ihrem Herrn, der stolz auf seinem weißen Streitroß daherritt, die Nachricht von ihrer Flucht. Als er das hörte, stieß er ein kräftiges «Im Namen des Vaters und des Sohnes» aus und setzte ihnen nach, so schnell nur das Pferd und der Ansporn seiner Wut das zuließen. Und nicht weniger Funken sprühten aus seinem Mund als von den Hufen seines Pferdes. Den Mädchen aber gelang es, wer weiß, ob im Fluge wie Hexen oder mit der Hilfe des Teufels, den Fluß zu überqueren, und so waren sie nun getrennt, Roland am einen Ufer und die drei Näherinnen am andern, und der französische

Ritter ahnte nicht, daß sie sich – rette sich, wer kann! – in Richtung auf die Ortschaften entfernten, die an der Stelle lagen, die heute A Rua heißt.

Da hob für ihn das Suchen an, allein auf seinem Schimmel galoppierte er umher, ohne sie zu entdecken, und er glaubte schon, der Fluß hätte sie verschlungen, bis er schließlich in das Gebiet von Valencia do Sil kam, wo er sie, wohl drei Kilometer entfernt und am anderen Ufer des Sil, auftauchen sah.

Da gab er in seiner Wut über die wortbrüchigen Näherinnen seinem Streitroß die Sporen, daß es nur so eine Art hatte, und am Flußufer setzte er an und, siehe da, das Pferd tat einen Riesensprung, so groß, daß die Hufspuren sich für immer in den Stein eingruben und er am anderen Ufer keine hundert Meter von den Mädchen entfernt den Boden wieder berührte. Die in den Stein eingegrabenen Hufspuren aber sind noch heute an einem Weg, der ins Gebirge führt, zu sehen.

Die Näherinnen, die sich rettungslos verloren sahen, weil Roland ihnen nun direkt auf den Fersen war, werfen sich auf den Boden und wünschen den Teufel herbei, weil sie lieber in Marmorstatuen verwandelt als von Roland erobert werden wollen. Und der Teufel war sofort zur Stelle, und im Handumdrehen verwandelte er sie in drei Steine, die tauchten plötzlich als drei Hügel unmittelbar vor Roland auf. Roland verlor nach diesem Erlebnis den Verstand für alle Zeit.

Die drei Steine aber kann man noch heute sehen, wenn sie auch vom Regen schon verwaschen und von den Hirtenjungen, die dort zu spielen pflegen und ihre Herden weiden, abgenutzt sind.

# Nachwort

Der Titel des vorliegenden Bandes bedarf einer zweifachen Erläuterung:

1. Der Hauptteil der Sammlung stammt aus den verschiedenen Provinzen des *festländischen Portugal*. Daneben wurden in einer besonderen Gruppe Proben von den portugiesischen Inseln *Madeira* und *Azoren* vereint. Hingegen sind die ehemaligen Besitzungen Portugals in Afrika und in Asien ausgeklammert, deren Erzählgut zum Teil Probleme eigener Art stellt. Märchen des portugiesischsprachigen Brasilien erschienen bereits 1972 in einem eigenen Band der vorliegenden Reihe (Originalausgabe).

Der engen sprachlichen Verwandtschaft zwischen dem Portugiesischen und dem *Galicischen* im Nordwesten Spaniens, die einer geschichtlichen Traditionsgemeinschaft des Westens der Pyrenäenhalbinsel in Antike und Mittelalter entspringt und die im Hochmittelalter in der auch im übrigen Spanien gepflegten Lyrik in galicisch-portugiesischer Sprache ihren Ausdruck fand, wurde durch eine Auswahl galicischer Märchen Rechnung getragen. Sie ergänzt die wenigen Kostproben aus diesem Bereich, die schon im Band *Spanische Märchen* (MdW) von 1961 enthalten sind (rororo 35082), und weist im übrigen auch in Portugal zahlreiche Parallelversionen auf.

Die Sammlung ermöglicht auf diese Weise einen Einblick

in den gesamten portugiesisch-galicischen Sprachraum unter Ausschluß seiner weiten außereuropäischen Verbreitung.

2. Unser Band enthält nur *mündlich überlieferte Prosaerzählungen*, die von den Herausgebern der hier ausgewerteten Sammlungen oder deren Informanten seit der zweiten Hälfte des vorigen Jahrhunderts aus dem Volksmund aufgenommen wurden, greift also nicht wie Braga und Câmara Cascudo auf den reichen Schatz an Erzählungen zurück, der uns aus dem Mittelalter sowie dem 16., 17. und 18. Jahrhundert in Werken der *geschriebenen Literatur* überliefert ist. (Zu Trancoso als bedeutendstem portugiesischen Autor, der Märchen- und Schwankstoffe literarisch verarbeitet, vgl. die Anmerkung zu Nr. 66). Daß diese alte, z. T. aus orientalischen Quellen gespeiste, z. T. bodenständige Literatur in der modernen volkstümlichen Erzählung nicht ohne Nachwirkung geblieben ist, sei nur am Rande vermerkt.

Während der Bereich der ausgewerteten Quellen also einerseits eine Einschränkung in bezug auf die Zeit und die Art der Fixierung erfuhr, wurde andererseits der Begriff «Märchen» im Sinne der portugiesischen und galicischen *contos populares* recht weit gefaßt. Neben Märchen im engeren Sinne, d. h. Wunder- und Zaubermärchen, ist daher auch Erzählgut verwandter oder anderer Art – in erster Linie Schwänke und moralische Exempla, in mehreren Beispielen auch Legenden und Lokalsagen – aufgenommen, das den Leser mit besonders typischen Erzählstoffen bekannt macht und ihm Einblicke in das kulturelle, insbesondere soziale Milieu in direkterer Form vermittelt, als das eigentliche Märchen es zu tun pflegt. Auch bei diesem wurden meist Stücke ausgewählt, die sich von den dem Leser aus Grimm oder Bechstein vertrauten abheben. Wo ihm Parallelen zu Rotkäppchen, Aschenputtel, Schneewittchen, Däumling usw. begegnen, treten sie ihm in unserer Sammlung in neuem Zusammenhang entgegen. Selbst die unter Nr. 54 erfaßte Variante der Hänsel-und-Gretel-Geschichte hat trotz ihrer engen Verwandtschaft mit der Grimmschen Fassung ihren eigenen Reiz.

Nur in wenigen Fällen wurden in unserer Auswahl verschiedene *Varianten* desselben Märchen gebracht, so unter Nr. 14 und 48 sowie 52 und 83 je zwei Versionen einer Geschichte vom festländischen Portugal, unter Nr. 20 und 101 sowie 62 und 96 jeweils eine Fassung vom Festland und von den Azoren, unter Nr. 59 und 105 schließlich eine portugiesische und eine galicische Ausgestaltung des gleichen Themas mit interessanten Abweichungen. Darüber hinaus erleichtern die *Anmerkungen* zu den einzelnen Stücken durch zahlreiche Hinweise die Zusammenschau von thematisch und gattungsmäßig, aber auch motivlich Zusammengehörigem.

Bei der *Gruppierung* der Stücke in unserer Sammlung wurde dagegen nicht nach inhaltlichen oder gattungsmäßigen Gesichtspunkten vorgegangen, vielmehr gerade eine bunte Mischung angestrebt, um dem Leser ein möglichst hohes Maß ermunternder Abwechslung zu bieten.

Die *Erzählform* der hier vereinigten Stücke ist recht unterschiedlich. Sie hängt einerseits ab von der Art, in der diese vom Erzähler dargeboten wurden, andererseits von der «Texttreue», mit der der Aufzeichner das Gehörte wiedergegeben hat. Unsere Auswahl bietet in dieser Hinsicht ein breites Spektrum, das von nur mühsam Lesbarem, weil stockend und lückenhaft Vorgetragenem und ebenso Wiedergegebenem (vgl. Nr. 19) bis hin zu literarisch Ausgefeiltem (vor allem bei Coelho, Braga und Ataíde Oliveira) reicht. Daß dabei Gleichförmigkeit der Satzverknüpfung nicht immer Ungeformtheit bedeutet, zeigen unsere Nr. 78 und 86, wo die Aneinanderreihung von «und»-Sätzen ebenso ein Stilmittel darstellt wie die allgemein im Märchen verbreitete wörtliche Wiederholung in inhaltlich parallel verlaufenden Textabschnitten. Ganz anders ist der ungeschickte, auch im Kindermund geläufige «und-dann-und-dann»-Vortrag zu beurteilen, der häufig von einer Pause gefolgt und auf Zeitgewinn zum Überlegen bedacht ist. Ihn zeigen nicht selten die aus Mundartmonographien übernommenen Texte. In unseren *Übersetzungen* wurden solche sprachlichen Eigenheiten positiver oder negativer Art soweit wie möglich adäquat wiedergegeben und im allgemeinen nur da geglättet, wo sonst der Sinnbezug beim Lesen verlorenginge und die Lektüre behindert würde.

Nachdem Wilhelm Grimm im Jahre 1856 geschrieben hatte, aus Spanien und Portugal seien ihm keine Märchen zu Gesicht gekommen, dauerte es noch mehr als zwanzig Jahre, bis dem portugiesischen Leser solche aus der mündlichen Tradition seines Landes in Buchform zugänglich wurden. Ja, auch die Grimmschen Kinder- und Hausmärchen selber scheinen bis in die achtziger Jahre des Jahrhunderts keinen portugiesischen Übersetzer gefunden zu haben. Man muß sich dies vor Augen halten, um zu ermessen, was es bedeutete, als im Jahre 1879 der Begründer der neueren portugiesischen Philologie, Francisco Adolfo Coelho, in den Fußstapfen der Brüder Grimm wandelnd, seine *Contos populares portugueses* herausgab. Nach diesem Datum setzt in Portugal die Veröffentlichung einer ganzen Reihe von Büchern mit Märchen verschiedener Provenienz ein. Man wird nicht in jedem Falle annehmen müssen, es habe dabei für den Herausgeber, Bearbeiter oder Übersetzer eines Anstoßes durch Coelho bedurft, um auf das Volksmärchen und dessen literarische Umgestaltungen aufmerksam zu machen, aber das plötzliche erhöhte Interesse daran – erst mehr als fünfzig Jahre nach dem Beginn der Herausgabe von portugiesischen Volksromanzen durch den romantischen Dichter Almeida Garrett – wird doch zu einem guten Teil auf Coelhos Vorbild zurückzuführen sein: 1882 veröffentlicht Zófimo Consiglieri Pedroso in London seine *Portuguese Folk-Tales* und 1883 Teófilo Braga, der Begründer der portugiesischen Literaturgeschichtsschreibung in neuerer Zeit (später Präsident der ersten provisorischen

*Regierung der Portugiesischen Republik) seine Contos tradicionais de povo português.* In den Jahren 1900 und 1905 läßt Ataíde Oliveira die zwei Bände seiner *Contos tradicionais do Algarve*, 1919 Tomás Pires die *Contos populares* aus Évora folgen. Zwar ist damit für lange Zeit die Reihe der Originalveröffentlichungen von Volksmärchen in Buchform abgeschlossen, aber um so reichlicher sprießen diese in heimatkundlichen, volkskundlichen und philologischen Zeitschriften, unter denen an erster Stelle die *Revista Lusitana* (1887–1943) des zweiten großen portugiesischen Philologen und Volkskundlers, José Leite de Vasconcelos, zu nennen ist, dessen eigene Materialien erst postum in den Jahren 1964 und 1969 als bisher letzte Originalpublikation von Volksmärchen in Buchform, gleichzeitig als die monumentalste und bestdokumentierte überhaupt, das Licht der Welt erblickten.

Hand in Hand mit diesen Veröffentlichungen aus dem einheimischen Märchenschatz geht seit 1882 auch in Portugal die von Märchen anderer Völker in Übersetzungen, wofür die ersten Grimm-Übersetzungen des Schriftsteller-Ehepaars Maria Amália Vaz de Carvalho und Gonçalves Crespo (1882), die des auf dem Gebiet des portugiesischen Kinder- und Jugendbuchs unermüdlich tätigen Henrique Marques Júnior (seit 1902) und die der Kinderbuchautorin Ana de Castro Osório (1904) stellvertretend genannt seien. Schließlich sollen die Umgestaltungen von portugiesischen und anderen Märchen nicht unerwähnt bleiben, als deren wichtigste die beliebten, seit 1897 unter dem Titel *Para as ciranças* erscheinenden, wiederholt aufgelegten Heftchen der zuletzt zitierten Verfasserin hervorzuheben sind. Sie wurden später in Buchform zusammengefaßt und so dem heutigen Lesepublikum erneut zugänglich gemacht (2 Bde., 1952–54, ein weiterer 1960, vier weitere 1962–63). Ana de Castro Osório stellte im übrigen Leite de Vasconcelos eine große Zahl von Originalaufzeichnungen aus dem Volksmund für seine Sammlung zur Verfügung (so z. B. Nr. 4 und 343). Für die spätere Zeit sind in diesem Zusammenhang zumindest noch die unter verschiedenen Titeln herausgekommenen Bearbeitungen von Fernando de Castro Pires de Lima, dem langjährigen Leiter des Museu de Etnografia e História in Porto und Herausgeber der mit ihm erloschenen *Revista de Etnografia* anzuführen (zur *Revista de Etnografia* vgl. auch unsere Bibliographie unter Carré und Carré, Lendas).

Leider ist von den genannten klassischen Sammlungen Coelhos, Consiglieri Pedrosos, Bragas, Ataíde Oliveiras und Tomás Pires' seit Jahrzehnten keine mehr auf dem portugiesischen Buchmarkt vertreten. Dagegen fehlt es nicht an Zusammenstellungen aus diesen und anderen Originalveröffentlichungen, wie die von Manuel Viegas Guerreiro (*Contos populares portugueses*, 1955), Maria José Serpa Leote Gonçalves (*Contos populares*, zuerst 1956), Carlos Oliveira und José Gomes Ferreira (*Contos tradicionais portugueses*, 2 Bde. 1957 f., *Exemplos, sentenças e proveitos*, o. J.) sowie Branquinho da Fonseca (*Contos tradicionais portugueses*, zuerst 1963), in denen die Herausgeber sich jedoch (mit Ausnahme von Viegas Guerreiro) mehr oder weniger weitgehende Eingriffe in die sprachliche Gestalt der Texte erlauben oder aber ihre Quellen im einzelnen nicht angeben.

Andererseits hat die wissenschaftliche Forschung auch nach dem Tode von Leite de Vasconcelos und dem Erscheinen des letzten Bandes der *Revista Lusitana* nicht aufgehört festzuhalten, was an Volksmärchen und anderen Prosaerzählungen im Volksmund noch lebendig ist. Einen interessanten Fall stellt der Sammelband des bekannten brasilianischen Volkskundlers Câmara Cascudo von 1944 dar, der eine Reihe von Originalaufnahmen aus dem Munde eines portugiesischen Einwanderers in Brasilien enthält. Die 1942 begonnene Erfassung von Sprache und Brauchtum Portugals durch den «Inquérito Linguístico Boléo» (siehe unsere Bibliographie unter ILB), benannt nach dessen Initiator Prof. Manuel de Paiva Boléo von der Universität Coimbra, daneben eine

Reihe von Untersuchungen gleicher Zielsetzung, die als «dissertações de licenciatura» von diesem bzw. an der Universität Lissabon von Prof. Luís Felipe Lindley Cintra angeregt und betreut wurden (vgl. den Vorspann unserer Bibliographie), förderten wertvolle Reste dessen zutage, was – wie gerade diese Arbeiten immer wieder deutlich machen – mehr und mehr abstirbt: Während Romanzen in der Erinnerung des Volkes wohl dadurch fester haften, daß Versform und Assonanz oder Reim dem Gedächtnis zu Hilfe kommen, ist vor allem das Märchen im engeren Sinne, d. h. das Wunder- und Zaubermärchen, stark im Schwinden begriffen. Sagen und Legenden blieben dagegen besser bewahrt, anscheinend weil sie im Gegensatz zum Märchen an bestimmte Orte oder Personen gebunden und in der ihnen eigenen Funktion nicht so leicht durch andere, aus Büchern, Zeitschriften, Radio, Fernsehen oder Kino bezogene Stoffe ersetzt werden. Lebendig sind im heutigen Portugal vor allem aber Geschichten von Begebenheiten, die weder zeitlos sind wie die des Märchens, noch an große Gestalten oder Ereignisse der Geschichte anknüpfen, wie die der Sagen und Legenden, sondern mit Personen aus der engeren Umgebung des Erzählers und Hörers oder deren unmittelbaren Vorfahren verbunden sind, meist Erzählungen von Hexen, Werwölfen («lobisomens»), unerlöst umherirrenden Seelen («almas penadas») oder sonstwie mit einem bösen Fluch Beladenen, von denen der Volksmund sagt, sie «laufen Schicksal» («correm fado», vgl. hierzu unsere Nr. 19 und 79 mit Anm.; zu den unerlösten Seelen im galicischen Volksglauben die Anspielung in Nr. 123). Das Wunderbare und Erschreckende, das sich hierin findet, beschäftigt die volkstümliche Phantasie bis auf den heutigen Tag und gibt dem Leben in der Provinz – wie auch das bedeutende Romanwerk von Aquilino Ribeiro in Portugal und die Erzählungen von Ramón del Valle Inclán in Galicien zeigen – gerade im Bereich des portugiesisch-galicischen Sprachgebietes innerhalb der Pyrenäenhalbinsel ein besonderes Gepräge.

Vor einigen Jahren nahm Prof. Manuel Viegas Guerreiro vom Centro de Estudos Geográficos an der Universität Lissabon ein großangelegtes Projekt zur systematischen Erfassung der Volksliteratur in Portugal in Angriff. Man darf gespannt sein, was diese inzwischen fortgeschrittenen Forschungen ein Jahrhundert nach Francisco Adolfo Coelhos *Contos populares portugueses* für das volkstümliche Erzählgut des heutigen Portugal ergeben.

In *Galicien* hat mit dem neuerwachten Bewußtsein für die eigene Sprache (gegenüber dem Kastilischen als Amtssprache Spaniens) und für die kulturelle Besonderheit der heimatlichen Kultur in den letzten Jahrzehnten das Interesse für die volkstümliche Erzählkunst einen neuen Auftrieb erlebt. Zu den wichtigsten Veröffentlichungen auf diesem Gebiet zählen die *Contos vianeses* von Laureano Prieto (1958), die einem eng umgrenzten Gebiet, dem Gerichtsbezirk von Viana do Bolo, entstammen, die vom Centro de Estudos Fingoy herausgegebenen Geschichten, die eine ganze Provinz, die von Lugo, berücksichtigen (1963), und vor allem die große Sammlung von Loís Carré Alvarellos (1963–67), die das gesamte Gebiet Galiciens repräsentiert und in gewisser Weise das galicische Pendant zu Leite de Vasconcelos' portugiesischem Sammelwerk darstellt. Durch ihre Publikation in Portugal wird aufs deutlichste das kulturhistorische Zusammengehörigkeitsgefühl der beiden Sprachgebiete und die fruchtbare Zusammenarbeit der Forscher diesseits und jenseits der Grenze illustriert, die auch auf einem volkskundlichen Kongreß im Jahre 1963 (vgl. unsere Bibliographie unter Actas) zum Ausdruck kam.

Wer durch die Lektüre des vorliegenden Bandes zum erstenmal mit der volkstümlichen Erzählung Portugals und Galiciens in Berührung kommt, wird vielleicht manche Erwartungen, die er als Mitteleuropäer mit der Pyrenäenhalbinsel, besonders aber mit Madeira und den Azoren verbindet, nicht ganz erfüllt finden. Exotische Vorstellungen, die sich ihm mit Namen wie Lissabon oder dem des Wallfahrtsortes Santiago de Compostela in Galicien und mit Inseln weit draußen im südlicheren Atlantik assoziieren oder die durch das Wissen um die jahrhundertelange Maurenherrschaft evoziert werden, bestätigen sich hier nur in sparsamer Form. Die Märchen auch aus diesen Randgebieten der Alten Welt stellen zum größten Teil in Thematik, Handlungsverlauf und Motivik weniger selbständige Schöpfungen als Neuformungen von Themen und neue Verbindungen von Motiven dar, die den allgemeinen Bestand des orientalisch-europäischen Erzählguts bilden. Andererseits mangelt es keineswegs an Lokalkolorit, das durch die spezifische Ausgestaltung der universellen Themen und Motive zustande kommt. Die Küstenlage Portugals, dessen Territorium sich nirgendwo mehr als rund 200 km vom Atlantik entfernt und dessen Speisekarte auch in den entlegensten Landstrichen ohne Fische und andere Meerestiere als regelmäßige Bestandteile undenkbar ist, spiegelt sich in dem besonders häufigen Auftreten von Elementen aus dem Bereich der See, des Fischfangs und der Seefahrt (vgl. die Anm. zu Nr. 8). Südländisch-katholische Heiligenverehrung, insbesondere die des aus Portugal gebürtigen Antonius von Padua (vgl. Nr. 63 mit Anm.) findet ihren Niederschlag im häufigen Auftreten von Heiligen und von deren besonderen Schützlingen sowie in den immer wiederkehrenden Heiligenanrufungen, die wohl auch das im portugiesischen Märchen besonders verbreitete Anrufen von anderen hilfreichen Wesen in sprachlich gleicher Form erklären (vgl. die Nr. 8 und Anm.). Die maurische Vergangenheit der Pyrenäenhalbinsel lebt als Erinnerung im Märchen – wenn auch weniger als in der Sage – weiter, so daß Barbaren, Bösewichter und Angehörige der Schwarzen Kunst hier gern als Anhänger des Islam erscheinen (vgl. Nr. 1 und Anm. zu Nr. 12). Einen Reflex mohammedanischen Fatalitätsdenkens glauben manche Kulturhistoriker in Formeln der Gottergebenheit zu sehen, wie sie in einem galicischen Schwank (Nr. 116) burlesk behandelt werden. Zum Kampf gegen die Mauren gehört die auf der Halbinsel vertraute Gestalt Rolands, der in unserer Nr. 123 allerdings als der fremde Schürzenjäger von jenseits der Pyrenäen karikiert und so als Gegenbild der sittenstrengen Heimat aufgebaut wird. Als geistlicher Beistand im Kampf gegen die Ungläubigen erfreute sich der Apostel Jakobus der Ältere besonderer Beliebtheit, dessen Grab man im frühen Mittelalter in dem nach ihm benannten Santiago de Compostela (St. Jakob von Compostela) in Galicien entdeckt zu haben glaubte und dessen Heiligtum neben denen Jerusalems, Roms und Aachens im späteren Mittelalter zu den großen Pilgerzielen gehörte. Die Bezeichnung der Milchstraße als Straße nach Galicien oder nach Santiago (vgl. die Anm. zu Nr. 71) hält einen alten Glauben fest, demzufolge der Heilige mit deren Hilfe Karl dem Großen anläßlich eines Spanienzuges im Traum den Weg nach Galicien gewiesen hätte. Neger und Negerinnen als Dienergestalten, teils ergebene hilfreiche Geister, teils in Bösewichtrollen, gemahnen an die erst in unseren Tagen zu Ende gehende Geschichte Portugals als Kolonialmacht (vgl. Nr. 8 und 9). Über andere spezifisch portugiesische oder südländische Elemente in unseren Märchen geben mehrere Anmerkungen zu einzelnen Stücken Auskunft.

Zum Schluß sei denjenigen gedankt, die uns bei der Sammlung und Exzerption unseres Materials behilflich waren, namentlich Herrn Dr. Manuel Gomes da Torre, Porto, für unermüdlich tätige Anteilnahme, Herrn Dr. João David Pinto Correia von der Universität Lissabon, der uns beim Aufspüren der nicht sehr zahlreichen Quellen aus Madeira zur Seite stand, Herrn Benjamim Enes Pereira vom Centro de Estudos de Etnologia Peninsular in Lissabon, der uns mit Auskünften über noch nicht in seiner Bibliographie erfaßte Publikationen bedachte und sein Exemplar der portugiesischen Ausgabe von Consiglieri Pedrosos Märchensammlung zur Verfügung stellte, die kurioserweise in portugiesischen Bibliotheken unauffindbar war, Herrn Fernando Resende da Silva Magalhães Lanhas, dem Nachfolger von Pires de Lima als Leiter des Museu de Etnografia e História in Porto für die freundliche Genehmigung zum Abdruck unserer Nr. 46, und besonders Herrn Prof. Paiva Boléo, der uns die Auswertung eines Teils des obengenannten «Inquérito» ermöglichte, seiner Mitarbeiterin Frau Dr. Maria Filomena de Andrade Saraiva de Carvalho, Verfasserin von in unserer Bibliographie verzeichneten Arbeiten, für wertvolle Hilfe bei der Sichtung dieses Materials und seiner Schülerin Frau Dr. Clarinda de Azevedo Maia, die uns den Text unserer Nr. 84 bereits vor dessen Veröffentlichung zur Verfügung stellte.

*Die Herausgeber*

# ANHANG

# *Literaturverzeichnis*

Die veröffentlichten Texte aus der mündlichen Tradition Portugals und die Sekundärliteratur darüber sind bis etwa 1960 so gut wie vollständig verzeichnet bei Pereira (siehe unten). Unveröffentlichte Materialien sind in unserer Bibliographie mit * gekennzeichnet; es handelt sich dabei vor allem um Examensarbeiten («dissertações de licenciatura»), die an den Universitäten Coimbra («Diss. Coimbra») und Lissabon («Diss. Lisboa») angefertigt wurden und maschinenschriftlich in der Bibliothek der jeweiligen Philosophischen Fakultät, im Falle von Coimbra auch im Instituto de Estudos Românicos, zugänglich sind, sowie um den «Inquérito Linguístico Boléo» (ILB).

Zur allgemeinen Information über portugiesische bzw. galicische Märchen sei auf die folgenden im Verzeichnis aufgeführten Veröffentlichungen verwiesen: Basto und Cascudo, Conto, sowie auf die Einleitungen bei Braga, Carré, Cascudo, Coelho I, Pedroso und Prieto.

Zum Märchen und zur Märchenforschung allgemein wurden einige grundlegende Werke aufgenommen.


| | |
|---|---|
| Actas | Actas do Congresso Internacional de Etnografia. Promovido pela Câmara Municipal de Santo Tirso de 10 a 18 de Julho de 1963. Bd. 6: Colóquio sobre o conto popular. Lisboa (o. J.). |
| *Albino | Albino, Maria Armanda da Cunha: ILB Águas-Boas, Viseu. 1964. |
| *Almeida | Almeida, Lucinda Elizabeth Machado de: ILB Sátão, Viseu. 1963. |
| AT | The Types of the Folktale. A Classification and Bibliography. Antti Aarne's Verzeichnis der Märchentypen. (FF Communications No. 3). Translated and Enlarged by Stith Thompson. Second Revision. Helsinki 1961. |
| Azevedo | Azevedo, Álvaro Rodrigues de: Romanceiro do arquipélago da Madeira. Funchal 1880. |
| *Baptista | Baptista, Cândida da Saudade Costa: O falar da Escusa. Diss. Lisboa 1967. (Provinz Alto Alentejo). |

| | |
|---|---|
| Barbosa | Barbosa, Bernardino: Contos populares de Évora. In: Revista Lusitana, Lisboa, Bd. 15, 1912, 17–20, 1914–17, 22f., 1919f. |
| Basto | [Basto, Claúdio]: Conto, etnografia. In: Grande Enciclopédia Portuguesa e Brasileira, Bd. 7, Lisboa/Rio de Janeiro (o. J., zw. 1940 u. 1945), S. 558f. |
| Beato | Beato, António Gomes: Manhouce – Notas para a sua história. In: Beira Alta, Bd. 11, Viseu 1952, 255–61. |
| Boaventura | Boaventura, Manuel: Contos que o povo conta. In: Actas, S. 181–86. |
| Bolte/Polívka | Anmerkungen zu den Kinder- und Hausmärchen der Brüder Grimm. Neu bearbeitet von Johannes Bolte und Georg Polívka. 5 Bde. Leipzig 1913–32. (Unveränderter Neudruck 1963). |
| Braga | Braga, Theophilo: Contos tradicionais do povo português. Segunda edição, ampliada. 2 Bde. Lisboa 1914–15. (Erste Auflage: Porto [1883]). Mit je einer einleitenden Studie und umfangreichen Anmerkungen. – Wir zitieren nach der zweiten Auflage. Wenn nicht anders angegeben, ist jeweils Bd. 1 gemeint. |
| * Braga, Quadrazais | Braga, Franklim Costa: Quadrazais. Etnografia e linguagem. Diss. Lisboa 1971. (Provinz Beira Alta). |
| Buescu | Buescu, Maria Leonor Carvalhão: Monsanto. Etnografia e linguagem. Lisboa 1961. (Provinz Beira Baixa). |
| Carballo | Carballo Calero, Ricardo: O conto popular na Provincia de Lugo. Contos de animás: Ciclo do raposo. In: Actas, 201–220. |
| Carré | Carré Alvarellos, Loís: Contos populares da Galiza. Porto 1968. (Zuvor in: Revista de Etnografia, Porto, Bd. 1, Teil 2 (= lfd. Nr. 2), 1963, bis Bd. 9, Teil 1 (= lfd. Nr. 17), 1967. |
| Carré, Lendas | Carré Alvarellos, Leandro: As lendas tradizonaes galegas. (Porto o. J., wohl zwischen 1969 oder – spätestens – 1974). Zuerst abgedruckt in: |

Revista de Etnografia, Porto, Bd. 9, Teil 2 (= lfd. Nr. 18), 1967, bis Bd. 12, Teil 2 (= lfd. Nr. 24), 1969.

★Carvalho, Mêda — Carvalho, Maria Filomena de Andrade Saraiva de: Linguagem e folclore do concelho da Mêda (distr. da Guarda). Algumas notas sobre a linguagem da mulher. Diss. Coimbra 1974.

★Carvalho, Outeiro — Carvalho, Maria Filomena de Andrade Saraiva de: ILB Outeiro de Gatos, Guarda. 1970.

★Carvalho, Vilar — Carvalho, Joaquim Cardoso de: ILB Vilar, Viseu. 1964.

Cascudo — Os melhores contos populares de Portugal. Seleção e estudo de Luís da Câmara Cascudo. Rio de Janeiro 1944, Faksimile-Abdruck: Rio de Janeiro 1969 (mit gleicher Paginierung für die Texte, nicht für das Vorwort). Enthält einige Aufzeichnungen aus dem Munde von Portugiesen in Brasilien sowie gutes Vorwort und wichtige Anmerkungen.

Cascudo, Conto — C(ascudo), L(uís da) C(âmara), Artikel «Conto popular». In: Dicionário de literatura. Literatura portoguesa. Literatura brasileira. Literatura galega. Estilística literária. Direcção de Jacinto do Prado Coelho. Bd. 1. Porto (1969), S. 216–18.

Clementina — Contos populares. Colhidos da tradição por Maria Clementina (= Maria Clementina Pires de Lima Tavares de Sousa). Porto [1947]. Enthält nur Märchen aus der Provinz Minho, z. T. wohl von der Herausgeberin mit städtischen Elementen versehen.

Coelho I — Contos populares portugueses. Coligidos por F[rancisco] Adolpho Coelho. Lisboa 1879. Mit umfangreichem und wichtigem Vorwort.

Coelho II — Coelho, F[rancisco] Adolfo: Contos nacionais. Terceira edição. Porto (1936). Ohne Angabe der Herkunft. (1882 zuerst unter dem Titel: Contos nacionais para crianças).

★Coelho, Vizela — Coelho, José Orlando da Silva Alves: ILB Santo Adrião de Vizela, Porto. 1971.

Contos Lugo — Centro de Estudos Fingoy: Contos populares da Provincia de Lugo. 2ª. edición. Vigo 1972. Besteht aus Niederschriften von volkstümlichen Erzählungen durch Schulkinder. Die erste Auflage, von 1963, enthält im Gegensatz zur zweiten zu einigen Geschichten Varianten sowie die Angabe der Herkunft der einzelnen Stücke.

Contos populares — Contos populares portugueses. (Selecção escolhida). (Hrsg. M. Cardoso Martha?). Esposende 1925.

*Costa, Murteira — Costa, Maria Rosa Marques Lila Dias: Murteira, uma povoação do concelho de Loures – Etnografia, linguagem e folclore. Diss. Lisboa 1957. (Provinz Estremadura).

*Costa, Torre — Costa, José Ribeiro da: ILB Torre, Braga. 1970.

*Cruz — Cruz, Maria Luísa Segura da: O falar de Odeleite. Diss. Lisboa 1969.

*Delgado — Delgado, Maria Carolina Saramaga: O falar de Baleizão. Diss. Lisboa 1970. (Provinz Baixo Alentejo).

Dias, Beira — Dias, Jaime Lopes: Etnografia da Beira. 11 Bde. Lisboa 1926–1971, davon Bd. 1–3 sowie 5–6 in zweiter Auflage, 1944, 1964, 1955, 1966 u. 1967. Bd. 2 und 4 enthalten nur Lieder, Bd. 11 nur das Gesamtregister.

Dias, Rio de Onor — Dias, Jorge: Rio de Onor. Comunitarismo agro-pastoril. Porto 1953. (Provinz Trásos-Montes).

EM — Enzyklopädie des Märchens. 12 Bde. in Vorbereitung, mit eigenen EM-Nummern zu AT. Die ersten Lieferungen dieses Werks, das unter der Leitung von Kurt Ranke entsteht, erschienen im Jahre 1975.

Enes — Enes, Inocêncio: Tradições populares da freguesia dos Altares, III. In: Boletim do Instituto Histórico da Ilha Terceira, Bd. 8, Angra do Heroísmo 1950, S. 68–98. (Ilha Terceira, Azoren).

| | |
|---|---|
| Espinosa | Cuentos populares españoles. Recogidos de la tradición oral de España y publicados con una introducción y notas comparativas por Aurelio M. Espinosa. 3 Bde. Stanford University 1923, 1924, 1926. Zweite Auflage: Madrid 1946, 1947. Enthält als Nr. 10 ein Märchen aus Galicien. |
| *Ferreira | Ferreira, Maria Lucinda Pereira: ILB Vila Chã, Coimbra. 1968. |
| *Fonseca | Fonseca, Maria Daniela Silva da: ILB Duas Igrejas, Bragança. 1971. |
| *Frias, Vila Chã | Frias, Maria Amélia do Amaral Retto: Vila Chã (Ferreira d'Aves). Etnografia – Linguagem – Folclore. Diss. Lisboa 1956. (Provinz Beira Alta). |
| *Furtado | Furtado, Marília Soares Mourato Lopes; ILB Flor da Rosa, Portalegre. 1971. |
| *Garcia | Garcia, Idalina Serrão: O falar da Glória do Ribatejo. Diss. Lisboa 1965. |
| Giese | Giese, Wilhelm: Zur Morphologie der Märchen der Romanen. In: Miscelánea Filológica dedicada a D. Antonio Mª. Alcover. Palma de Mallorca 1932, S. 19–59. (Existiert auch als Sonderdruck). |
| Gonçalves, Contos | Quatro contos, um romance e algumas cantigas da tradição oral do povo madeirense. Recolha e notas do Dr. Ernesto Gonçalves. In: Das Artes e da História da Madeira, 20. Jg., Bd. 7, Nr. 40, Funchal (1970), S. 8–19. |
| Gonçalves, Histórias | Histórias de Bisbis, dois diálogos e algumas cantigas de tradição oral do povo madeirense. Recolha e notas do Dr. Ernesto Gonçalves. In: Das Artes e da História da Madeira, 19. Jg., Bd. 9, Nr. 39, Funchal (1970 od. wenig früher), S. 23–36. |
| Handwörterbuch | Handwörterbuch des deutschen Märchens. Herausgegeben unter besonderer Mitwirkung von Johannes Bolte und Mitarbeit zahlreicher Fachgenossen von Lutz Mackensen. Bd. 1 u. 2: Buchstaben A–G. Berlin/Leipzig 1930/33 u. |

| | |
|---|---|
| | 1934/40. (Mehr nicht erschienen). Zur Möglichkeit der Information über hierin nicht erfaßte Stichwörter vgl. Lüthi, Märchen, S. VII. |
| *Henriques | Henriques, Maria Luísa Nabinho: ILB Vale de Espinho, Guarda. 1973. |
| ILB | Inquérito Linguístico Boléo (Unveröffentlichte Materialien in Form von «relatórios» über dialektologische und ethnographische Aufnahmen im Rahmen einer von Prof. Manuel de Paiva Boléo, Universität Coimbra, geleiteten Untersuchung. Die hier in der Bibliographie gelieferten Angaben beschränken sich auf den Namen des Berichterstatters, des Ortes und des Distrikts, mit deren Hilfe die Dossiers, die im Instituto de Estudos Românicos der Universität Coimbra lagern, identifizierbar sind). |
| Jolles | Jolles, André: Einfache Formen. 2. Auflage, durchgesehen von A(lfred) Schossig. Halle 1956. (2., unv. Auflage: Darmstadt 1958). |
| Karlinger | Karlinger, Felix: Einführung in die romanische Volksliteratur. 1. Teil: Die romanische Volksprosa. München (1969). |
| Karlinger/Mykytiuk | Legendenmärchen aus Europa. Herausgegeben von Felix Karlinger und Bohdan Mykytiuk. (Düsseldorf/Köln 1967). |
| *Lanhas | Lanhas, Fernando Resende da Silva Magalhães: História do Cajata de Ferro. Unveröffentliches Manuskript mit Aufzeichnung der Version aus dem Munde von Lanhas' Vater, aus Felgueiras, Provinz Minho. |
| Lüthi | Lüthi, Max: Es war einmal... Vom Wesen des Volksmärchens. 4., durchgesehene Auflage. Göttingen (1973). |
| Lüthi | Lüthi, Max: Das europäische Volksmärchen. Form und Wesen. Vierte, erweiterte Auflage. München (1974). |
| Lüthi | Lüthi, Max: Märchen. 5., durchgesehene und ergänzte Auflage. Stuttgart 1974. |
| Lüthi | Lüthi, Max: So leben sie noch heute. Betrachtungen zum Volksmärchen. Göttingen 1969. |

| | |
|---|---|
| Lüthi | Lüthi, Max: Volksmärchen und Volkssage. Zwei Grundformen erzählender Dichtung. Zweite, durchgesehene Auflage. Bern/München (1966). |
| *Macara | Macara, Maria Corália Carrajola: O falar dos lavradores e pescadores do concelho de Olhão. Contribuição para o estudo linguístico, etnográfico e folclórico. Diss. Coimbra 1964. (Provinz Algarve). |
| *Maia, Ilha Terceira | Maia, Maria Lúcia Borba e: O falar da Ilha Terceira. Diss. Lisboa 1965. (Azoren). |
| *Maia, Sabugal | Maia, Clarinda de Azevedo: Os falares fronteiriços do concelho do Sabugal e da vizinha região de Xalma e Alamedilla. Diss. Coimbra 1964. (Spanisch-portugiesisches Grenzgebiet). (Liegt auch gedruckt vor). |
| *Marques | Marques, Maria Casimira Almeida: ILB Arzila, Coimbra. 1965. |
| *Martins | Martins, Maria José Dias: Etnografia, Linguagem e Folclore de uma pequena região da Beira-Baixa (Póvoa de Atalaia, Alcongosta, Tinalhas e Sobral do Campo). Diss. Lisboa 1954. |
| Mattos | Mattos, Lygia Maria da Câmara Almeida: Ilha de São Miguel. Seu dialecto e literatura popular. Ponta Delgada (1936). (Azoren). |
| *Mendes | Mendes, Maria Adélia Campos: ILB Barreiro, Braga. 1963. |
| Monteiro I | Monteiro, A. Pereira: Tradições populares do Marco-de-Canavezes. In: Douro-Litoral, 2. Folge, Bd. 1, Porto 1944, S. 71–75. (Provinz Douro Litoral). |
| Monteiro II | Monteiro, A. Pereira: Tradições populares do Marco-de-Canavezes. In: Douro-Litoral, 2. Folge, Bd. 3, Porto 1945, S. 31–38. (Provinz Douro Litoral). |
| Mot. | Motif-Index of Folk-Literature. (...) Revised and enlarged edition by Stith Thompson. 6 Bde. Copenhagen (1955–58). |
| *Moura, Creixomil | Moura, Maria Emília Ribeiro de Freitas: ILB Creixomil, Braga. Ohne Jahr. |

| | |
|---|---|
| *Moura, Faia | Moura, Constança da Silva Pires: Faia, aldeia do concelho de Sernancelhe. Etnografia, Linguagem e Folclore. Diss. Lisboa 1960–61. (Provinz Beira Alta). |
| *Neves | Neves, Edite da Silva: Penedono. Estudo linguístico e etnográfico. Diss. Lisboa 1959. (Provinz Beira Alta). |
| *Nunes, Calheta | Nunes, João da Cruz: Os falares da Calheta, Arco da Calheta, Paúl do Mar e Jardim do Mar. Diss. Lisboa 1965. (Madeira). |
| *Nunes, Mesio | Nunes, Maria Manuela Moreira: ILB Mesio, Viseu. 1957. |
| Oliveira | Oliveira, F[rancisco] Xavier d'Athaide: Contos tradicionais do Algarve. 2 Bde. Tavira 1900, Porto 1905. |
| *Osório | Osório, Maria Manuela Correia de Sequeira: ILB Quintela de Azurara, Viseu. o. J. |
| *Pascoal | Pascoal, Augusto José da Silva Santos: ILB Alter do Chão, Portalegre. 1968. |
| *Paulino | Paulino, Maria de Lourdes Semedo: Arronches. Estudo de linguagem e etnografia. Diss. Lisboa 1959. (Provinz Alto Alentejo). |
| Pedroso | Pedroso, [Zófimo] Consiglieri: Contos populares portugueses. Lisboa 1910. Ohne Angabe der Herkunft der einzelnen Stücke. Umfangmäßig nicht ganz identische englischsprachige Ausgabe: Portuguese Folk-Tales. London 1882. Zum Teil sprachlich und sachlich recht freie Übersetzungen. |
| *Peixoto | Peixoto, Maria Ermelinda: Germil. Notas etnográficas e linguagem. Diss. Lisboa 1968. (Provinz Minho). |
| *Pereira | Pereira, Benjamim Enes: Bibliografia analitica et etnografia portuguesa. Lisboa 1965 |
| *Pereira, Santiago | Pereira, Mário de Brito Aparício: ILB Santiago de Rio de Moinhos, Évora. 1972. |
| *Pereira, Soajo | Pereira, Maria Fernanda Alfonso Alves: O Falar de Soajo. Diss. Lisboa 1970. (Provinz Minho). |
| Pestana | Pestana, Eduardo Antonino: Ilha da Madeira. 2 Bde. Funchal 1965–1970. |

Pires — Contos populares. Recolhidos da tradição oral na Província do Alentejo por A. Thomaz Pires. Elvas 1919.

Prieto — Prieto, Laureano: Contos vianeses. Vigo 1958. Galicische Märchen.

Prieto, Contos raiotos — Prieto, Laureano: Contos raiotos e de pobos. Terra da Gudiña (Ourense). In: Actas, S. 325–34.

Propp — Propp, Vladimir: Morphologie des Märchens. München (1972).

*Rafael — Rafael, Maria José Beirão: ILB Alcains, Castelo Branco.

*Ratinho — Ratinho, Maria Filipe Mariano: Monte Gordo. Estudo etnográfico e linguístico. Diss. Lisboa 1959. (Provinz Algarve).

*Reinas — Reinas, Maria Augusta da Fonseca Monteiro: Nave de Haver e Alamedilla (Etnografia, Língua e Folclore de duas aldeias arraianas). Diss. Lisboa 1957. (Spanisch-portugiesisches Grenzgebiet: Provinz Salamanca bzw. Beira Alta).

Ribeiro — Ribeiro, Margarida: O conto dos três ovos. In: Actas, S. 339–49.

*Rocha — Rocha, Maria Fernanda Baptista da: ILB Brunheda, Bragança. Ohne Jahr.

Serrano, Mação — Serrano, Francisco: Elementos históricos e etnográficos de Mação. Ferreira do Zêzere. (1935?). (Provinz Beira Baixa).

*Silva, Figueiró — Silva, Maria Gracinda Gonçalves e: Figueiró dos Vinhos. Contribuição para o estudo da linguagem, etnografia e folclore do concelho. Diss. Coimbra 1960. (Provinz Beira Litoral).

*Silva, Vila Meã — Silva, Evelina Pereira da: ILB Vila Meã, Viseu. Ohne Jahr.

*Sousa — Sousa, Amélia da Conceição Inocêncio de: Contribuição para uma monografia etnográfica, linguística e folclórica do concelho de Alfândega da Fé. Diss. Coimbra 1955. (Provinz Trás-os-Montes).

Vaconcellos — Contos populares e lendas. Coligidos por J[osé] Leite de Vasconcellos. Coordenação de Alda da

Silva Soromenho e Paulo Caratão Soromenho. 2 Bde. Coimbra 1964, 1969. Reichhaltige Sammlung, z. T. mit mehreren Versionen des gleichen Stoffes und mit umfangreichen Anmerkungen. Soweit nicht mit dem Zusatz «Lendas» versehen, beziehen sich die Stellenangaben zu diesem Werk jeweils auf den Teil «Contos populares».

Vasconcellos, Cosmogonia — Vasconcellos, J(osé) Leite de: Cosmogonia popular portuguesa. In: A Vanguarda, Lisboa, Nrn. vom 26. 12. 1880 bis 6. 2. 1881.

*Vilhena — Vilhena, Maria da Conceição: Falares de Herrera e Cedillo. Diss. Lisboa 1965. (Zwei Grenzdörfer in der spanischen Provinz Cáceres, mit ergänzenden Angaben zu benachbarten portugiesischen Dörfern).

Wege — Wege der Märchenforschung. Herausgegeben von Felix Karlinger. Darmstadt 1973. Dort ausführliche Bibliographie, u. a. mit Studien zu einzelnen Märchentypen (Schneewittchen, Kettenmärchen, Rotkäppchen, Aschenbrödel u. a.) und -motiven (Jenseitsmotiv, Gabe, Lied u. a.).

# *Anmerkungen*

Für die Typenbestimmung danken die Herausgeber und der Verlag Herrn Prof. Dr. Kurt Ranke, Göttingen.

Die Quellennachweise werden mit den im Literaturverzeichnis aufgeschlüsselten Abkürzungen zitiert. Dazu wird, soweit bekannt, für Portugal die Herkunft nach Provinzen bzw. Städten angegeben. Die Verweise auf die Textfassungen bei Braga, Carballo, Cascudo, Gonçalves, Prieto und Vasconcellos gelten gleichzeitig als Hinweis auf die dort angegebenen Anmerkungen. Da es eine moderne größere Sammlung von portugiesischen und galicischen Märchen mit umfangreicheren Quellenverweisen nicht gibt – auch die von Leite de Vasconcellos ist in diesem Punkt sehr ungleich –, wird in den Anmerkungen auf den Nachweis verschiedener Fassungen innerhalb des portugiesischen und galicischen Sprachraumes mehr Wert gelegt als auf Vergleiche mit Parallelen aus anderen Sprachräumen. Diese sind im übrigen durch das Typen- und Motivregister indirekt zugänglich gemacht.

*1* Die Tochter des Maurenkönigs (Braga, S. 14–17), Estremadura und Algarve). Die Erinnerung an die über fünfhundert Jahre lange Anwesenheit der Mauren in Portugal ist im Märchen weniger häufig als in Sagen (siehe Nr. 87–89). Im vorliegenden Fall wird im Original die christliche Religion einfach «die Religion» genannt, der Maure ist also ein Mensch ohne jede Religion. In einer Fassung von den Azoren (wo die Mauren nie über die Portugiesen geherrscht haben) erscheint der König als «nicht katholisch» (Enes, S. 91–94). Dort wird wie bei Prieto Nr. 5 (s. u.) das unsinnige Tun, zu dem die «Witwe» die Besucher ihres Gasthofs zwingt, dadurch motiviert, daß diese nicht nur dort übernachten, sondern mit ihr schlafen und so mit ihr ihr Spiel treiben wollen. Vielleicht bestand das Märchen am Anfang überhaupt nur aus der Liebes-, Entführungs- und Verführungsgeschichte, die im zweiten Teil alles andere verdrängt. Weitere Fassungen: Braga, S. 42 f.; eine Kombination des zweiten Teils der Geschichte mit unserer Nr. 84 bei Prieto, Nr. 5 (Teufel statt des Maurenkönigs). Weitere Maurengestalten bzw. Anspielungen auf Maurisches im Märchen (zu den Sagen s. o.): Nr. 56 u. 63, sowie Coelho I, Nr. 73; vgl. auch die Anm. zu Nr. 12. Zur Verfolgung, die durch Zauberkünste vereitelt wird, vgl. Nr. 84, sowie Coelho II, Nr. 15; Pedroso Nr. 2. Vgl. zum Islam noch Nr. 116, Anm. – AT 313 C.

*2* Der Affe und sein Schwanz (Dias, Beira, Bd. 8, S. 74–76, Beira Baixa). Weitere Fassungen: Coelho I, Nr. 10 (Kater als Hauptfigur); Coelho II, Nr. 9; Vasconcellos, Bd. 1, Nr. 79. Weitere Tiermärchen und -fabeln: vgl. unsere Nr. 14, 22, 25, 33, 47, 48, 77, 94, 95; Barbosa, Bd. 18, Nr. 14; Buescu, S. 188–92, Coelho I, Nr. 1–13; vor allem den Zyklus «Animais» bei Vasconcellos, Bd. 1, sowie Carballo. – AT 1655.

*3* Der Prinz mit den Eselsohren (Coelho II, Nr. 13). Eines der populärsten portugiesischen Märchen, wenn auch in wenigen Fassungen überliefert; vgl. noch Coelho I, Nr. 50; sowie Vasconcellos, Bd. 2, Nr. 568, und die dort verzeichnete Studie von Adolfo Coelho. Zu dem verzweifelten Wunsch nach einem Kind, selbst in Tiergestalt, vgl. Braga, Quadrazais, S. 192f., Coelho I, Nr. 34; Vasconcellos, Bd. 1, Nr. 121; zu den Gaben verleihenden Feen unsere Nr. 20, 81, 101. – AT 782.

*4* Die kluge Maria (Vasconcellos 2, Nr. 341). Weitere Fassungen dieses in Portugal sehr verbreiteten und beliebten Märchens: Barbosa, Bd. 22, Nr. 26; Braga, S. 61–64; 74–78 (Azoren); Cascudo, S. 167–69; Coelho I, Nr. 42; Vasconcellos, Bd. 1, Nr. 342. Da der portugiesische Autor Dom Francisco Manuel de Melo im 17. Jh. die Verse dieses Märchens zitiert, darf angenommen werden, daß dieses damals bereits ihm und seinen Lesern bekannt war. – cf. AT 879.

*5* Die Steinsuppe (Braga, S. 195f., Porto). Aus Porto stammt eine große Zahl guter Schwankerzählungen, vgl. Nr. 24, 64, 72, 80. Zur Gestalt des Klosterbruders im Märchen und im Schwank vgl. die Nr. 21, 102; in Hahnrei-Geschichten: Vasconcellos, Bd. 2, Zyklus «Entre marido e mulher». Weitere Fassungen: Carré, Nr. 46; Cascudo, S. 253f.; Vasconcellos, Bd. 2, Nr. 424. – AT 1548.

*6* Die alte Frau und der Dieb (Ratinho, S. 302f., Algarve, unveröffentlicht). Weitere Fassungen: Moura, Faia, S. 208; Garcia, S. 256f.; Vasconcellos, Bd. 2, Nr. 620–22. – AT 956 D.

*7* Das Bäuerlein (Pires, S. 51f., Alto Alentejo). Weitere Fassungen: Braga, S. 181–84; Vasconcellos, Bd. 1, Nr. 175 (mit einem Köhler als Hauptfigur). Zur Ehesatire vgl. Nr. 28, 49, 64, 71, 80, 109, 115,

118, sowie Vasconcellos, Bd. 2, Zyklus «Entre marido e mulher». – AT 921 A + AT 922 B + AT 1375.

*8* Das väterliche Erbteil (Coelho I, Nr. 17, Coimbra). Zum hilfreichen König der Fische und anderen Details des vorliegenden Märchens vgl. Nr. 28; Braga, S. 20–24 (= Cascudo, S. 75–81); ein dankbar-hilfreicher Fisch bei Braga, S. 36–38, 58–60; Cascudo, S. 52–55; Coelho I, Nr. 30. In dem im portugiesischen Märchen besonders zahlreichen Auftreten von Meer, Seefahrt, Fischfang, Aussetzung im Meer und in der Benennung der Meerestiere mit ihren spezifischen Namen spiegelt sich die Küstenlage Portugals deutlich wider. Auch der «König der Fische» dürfte hier wie in Nr. 76 speziell der Seehecht sein. Vgl. zu den Fischen noch Nr. 27, 37, 90, 101. Der Neger als Diener deutet auf die Kolonialmacht Portugal zurück. Vgl. hierzu die Anm. zu Nr. 9, sowie Nr. 75 und Anm. – AT 560.

*9* Die drei Zitronen der Liebe (Braga, S. 110–12, Porto). Eines der am weitesten verbreiteten und beliebtesten portugiesischen Märchen. Weitere Fassungen: Azevedo, S. 340–53 (Madeira, in Romanzen-Versen); Barbosa, Bd. 18, Nr. 11; Braga, S. 106–08 («Die Nüsse», Azoren) u. 108–110; Carré, Nr. 3; Cascudo, S. 42–45; Coelho II, Nr. 22; Pedroso, Nr. 3 und 54; Ribeiro; Vasconcellos, Bd. 1, Nr. 307–310. Zur Verbreitung über Portugal hinaus vgl. Walter Anderson: *Le conte des trois oranges.* In: *Actas do Colóquio de Estudos Etnográficos Dr. José Leite de Vasconcelos.* Bd. 1, Porto 1959, S. 187–92, zur regionalen Verbreitung und Differenzierung in Portugal vgl. auch Ribeiro. Zur Gestalt der Negerin als Dienerin vgl. die Anm. zu Nr. 8. Besonders realistisch im vorliegenden Fall ein Zug, der auch heute noch in Brasilien zu beobachten ist: das Verlangen der Vertreter der schwarzen Rasse, so wie die Weißen auszusehen. Der besonders grausame Schluß entspricht andererseits ebenso wie der böse Neger in unserer Nr. 70 nicht etwa einem in Portugal verbreiteten Rassenvorurteil, sondern ist eher ungewöhnlich und möglicherweise Reflex einer vor die Kolonialzeit zurückreichenden Tradition, die in einem «Schwarzen Mann» ohne Bezug zur Rasse die Verkörperung des Bösen sieht. Zum Komplex wegen negroiden Kraushaars vgl. Braga, S. 37; der sadistische Rachewunsch ähnlich wie hier, aber in anderem Zusammenhang bei Braga, S. 51–53 und Vasconcellos, Cosmogonia, 6.2.81, Nr. 1; zur Verwandlung in eine Taube durch einen Nadelstich vgl. Braga, S. 81–83. – AT 408.

**10** Der kleine Hans (Coelho II, Nr. 16). Weitere Fassungen: Coelho I, Nr. 21; Neves, S. 195–201. – AT 328.

**11** Das Ei und der Edelstein (Braga, S. 50f., Porto). Zum Thema der echten und der aus Berechnung vorgetäuschten Freigebigkeit vgl. Nr. 53 u. Buescu, S. 165, Nr. 3, zum wegen falscher Gesinnung mißlingenden Nachahmungsversuch Nr. 50 u. 81, sowie Braga, S. 51–53. – AT 403.

**12** Sohn bist du und wirst Vater werden (Coelho II, Nr. 1). Diese Parallele zum Grimmschen «Der Großvater und der Enkel» existiert in Portugal und Galicien in mancherlei Varianten, vgl. Contos Lugo, Nr. 63 f.; Vasconcellos, Bd. 2, Nr. 560–63. In einer Fassung von Carvalho, Outeiro de Gatos, S. 62 werden die alten Leute auf einem «Maurenfelsen» ausgesetzt und der Brauch, die Toten auf dem Friedhof zu beerdigen, von der im Märchen berichteten Begebenheit zwischen Vater und Sohn datiert. Die Mauren werden also mit barbarischen Zuständen in grauer Vorzeit assoziiert. Zu den Mauren im portugiesischen Märchen vgl. Anm. zu Nr. 1, zum moralisierenden Aspekt, Nr. 108 u. Anm. – AT 980 A.

**13** Die Lügenkette (Monteiro I, S. 73–75, Douro Litoral). In Portugal sehr verbreitete Ausprägung des Lügenmärchens. Weitere Fassungen: Baptista, S. 203–05; Braga, S. 187f.; Coelho I, Nr. 57; ein anderer Typ von Lügengeschichte bei Coelho I, Nr. 69; ein weiterer bei Prieto, Nr. 57. – AT 1920 C.

**14** Das betrunkene Küken (Coelho II, Nr. 11). Weitere Fassungen: Coelho I, Nr. 11; Vasconcellos, Bd. 1, Nr. 75. Eine Variante dieses Märchens ist schon in dem bekannten spanischen Roman *La Gaviota* von Fernán Caballero (1849) eingefügt; vgl. *Spanische Märchen* (MdW), Nr. 2 u. Nachwort, sowie unsere Nr. 48. – AT 715.

**15** Der Junge und der Mond (Coelho I, Nr. 59, Coimbra). Der Mond erscheint hier wie in der Sage von der Entstehung der bleichen Farbe der Dolomiten (vgl. Karl Felix Wolff, *Dolomitensagen*. Innsbruck 1957, S. 31–42) als Schwermut einflößende Macht, von der sich ein junger Mann auf seltsame Weise angezogen fühlt. Vgl. hierzu die Anm. zu Nr. 82, zum Motiv des Aussetzens auf dem Meer die Anm. zu Nr. 8. – AT 725.

**16** Gevatter Tod (Coelho I, Nr. 23, Douro Litoral). Im Original tritt der Tod entsprechend dem weiblichen Geschlecht des portugiesischen Wortes «morte» als Frau auf. Auffällig für ein Märchen aus dem katholischen Land ist die unverblümte Kritik an Gottes «Ungerechtigkeit» (so auch Contos Lugo, Nr. 5). Weitere Fassungen:

Braga, S. 222f.; Carré, Nr. 26; Cascudo, Nr. 268–70; sowie der Grimmsche «Gevatter Tod». Vgl. *Spanische Märchen* (MdW) Nr. 21. – AT 332.

*17* Der Raub des königlichen Schatzes (Vasconcellos 2, Nr. 631, Beira Litoral). Weitere Fassungen: s. Vasconcellos, a. a. O., u. a. Azoren. Dort auch Angaben zu einem entsprechenden alten orientalischen Märchenstoff. – AT 950.

*18* Doktor Grille (Coelho II, Nr. 17). Mehr noch als der dem Grimmschen Doktor Allwissend verwandte Doktor Grille ist «Hans Grille» (bei Braga, S. 158–60) eine beliebte Figur des portugiesischen Volksschwanks wie die Helden unserer Nr. 21, 24. Er lebt als eulenspiegelhafte Gestalt auch in Bänkelliedern weiter, die auf den Jahrmärkten im Nordosten Brasiliens sowie in von Nordostbrasilianern besiedelten Städten des übrigen Landes vorgetragen werden, wobei der Sänger den Text als Groschenheftchen verkauft («folhetos de feira»; vgl. auch Anm. zu Nr. 123). Vgl. Katalog- u. Anthologie-Teil von *Literatura popular em verso* (bisher je ein Band), Rio de Janeiro 1961 bzw. 1964, Kat. Nr. 429, Anth. S. 463–79. Weitere Fassungen: Cascudo, S. 118–21 (in Brasilien aus dem Munde eines portugiesischen Einwanderers aufgenommen); Vasconcellos, Bd. 1, Nr. 179–81. Zum Motiv des Mißverständnisses von einzelnen Sätzen, Zahlen usw. vgl. Nr. 49, 61, 72, 93. – AT 1641.

*19* Der Werwolf (Carvalho, Mêda, S. 125f., Beira Alta, unveröffentlicht). Geschichten von Werwölfen, Hexen, unerlöst umherschweifenden armen Seelen usw. gehören wie Legenden, Lokalsagen und Schwänke im Gegensatz zu den eigentlichen Zaubermärchen noch heute in Portugal überall auf dem Lande zum gängigen Erzählstoff, der in mündlicher Tradition weitergegeben wird (vgl. unser Nachwort). Hier ein Beispiel für unausgefeilten improvisierten Erzählstil in solchen Fällen. Weitere Stoffe dieser Art bei Vasconcellos, Bd. 1, Zyklus «Entes sobrenaturais». Zum Thema des Werwolfs vgl.: Cascudo, S. 101–106; Vasconcellos, Bd. 1, Nr. 259f., 266, 268, 271–73. – Mot. D 113.1.1.

*20* Die drei Feen (Braga, S. 12–14, Algarve). Andere Fassung bei Barbosa, Bd. 17, Nr. 4, eine von den Azoren in unserer Nr. 101. Zu den Feen vgl. Anm. zu Nr. 3; in ähnlicher Funktion wie hier: Braga, S. 51–53, 57f.; zum Hl. Antonius: Nr. 63. – AT 705.

*21* Bruder Johannes Unbesorgt (Braga, S. 159f., Coimbra). Die Titelfigur ist zusammen mit der von Nr. 24 und der in der Anm. zu

Nr. 18 genannten eine der beliebtesten der portugiesischen Schwankerzählung. Eine Novellenfassung unserer Geschichte findet sich bereits im ersten Teil der *Contos e histórias de proveito e exemplo* des Gonçalo Fernandes Trancoso; vgl. Anm. zu Nr. 66; Braga, Bd. 2, unter dem Titel «Dom Simão», sowie die in der Anm. zu Nr. 66 genannte Ausgabe der *Contos e histórias*, S. 84–93 (Text u. Anm.) und S. XXXIX, A. 67. Weitere Fassungen: Barbosa, Bd. 23, Nr. 33; Contos Lugo, Nr. 95; Nunes, Mesio, S. 23–25; Prieto, Nr. 64; Vasconcellos, Bd. 1, Nr. 165f. Vergleichende Studie über portugiesische und andere Versionen des Themas: Wilhelm Giese: *Uma versão estremenha do conto das «Três perguntas do rei»*. In: *Biblos*, Bd. 45, Coimbra 1940, S. 615–50. Zur Figur des Klosterbruders im Schwank vgl. Nr. 5, 102, zu anderen Rätselmärchen Nr. 65 u. Anm. – AT 922.

*22* Der Granatbaum des Affen (Coelho II, Nr. 6). Andere Fassung: Coelho I, Nr. 4. Weitere Reihenmärchen mit einer stetig wachsenden Anzahl von nacheinander genannten Einzelelementen: unsere Nr. 42; Buescu, S. 196f.; Carré, Nr. 244; Cascudo, S. 229–231 (aus Madeira); Coelho I, Nr. 2 u. Nr. 13; Coelho II, Nr. 4; Contos Lugo, Nr. 207; Cruz, S. 212–14. Vgl. noch Nr. 2. – AT 2030.

*23* Der König und die Königin (Furtado, S. 34f.; Alto Alentejo, unveröffentlicht). Eine stark abweichende Variante bei Vasconcellos, Bd. 2, Nr. 532. – Mot. J 1146.

*24* Peter Tunichtgut (Braga, S. 165–68, Porto). Weitere Fassungen: Cascudo, S. 246–52; Monteiro II, S. 33–38; Moura, Faia, S. 208f.; Prieto, Nr. 53; Vasconcellos, Bd. 2, Nr. 638ff. Die Gestalt des Pedro de Malas-Artes oder Pedro Malasarte ist die bekannteste feststehende Figur der portugiesischen Schwankerzählung, meistens allerdings nicht wie hier als Dümmling, sondern als verschmitzter «Eulenspiegel» (vgl. Vasconcellos, Bd. 2, Zyklus 13). In dieser Form ist er gerade in Brasilien sehr volkstümlich (s. den Band *Brasilianische Märchen*, MdW) und hat den brasilianischen Autor Graça Aranha zu einem symbolistischen Theaterstück *Malazarte* inspiriert (vgl. *Kindlers Literatur Lexikon* unter diesem Stichwort). Zum Pedro (de) Urdemala(s) als Parallele im spanischsprachigen Europa und Amerika vgl. Cascudo, S. 247f. Vgl. auch die Anm. zu Nr. 18, 21. Sehr verwandte Tölpelgeschichten mit falsch ausgeführten Aufträgen: Carré, Nr. 90; Contos Lugo, Nr. 73, 74; Silva, Meã, S. 56–58. Weitere Tölpelgeschichten: unsere Nr. 52, 83 sowie Coelho II, Nr. 14. – AT 1696.

**25** Der Hase und der Wolf (Garcia, S. 256; Ribatejo, unveröffentlicht). Vgl. Nr. 33. – AT 30.

**26** Die vier Söhne (Peixoto, S. 251–54, Minho, unveröffentlicht). Weitere Fassungen: Carré, Nr. 19; Prieto, Nr. 18. Zum Schildbürger-Verhalten vgl. noch unsere Nr. 40. – AT 1650.

**27** Die Geschichte von der Barke Noah (Silva, Vila Meã, S. 61–63, Beira Alta, unveröffentlicht). Ähnlich phantasievoll ausgestaltete Fassungen der Geschichte von Noah bei Delgado, S. 215–17; Peixoto, S. 231 f. Zu den Sardinen vgl. Anm. zu Nr. 8. – Mot. A 1021.

**28** Die naschhafte Fischersfrau (Pires, S. 27–29, Alto Alentejo). Etwas abweichende Fassungen: Barbosa, Bd. 23, Nr. 32 u. Braga, S. 178 = Cascudo, S. 255–56; eine spanische: Nr. 32 in *Spanische Märchen* (MdW). Zum Thema des erzwungenen Essens vgl. Bu-escu, S. 184 f. Vgl. Anm. zu Nr. 7 u. 8.

**29** Die Flucht nach Ägypten und die Spinne (Carvalho, Mêda, S. 124 f., Beira Alta, unveröffentlicht). Weitere Legenden zur Flucht nach Ägypten: Nr. 97, sowie Carré, Nr. 192; Ferreira, S. 36 (die Lupinen machen unter den Füßen des heiligen Josef und des Esels zu viel verräterischen Lärm und werden von Maria verflucht, so daß sie niemals jemandem «den Bauch füllen», soviel er auch davon ißt); Peixoto, S. 233 f. (z. T. ungenau motivierte bzw. nichtssagende Verfluchungen oder Belohnungen von Tieren und Pflanzen aufgrund ihres Verhaltens gegenüber dem Jesuskind); Pereira, Soajo, S. 225–27 (Maria entwaffnet die Verfolger auf einer bewachten Brücke, indem sie bekennt, daß ihr Kind Jesus sei, und die Verfolger meinen, wenn dies stimme, würde sie es gewiß nicht sagen), Vasconcellos, Bd. 2, Nr. 574–81, 588 f., 591–93, 595 (z. T. ohne Nennung der Fluchtsituation, die aber zum Verständnis notwendig ist). Vgl. noch: A. Pinto Almeida: *A fuga para o Egipto.* (Notas comparativas da tradição popular). In: *Douro Litoral*, Bd. 9, Porto 1944, S. 40–46. – AT 967.

**30** Der König und der Schmied (Serrano, S. 160–1, Beira Baixa). Andere Fassung des gleichen Themas: Neves, S. 207. – Mot. N 351.

**31** Die Spinne (Pedroso, port. Ausg., S. 257–60). Zur Tierbraut im portugiesischen Märchen vgl. Nr. 37, 41 u. besonders Vasconcellos, Bd. 1, Zyklus «A bela e o monstro», zum Tierbräutigam vgl. Anm. zu Nr. 55.

**32** Der gute und der schlechte Christ (Osório, S. 53 f., Beira Alta, unveröffentlicht). Andere Fassungen des gleichen Stoffes: Costa, Torre, S. 14 f.; Vasconcellos, Bd. 1, Nr. 155. Zum Thema «Christus und der heilige Petrus» vgl. unsere Nr. 67, 100; Braga, S. 246; Buescu, S. 165, Nr. 3; vor allem aber Vasconcellos, Bd. 1, Zyklus «Christo e São Pedro». Vgl. auch Nr. 60, zum moralisierenden Aspekt Nr. 108 u. Anm. – cf. AT 759.

*33* Der Fuchs und der Wolf (Silva, Villa Meã, D. 59f., Beira Alta, unveröffentlicht). Weitere Fassungen: Albino, S. 80; Peixoto, S. 242f. (völlig verschiedene Version); Vasconcellos, Bd. 1, Nr. 27–30; dort unter Nr. 26 u. 31–38 weitere Stücke zum Thema «Der betrogene Wolf». Vgl. noch unsere Nr. 25. – AT 15.

*34* Der Anstreicher und der Teufel (Buescu, S. 172f., Beira Baixa). Während in anderen Geschichten (etwa Buescu, S. 175f.) für einen Sünder lediglich der Platz in der Hölle bereits im voraus reserviert ist, wird hier die Sünderin selber schon zu Lebzeiten dort gesehen und damit auf eigenartige Weise das Verhältnis von Zeitlichkeit und Ewigkeit illustriert. Vgl. noch Buescu, S. 176f., Nr. 15. Vgl. Anm. zu unserer Nr. 108, 119.

*35* Das Geld für den Hausbau (Oliveira, Bd. 2, Nr. 337, Algarve).

*36* Die Würste des Herrn Pastors (Neves, S. 211, Beira Alta, unveröffentlicht). Weitere Schwänke mit Pfarrern als Hauptfiguren siehe Nr. 64, 68, 93, 110. Zum Pfarrer oder Klosterbruder in Hahnrei-Geschichten vgl. Vasconcellos, Bd. 2, Zyklus «Entre marido e mulher». – AT 1807 A.

*37* Der Turm von Babel (Oliveira, Bd. 2, Nr. 289, Algarve). Das Harpunieren im vorliegenden Märchen ist wohl ein Reflex des gerade an der Algarve-Küste viel betriebenen Thunfischfangs mit der Harpune. Vgl. zu den Fischen Anm. zu Nr. 8, zur Tierbraut Nr. 37, zum Turm von Babel Nr. 76. Eine beträchtlich abweichende Fassung bei Barbosa, Bd. 17, Nr. 3. – AT 400 + AT 302.

*38* Der alte Bauer (Dias, Rio de Onor, S. 517, Trás-os-Montes).

*39* Wer hat der Königin das Auge ausgeworfen? (Pires, S. 31–33, Alto Alentejo).

*40* Das Beil (Coelho II, Nr. 23). Weitere Fassung: Coelho I, Nr. 41. Zum Schildbürger-Verhalten vgl. noch unsere Nr. 26. – AT 1450 + AT 1384.

*41* Die Äffinnen (Pires, S. 69–71, Alto Alentejo). Weitere Fassungen: Barbosa, Bd. 18, Nr. 16; Braga, S. 65f. (= Cascudo, S. 94–96); Vasconcellos, Bd. 1, Nr. 123, 125; eine spanische Fassung in *Spanische Märchen* (MdW), Nr. 44. Zum Thema der Tierbraut vgl. unsere Nr. 31. – AT 402.

*42* Die zwölf Worte der Wahrheit (Cascudo, S. 207–11, in Brasilien aus dem Munde eines portugiesischen Einwanderers aus Porto aufgenommen). «Anjo Custódio» ist im Portugiesischen eine der Bezeichnungen für den Schutzengel. «Die zwölf Worte der Wahrheit vorwärts und rückwärts gesprochen», wie sie meist genannt werden, sind teils ohne die Rahmenerzählung überliefert und werden vor allem am Sterbebett als Gebet aufgesagt, das den Sterbenden vor der Hölle bewahren soll. Sie haben keine Wirkung bzw. bewirken ewige Verdammnis, wenn der Sprecher sich dabei vertut bzw. unterbricht. Die Informantin für Buescu (s. u.) mußte daher den Text dreizehnmal hintereinander aufsagen, da eine Unterbrechung auch dann nicht statthaft war, wenn die Aufzeichnerin nicht mitkam. Zu Ursprung und Ausbreitung vgl. A. M. Espinosa in *Revista de Filología Española*, Bd. 17, 1930, S. 390–413, sowie Luís Chaves: *O Anjo Custódio ou as «Palavras ditas e tornadas»*. In: *Revista de Guimarães*, Bd. 46, Guimarães 1936, S. 8–24. Weitere Fassungen: Beato, S. 259f.; Frias, S. 582–88; Pestana, Bd. 1, S. 69–73, und Prieto, Nr. 30 (mit Rahmenerzählung), Buescu, S. 192–95; Dias, Beira, Bd. 3, S. 187–96; Marques, S. 165–67, und Rafael, S. 41–44 (ohne Rahmenerzählung). Eine Parodie auf die «Zwölf Worte» bei Buescu, S. 195f. Vgl. auch Anm. zu Nr. 22. – AT 812.

*43* Die Geschichte vom Brasilienheimkehrer (Rocha, S. 82, Trás-os-Montes, unveröffentlicht). Der aus Brasilien heimkehrende Auswanderer (portugiesisch einfach «Brasilianer» genannt) ist eine in Portugal und in der portugiesischen Literatur häufige Gestalt, die in Märchen und Schwänken auch den über Portugal hinaus verbreiteten Stoffen ein bestimmtes Lokalkolorit gibt. Vgl. Nr. 59 sowie Coelho I, Nr. 74. Zum Heimkehrer aus anderen Ländern vgl. unsere Nr. 84 sowie Buescu, S. 188. Galicische Fassungen unserer Geschichte mit einem Heimkehrer aus Amerika: Carré, Nr. 135, bzw. aus der Hauptstadt: Contos Lugo, Nr. 187. – AT 1628.

*44* Die drei Ratgeber des Königs (Coelho II, Nr. 10). Weitere Fassung: Braga, S. 214f. Zu anderen Rätselmärchen vgl. Nr. 65 u. Anm. – AT 921 F*.

*45* Der Drache mit den sieben Köpfen (Braga, S. 31–34, Algarve). Andere Fassung: Barbosa, Bd. 17, Nr. 5. Zu dem siebenköpfigen Untier vgl. unsere Nr. 70 u. 76. – AT 516.

*46* Die Geschichte vom Eisernen Stecken (Lanhas, Douro Litoral, unveröffentlicht, vom Vater des Aufzeichners um 1890 erlernte Version). Weitere Fassungen dieses in Portugal sehr bekannten und beliebten Märchens: Braga, S. 111–17; Coelho I, Nr. 22; Enes,

S. 68–75 (andere Geschichte mit der gleichen Titelfigur, Azoren); Prieto, Nr. 11; Vasconcellos, Bd. 1, Nr. 317. Vgl. zu einzelnen Motiven unsere Nr. 78. – AT 301 B.

*47* Die Geschichte von der alten Frau (Pascoal, S. 64f., Alto Alentejo, unveröffentlicht). Eines der am häufigsten überlieferten portugiesischen Märchen, sonst meist unter dem Titel «Geschichte vom Flaschenkürbis» o. ä. Vgl. die Fassungen bei Barbosa, Bd. 17, Nr. 2; Carvalho, Vilar, S. 73; Coelho I, Nr. 6; Coelho, Vizela, S. 40f.; Contos populares, S. 35–37 (Der Kürbis rollt gegen einen Stein und geht zu Bruch, worauf der Wolf die Alte frißt, aber der Mann der Alten tötet den Wolf und zieht die Frau unversehrt heraus: Der auch sonst feststellbare Zusammenhang mit der Rotkäppchen-Geschichte ist hier besonders deutlich); vor allem Vasconcellos, Bd. 1, Nr. 40–43, 46 (mit unterschiedlichem Ausgang), 44 (Bienenkorb statt Kürbis); eine ausgesprochene Rotkäppchen-Geschichte: ebd., Nr. 45.

*48* Das nackte Hühnchen (Dias, Beira, Bd. 7, S. 29–31, Beira Baixa). Vgl. Nr. 14. – AT 715.

*49* Die fünf Eier (Neves, S. 220f., Beira Alta, unveröffentlicht). Galicische Fassungen: Carré, Nr. 43; Contos Lugo, Nr. 39; Prieto, Nr. 68; eine stark abweichende portugiesische bei Buescu, S. 183. Vgl. noch Nr. 7 u. Nr. 18 nebst Anmerkungen, sowie besonders Nr. 80. – AT 1365 D*.

*50* Freitag und Samstag (Frias, S. 606–08, Beira Alta, unveröffentlicht). Weitere Fassungen: Braga, S. 177; Carré, Nr. 181; Contos Lugo, Nr. 101; Cruz, S. 402f. Vgl. die Anm. zu Nr. 11 u. 56. – AT 503.

*51* Maria mit dem rotgefärbten Unterrock (Delgado, S. 225–27, Baixo Alentejo, unveröffentlicht).

*52* Der Narr und der Advokat (Carvalho, Vilar, S. 74, Beira Alta, unveröffentlicht). Weitere Fassungen: Braga, S. 238 (Azoren); Carré, Nr. 91f.; Contos Lugo, Nr. 145; Prieto, Nr. 56; Vasconcellos, Bd. 2, Nr. 650, sowie unsere Nr. 83 (hier und bei Carré mit anderen Motiven verknüpft). Vgl. Anm. zu Nr. 24. – AT 1586.

*53* Der Herrgott vom Kapellchen (Delgado, S. 218–20, Baixo Alentejo, unveröffentlicht). Vgl. Anm. zu Nr. 11, zum moralisierenden Aspekt Nr. 108 u. Anm. – AT 750 F*.

*54* Die verirrten Kinder (Coelho I, Nr. 28, Coimbra). Gegenüber dem Grimmschen «Hänsel und Gretel» zeichnet sich die vorliegende Version in einigen Punkten durch portugiesisches Lokalkolorit aus: die Erscheinung einer alten Frau, die wohl eine Heilige ist, die Heiligenanrufung, Wein als normales Getränk auch nicht wohlhabender Leute, Lupinenhülsen (hier als verirrtes Motiv, ohne seine ursprüngliche oder eine neue Funktion), Flaschenkürbis. Weitere Fassungen: Cascudo, S. 170–74 («Hans und Maria»); Pedroso, Nr. 14; Vasconcellos, Bd. 1, Nr. 194, 267, 269f. Ähnliche Fassung: Serrano, S. 154–56, wo aber die Stiefmutter der Kinder die Hexe ist. In einer Fassung bei Costa, Murteira, S. 297f. («Geschichte von den Kindern und den Waffeln») fliehen die Kinder, als die Hexe ein Messer holt, um sie zu schlachten; die Hexe gelangt bei der Verfolgung der Kinder in die Hölle und wird «in Olivenöl gebacken». Zur Ausgangssituation der Hänsel-und-Gretel-Geschichte vgl. auch Braga, S. 51–53, 125–27 (eine Bechsteins «Der kleine Däumling» verwandte Geschichte). – AT 327 A.

**55** Schönchen (Coelho I, Nr. 29, Minho). Weitere Fassungen: Vasconcellos, Bd. 1, Nr. 110f. Der Tierbräutigam taucht im portugiesischen Märchen in mancherlei Gestalt auf; vgl. Braga, S. 66–68 (Rabe); 78f. (Kaninchen; Azoren); Buescu, S. 180f. (Eidechse); Coelho I, Nr. 34 (Kröte); vor allem Vasconcellos, Bd. 1, Zyklus «A bela e o monstro». Zur Tierbraut vgl. Nr. 31 u. Anm., zu Meer und Schiffahrt Anm. zu Nr. 8. – AT 425 C.

**56** Der Löffelschnitzer (Coelho I, Nr. 26, Coimbra). Zur Gestalt des Mauren vgl. die Anm. zu Nr. 1 u. zu Nr. 87. Mit dem Verlangen nach dem Besitz des ersten Wesens, das seinem Gegenüber begegnet, übernimmt der Maure hier fast die Rolle des Teufels in anderen Märchen (s. Nr. 85) und vor allem Dom- und Burgbausagen. – AT 311.

**57** Die Alte mit den Hühnern (Braga, S. 152f., Algarve). – AT 1750.

**58** Die Goldbarren (Braga, S. 163–65, Umgebung von Porto). Zum Motiv der in Gold, Edelstein u. ä. verwandelten wertlosen Gegenstände vgl. unsere Nr. 50, 87 und 89, sowie Braga, S. 252.

**59** Die drei Ratschläge (Braga, S. 208–10, Porto). Zum Motiv des Brasilienheimkehrers, das zusammen mit anderen Einzelheiten diese Fassung von der galicischen (Nr. 105) unterscheidet, vgl. Anm. zu Nr. 43. Weitere Fassungen: Cascudo, S. 160–63 (in Brasilien aus dem Mund eines portugiesischen Einwanderers aufgezeichnet); Maia, Sabugal, S. 670–72; Prieto, Nr. 25; sowie Nr. 31 des Bandes *Spanische Märchen* (MdW). – AT 910 B.

**60** Die Mutter des heiligen Petrus (Cascudo, S. 205f.). In der christlichen Welt sehr verbreiteter Stoff, vgl. Bolte/Polívka Bd. 3, S. 538. Weitere Fassungen: Braga, S. 250 (Azoren); Peixoto, S. 235. Vgl. auch die Anm. zu Nr. 32. – AT 804.

*61* General Fall (Braga, S. 173–75, Porto). Vgl. Anm. zu Nr. 18. Zum Thema des «tapferen» Schneiders vgl. noch Carré, Nr. 110; Contos Lugo, Nr. 127; Prieto, Nr. 48. – AT 1640.

*62* Der arme Schuster (Braga, S. 211–12, Porto). Zum Schuster als Prototyp des armen, aber selbstzufriedenen Menschen vgl. Nr. 90, 96, zum Thema Reichtum und Glück Braga, S. 151–53; Braga, 1. Aufl., Nr. 122 (Azoren). – AT 754.

*63* Das Patenkind des heiligen Antonius (Coelho I, Nr. 19, Coimbra). Der Hl. Antonius von Padua, in Lissabon geboren und in Coimbra tätig gewesen, ist einer der Lieblingsheiligen Portugals, aber auch Galiciens (vgl. Vasconcellos, Bd. 2, «Lendas», Nr. 59 und unsere Nr. 20, 70, 107). Als Pate kehrt er wieder bei Braga, S. 125–27; in anderer Funktion etwa: Braga, S. 252f. Zum Maurenmotiv vgl. Anm. zu Nr. 1, zum Motiv der unmöglich scheinenden Aufgaben Nr. 84, zu dem des Rings im Bauch des Fisches die Anm. zu Nr. 90. Weitere Fassungen: Barbosa, Bd. 17, Nr. 7; Pedroso, Nr. 13 (der Hl. Petrus als Pate); Vasconcellos, Bd. 1, Nr. 192, 193, 196 (der Hl. Petrus, der Hl. Josef und der Hl. Antonius als Paten); vgl. auch dort Nr. 194 u. Nr. 215. – AT 884 A.

*64* Der Sack Nüsse (Braga, S. 210f., Porto). Vgl. Nr. 7 und Anm. zu Nr. 36. – AT 1375.

*65* Die Prinzessin, die alle Rätsel löst (Braga, S. 135–38, Minho). Weitere Fassungen: Barbosa, Bd. 20, Nr. 21; Carré, Nr. 98; Cascudo, S. 225–28, = Coelho I, Nr. 38; Contos Lugo, Nr. 94; Vasconcellos, Bd. 1, Nr. 170–71. Andere Rätselmärchen: Braga, S. 128–30, 138f.; Carré, Nr. 99f.; Cascudo, S. 257–60; Vasconcellos, Bd. 1, Zyklus «Enigmas», und unsere Nr. 21, 44. – AT 851.

*66* Prinzessin Carlota (Braga, S. 215–18, Algarve). Die Geschichte findet sich neben vielen anderen Stoffen der internationalen Märchenliteratur (vgl. Anm. zu Nr. 21) bereits in der Novellensammlung *Contos e histórias de proveito e exemplo* des Gonçalo Fernandes Trancoso (3. Teil, 1596), die vor allem in Brasilien die Bezeichnung für Märchen bzw. unglaubliche Geschichten («histórias de Trancoso») lieferte. S. dazu Braga, Bd. 2, S. 91–97 (Text Trancosos) und 283 (Anm.), vor allem aber jetzt die Ausgabe der *Contos e histórias* von João Palma-Ferreira, nach der Ausgabe von 1624, Lisboa 1974, S. 272–87 (Text und Anm.) sowie das Vorwort (zu Transcocos Erzählstoffen allgemein). Zum Stoff der vorliegenden Erzählung in der Weltliteratur vgl. auch Elisabeth Frenzel: *Stoffe der Weltliteratur.* Dritte Auflage. Stuttgart (1970), Artikel «Griseldis». – AT 887.

***67*** Der Herrgott und der heilige Petrus in der Scheune (Peixoto, S. 236, Minho, unveröffentlicht). Vgl. die Anm. zu Nr. 32. – AT 791.

***68*** Ein Portugiese in Spanien (Dias, Rio de Onor, S. 517). Beispiel der zahlreichen Scherze über Bewohner des Nachbarlandes (vgl. Nr. 121 und Pires, S. 87) und der Nachbarprovinzen (Prieto, Nr. 34; beides in den Nr. 174–179 von Contos Lugo). Eine Reihe ähnlicher Anekdoten über die Bewohner bestimmter Gegenden bzw. Orte bringt Vasconcellos, Bd. 2, Nr. 429ff. Vgl. noch unsere Nr. 36. Eine thematisch gleiche, wenn auch in Einzelheiten andere Geschichte mit Umkehrung der Rollen (Galicier in Portugal) bei Prieto, Contos raiotos, S. 325f., mit einer einleitenden Notiz über die Gegenseitigkeit ein und derselben Persiflage zu beiden Seiten des spanisch-portugiesischen Grenzgebietes.

***69*** Der ungetreue Verwalter (Coelho II, Nr. 18). – AT 1617.

***70*** Die Schlange mit den sieben Köpfen (Coelho I, Nr. 49, Minho). Zur Gestalt des bösen Negers vgl. die Anm. zu Nr. 9, zur Verehrung des Hl. Antonius die zu Nr. 63. Weitere Fassungen der Episode von der Tötung der siebenköpfigen Schlange z. T. ebenfalls mit den Zungen als Beweismittel: Braga, S. 125–27; Coelho I, Nr. 51; Nr. 52 (der Hl. Georg); Vasconcellos, Bd. 1, Nr. 194. Vgl. auch unsere Nr. 45. – AT 300.

***71*** Die böse Schwiegermutter (Buescu, S. 182f., Beira Baixa). Mundartliche Aufzeichnung in dialogreichem Erzählstil, dessen Unbeholfenheit in der Übersetzung eher gemildert ist. Das Thema existiert in Portugal in mancherlei Varianten, vgl. Braga, S. 145f. u. 176–81; Neves, S. 216f.; Vasconcellos, Bd. 2, Nr. 383. In bestimmten Kurzfassungen schlägt die Frau auf Verlangen des Mannes dessen Bett auf der Straße auf, und als er auf eine Frage hin von ihr erfährt, daß sich über ihnen die Milchstraße befindet (port. «Straße nach Galicien» bzw. «nach Santiago», d. h. zu dem im Mittelalter viel besuchten Wallfahrtsort mit dem Grab des Hl. Jakob), schlägt er auf sie ein, weil sie ihn der Gefahr ausgesetzt habe, daß ihm von dort ein Wagen auf den Kopf fallen könnte; vgl. Pereira, Santiago, S. 253 (gut pointiert erzählt); Martins, S. 383 (mit unklarer Pointe) und Moura, S. 28 (mit entstellter Ausgangssituation). Eine verwandte Geschichte: Contos Lugo, Nr. 58. Vgl. noch Anm. zu Nr. 7.

*72* Gib mir meinen halben Groschen (Braga, S. 189f., Porto). Weitere Fassungen: Barbosa, Bd. 20, Nr. 22; Contos Lugo, Nr. 154; Prieto, Nr. 60; Vasconcellos, Bd. 2, Nr. 608–11. Vgl. Anm. zu unserer Nr. 18. – AT 1654.

*73* Geschichte von der kleinen Isabel (Contos populares, S. 38–40, Estremadura). Die Geschichte zeichnet sich in ihrer sprachlichen Form in den ungenierten, z. T. unangebrachten scherzhaften Bemerkungen und in der Argumentation durch besonders «ungeschliffene» volkstümliche Züge aus (vgl. die hier im Deutschen mit «Prinzeß» und «Zirurg» annähernd wiedergegebenen Wortformen, neben Lautformen, die in der Übersetzung nicht wiedergegeben werden können). Für die Erzählsituation interessant ist das Eingreifen einer Zuhörerin, die auf einem offenbar höheren Niveau steht.

*74* Der Zauberer (Braga, S. 24–26, Algarve). Der hier als «Bussard» wiedergegebene Vogel ist im Original ein Milan. Weitere Fassungen: Braga, S. 26–29 (Azoren) und 29–31; Coelho I, Nr. 15; Cascudo, S. 107–109; vgl. auch Nr. 34 des Bandes *Spanische Märchen* (MdW). – AT 325.

*75* Wer nicht arbeitet, der nicht ißt, wer nicht ißt, der nicht arbeitet (Coelho II, Nr. 12). Zum Thema Arbeiten und Essen vgl. noch Braga, S. 236; Carré, Nr. 72 (und Contos Lugo, Nr. 160), zur Gestalt des Negers die Anm. zu Nr. 8, 9, sowie Vasconcellos, Bd. 2, Nr. 402–06. – AT 1567 G.

*76* Der Turm von Babylon – wer hineingeht, kommt nicht lebend davon (Vasconcellos, Bd. 1, Nr. 281, Porto). Weitere Fassungen: Braga, S. 117–19 (ebenfalls mit dem König der Fische als Helfer); Cascudo, S. 89–93; Coelho I, Nr. 16; Pedroso, Nr. 11, 25; Vasconcellos, Bd. 1, Nr. 279f., 286; Vasconcellos, Cosmogonia, 30.1.81. Zum Turm von Babylon vgl. unsere Nr. 37. Der hier als «Schellfisch» übersetzte Fisch ist genaugenommen ein Seehecht (port. «pescada», Merluccius merluccius), aber mit dem deutschen Lesern vertrauteren Schellfisch eng verwandt. Vgl. hierzu die Anm. zu Nr. 8. – AT 303.

*77* Der Fuchs und der Hahn (Peixoto, S. 240f., Minho, unveröffentlicht). Weitere Fassungen: Buescu, S. 191f.; Carballo, Nr. 2; Cascudo, S. 189f.; Contos Lugo, Nr. 8; Vasconcellos, Bd. 1, Nr. 1f. – AT 62 + AT 154 IV.

*78* Sohn einer Eselin (Barbosa, Bd. 18, Nr. 10, Alto Alentejo). Zum Steineichenfäller und Flüsseaustrockner sowie zum Hinabstieg in den Brunnen vgl. Nr. 46. Weitere Fassungen: Cascudo, S. 82–86; Vasconcellos, Bd. 1, Nr. 318. – AT 301 B.

*79* Geschichte vom Elend (Almeida, S. 25f., Beira Alta, unveröffentlicht). Die vorliegende Version (eine andere siehe Braga, S. 211f.) zeigt die Tendenz, überregional verbreitete und nicht ortsgebundene Geschichten auf Personen der eigenen engeren Heimat zu beziehen, und kommt daher einem Typ der Volkserzählung nahe, der in Portugal im Gegensatz zum Märchen heute noch lebendig ist. Vgl. dazu das Nachwort. – Zur Geschichte vom Elend vgl. auch *Spanische Märchen* (MdW), Nr. 17 u. Anm., zum moralisierenden Aspekt unsere Nr. 108 u. Anm. – AT 330 A.

*80* Die eigensinnige Ehefrau (Braga, S. 229, Porto). Weitere Fassungen: Carré, Nr. 44; Cascudo, S. 235–40; Contos Lugo, Nr. 51. Eine vergleichende Studie dieses Schwankes bei Cláudio Basto: *A teimosia das mulheres nos contos populares.* In: *Brasília*, Bd. 2, Coimbra 1943, S. 171–97. Vgl. Nr. 49 u. Anm. zu Nr. 7. – AT 1365 B.

*81* Das Findelkind (Vasconcellos, Bd. 2, Nr. 534, Beira Litoral). Weitere Fassungen: Barbosa, Bd. 19, Nr. 18 (irrtümlich als Nr. 21 bezeichnet); Coelho I, Nr. 36; Coelho II, Nr. 24, Garcia, S. 257–59 («Geschichte vom blauen Stier», aus dem Stierzuchtgebiet des Ribatejo); unter dem in Portugal für die Aschenputtel-Geschichte üblichen Titel «Gata Borralheira» (Aschenkätzchen): Azevedo, S. 364–91 (Madeira, in Romanzenversen); Cascudo, S. 36–41; Clementina, S. 13–18; Pedroso, Nr. 18; vgl. vor allem Vasconcellos, Bd. 2, Zyklus «A Gata Borralheira». Die sprichwörtliche Bezeichnung «gata borralheira» findet sich bereits 1594 in Jorge Ferreiras Komödie *Ulissipo*. Dies kann als Zeichen für die Existenz des betreffenden Märchenstoffes gedeutet werden (so Vasconcellos u. a.), aber auch für die bloße Verwendung des sprichwörtlichen Ausdrucks sprechen, ohne daß deswegen auch der Märchenstoff bekannt gewesen sein müßte. – Zum Thema des wegen falscher Gesinnung mißlingenden Nachahmungsversuchs vgl. Anm. zu Nr. 11, die Grimmsche «Frau Holle», Bechsteins «Die Goldmaria und die Pechmaria», Braga, S. 45–49; Clementina, S. 19–25; zu den Feen: Anm. zu Nr. 3. – AT 510 A + AT 480.

*82* Die goldene Haspel (Braga, S. 69f., Algarve). Einem weitverbreiteten Glauben zufolge erscheint hier der Mond als ein Wesen mit unheilvollem Einfluß und übernimmt als menschenfressender Bösewicht, vor dem die eigene Mutter mit List ahnungslose Gäste schützen muß, geradezu die Rolle des Teufels (vgl. bei Grimm: «Der Teufel mit den drei goldenen Haaren»). Zum Mond vgl. im übrigen noch die Anm. zu Nr. 15. Zu der Steigerung Mond – Wind – Sonne in der Reihenfolge der Wesen, die am meisten wissen, vgl. Coelho I, Nr. 25, mit anderer Reihenfolge auch Coelho I, Nr. 44 und Barbosa, Bd. 17, Nr. 3. Weitere Fassungen außerdem: Barbosa, Bd. 20, Nr. 25; Cascudo, S. 46–51. – AT 432.

*83* Die schwarzgekleideten Damen (Coelho II, Nr. 21). Vgl. Nr. 52 u. Anm., sowie Anm. zu 24. Bei Delgado, S. 232 eine Parallele zur Episode mit dem Heiligen: Ein tölpelhafter Junge gibt einer Heiligenstatue die Hähnchen, die er verkaufen soll, und als der Pfarrer und der Küster diese weggenommen haben, kassiert er das Geld dafür, indem er den Opferstock des Heiligen aufbricht. – AT 1642 + AT 1586.

*84* Weißblümchen (Maia, Sabugal, S. 697–87, portugiesischsprachiges Grenzgebiet in der spanischen Provinz Cáceres, unveröffentlicht). Weitere Fassungen: Carré, Nr. 6; Coelho I, Nr. 14; Enes, S. 75–91 (Azoren); Frias, S. 590–600 (Weißblümchen ist eine der drei Töchter des Teufels, aber sie «ist für Gott» und trägt – wohl als Zeichen dafür – ein weißes Kleid); Vasconcellos, Bd. 1, Nr. 191 u. 217–19; eine Kombination mit einem Teil unserer Nr. 1 bei Prieto, Nr. 5. Zum Motiv der unlösbar scheinenden Aufgaben vgl. Nr. 63; zur Verfolgung des Mädchens durch den Vater, die durch Zauberkünste vereitelt wird, Nr. 1 und Anm., zur Figur des heimgekehrten Auswanderers die Anm. zu Nr. 43. – AT 313 A.

*85* Der Jäger (Frias, S. 589f., Beira Alta, unveröffentlicht). Andere Fassung: Buescu, S. 174f. Zum Motiv des Pakts, bei dem sich der Teufel die Seele des Partners oder des ersten Wesens ausbedingt, das seinem Partner begegnet, in dessen Haus geboren wird o. ä., vgl. Braga, S. 241f.; Buescu, S. 175 u. S. 177f.; unsere Nr. 111 sowie die Anm. zu Nr. 56. – AT 756 B I u. II.

*86* Die kleine goldene Kuh (Barbosa, Bd. 18, Nr. 13, Alto Alentejo). Weitere Fassungen der mit Grimms «Allerleirauh» eng verwandten Geschichte: Cascudo, S. 69–74; Vasconcellos, Bd. 2, Nr. 529 (Titel: «Eselshaut», port. «Pele de Burro», vgl. Perraults «Peau d'Âne»). – AT 510 B.

*87* Die maurische Wöchnerin von Nisa (Vasconcellos, Bd. 2, Lendas Nr. 253, Alto Alentejo). Weitere Fassungen: ebda., Nr. 252 u. 254. Diese und die beiden folgenden Nummern mögen als Beispiele für die überaus häufigen Lokalsagen über Mauren dienen (zu den Mauren im Märchen vgl. Anm. zu Nr. 1). Fast immer werden die (meist «verwunschenen») Mauren mit bestimmten Felsen (daher sehr häufig gerade in der Beira) und mit Schätzen assoziiert. Oft breitet eine Maurin ihre Schätze, als unscheinbare Feigen o. ä. unkenntlich gemacht, auf einer Felsplatte bzw. einer Decke aus. Sehr häufig dabei das Motiv der Umwandlung dieser Gegenstände in Gold o. ä., die man erst zu Hause feststellt und die sich bei einem zweiten Versuch nicht wiederholt. Vgl. hierzu noch die Nr. 58. Weitere Maurengeschichten: Buescu, S. 178–80, Carré, Lendas, passim; Dias, Beira, passim; Vasconcellos, Bd. 2, «Lendas», Zyklus «Lendas de Mouras e Mouros»; Pereira, passim. – Mot. F. 372.9.

*88* Die Maurin und ihr Laden (Henriques, S. 139, Beira Alta, unveröffentlicht). Vgl. Anm. zu Nr. 87.

*89* Der Verbannte von Ledão (Vasconcellos, Bd. 2, Lendas Nr. 243, Douro Litoral). Vgl. Anm. zu Nr. 87. – Die Gegend des Douro-Flusses (spanisch «Duero») war lange Zeit Grenzgebiet zwischen dem christlichen Norden und dem noch maurisch beherrschten Süden der westlichen Pyrenäenhalbinsel und wurde daher «Extrema Durii», d. h. äußerstes Gebiet am Douro, genannt. Mit der Verschiebung der Grenze nach Süden verschob sich auch die Bezeichnung und gilt heute in der Form Estremadura für je eine bestimmte Gegend in Spanien und Portugal.

*90* Zum Reichsein geboren (Braga, S. 171–73, Porto). Der hier als «Seebarsch» etwas unfachmännisch definierte Fisch ist im Original ein Schriftbarsch (Serranus scriba, port. «garoupa») und in Portugal als nicht ganz alltäglicher Speisefisch wohl bekannt. Zu den Fischnamen im portugiesischen Märchen vgl. Anm. zu Nr. 8, zum weltweit verbreiteten Motiv des Edelsteins, Ringes usw. im Bauch eines Fisches vgl. Nr. 63 sowie Braga, S. 38–40; zum Schuster vgl. Nr. 62, 96. Weitere Fassung: Cascudo, S. 122–26. – AT 736.

*91* Der Kohlenverkäufer (Vasconcellos, Bd. 2, Nr. 343, Estremadura). Zum Motiv der Aussetzung in der Wildnis bzw. der Tötung eines Tieres statt des befohlenen Menschenmords und des herausgeschnittenen Organs als Beweisstück vgl. außer dem Grimmschen «Schneewittchen» portugiesische Varianten dazu bei Barbosa, Bd. 20, Nr. 20; Coelho I, Nr. 35; Coelho II, Nr. 20; Pedroso, Nr. 1 sowie Braga, S. 38–40 u. 44f.; Coelho I, Nr. 60. Ein dem Grimmschen «Schneewittchen» bis in Einzelheiten nahestehendes

Stück findet sich unter dem auch für Übersetzungen des Grimmschen Märchens in Portugal üblichen Titel «Branca de Neve» bei Oliveira, Bd. 2, Nr. 282 (im Titel irrtümlich «Branca *da* Neve»). – AT 883 A.

***92*** Die Betschwestern (Braga, S. 93 f., São Miguel, Azoren). Andere Fassung: Coelho I, Nr. 61. Eine andere Ausgestaltung des Themas der vorgeblich tugendhaften Frau bei Barbosa, Bd. 22, Nr. 29, wo ein dicker Klosterbruder der heimliche Besucher ist.

***93*** Die Ohren des Herrn Pfarrers (Braga, S. 240, São Miguel, Azoren). Vgl. Anm. zu Nr. 18 sowie Nr. 36. Eine galicische Fassung: Contos Lugo, Nr. 40; eine weitere, obszöne: Carré, Nr. 261. – AT 1741.

***94*** Der kleine Vogel Bisch-bisch (Gonçalves, Histórias, S. 23, Madeira). Der Bisch-bisch (port. «bisbis», Regulus madeirensis) ist der kleinste Vogel von Madeira und der einzige, der nur dort anzutreffen ist. Varianten unserer Geschichte und ein Bisch-bisch-Märchen bei Gonçalves, a. a. O., S. 23–24. Vom Rotkehlchen wird unsere Geschichte auch auf dem portugiesischen Festland und in Galicien erzählt, vgl. Vasconcellos, Bd. 1, Nr. 78, 86, 87, und Carré, Nr. 163. S. dort auch zur Idee vom Herabstürzen des Himmels, z. B. bei den Kelten (vgl. die Astérix-Geschichten). Sie kehrt in anderen portugiesischen Märchen wieder: Braga, S. 192 f.; Vasconcellos, Bd. 1, Nr. 77; in einem galicischen in Contos Lugo, Nr. 17.

***95*** Die Spinne und der Schnupfen (Maia, Ilha Terceira, S. 120 f., Ilha Terceira, Azoren, unveröffentlicht). – cf. AT 293 F*.

***96*** Des Schusters Gitarre (Gonçalves, Contos, S. 9, Madeira). Vgl. die Anm. zu Nr. 62. – AT 754.

***97*** Die Jungfrau Maria und die Sämänner (Gonçalves, Contos, S. 8, Madeira). Inhaltlich gleiche Fassung bei Pereira, Soajo, S. 229 f., ähnliche bei Vasconcellos, Bd. 2, Nr. 574, 578; mit weiteren Episoden ausgeschmückte bei Buescu, S. 164. Zum Thema der Flucht nach Ägypten vgl. noch Nr. 29 u. Anm.

***98*** Die sieben Städte (Mattos, S. 98 f., São Miguel, Azoren). Die Azoren als Reste einer wunderbaren Insel stellen einen Reflex der Atlantis-Sage dar, die auch sonst u. a. mit dieser Inselgruppe in Verbindung gebracht wird. Vgl. zu den «Sieben Städten» noch Vasconcellos, Bd. 2. «Lendas», Nr. 231.

***99*** Klärchen (Braga, S. 80–82, São Miguel, Azoren). Da in vielen Gegenden Portugals Gänse ziemlich selten, Enten dagegen sehr häufig sind, treten im portugiesischen Märchen beim Gänseliesel-Motiv in den Übersetzungen des entsprechenden Grimmschen Märchens meist Enten statt der Gänse auf. – AT 938 A.

***100*** Wie Blinde sehend werden (Braga, S. 247, Azoren). Im Titel schon steckt eine Anspielung auf die biblischen Berichte von Blindenheilungen (vor allem Matthäus 11,5), so wie das Mädchen scheinheilig den Baum mit einem Tragaltar für Heiligenfiguren (hier als Prozessionswagen deutschen Verhältnissen angepaßt) vergleicht, wodurch der heimliche Liebhaber zum «Heiligen» wird. Vgl. noch Anm. zu Nr. 32. Eine Fassung vom portugiesischen Festland bei Vasconcellos, Bd. 1, Nr. 133. – EM 1423 A.

***101*** Das verzauberte Mädchen (Mattos, S. 96–98, São Miguel, Azoren). Variante von Nr. 20. Zu den Feen vgl. Anm. zu Nr. 3. Wie meist auch in den Märchen vom portugiesischen Festland ist hier nicht von einem «Fisch», sondern von einem ganz bestimmten, dem Schriftbarsch (Serranus scriba, port. «garoupa») die Rede. Vgl. zu den Fischen die Anm. zu Nr. 8. Die Wäscherinnen am Bach oder Fluß stellen auch heute noch ein in Portugal alltägliches Bild dar. – AT 705.

***102*** Die Fische des Bruders Vorsteher (Braga, S. 194, São Miguel, Azoren). Zu den Klosterbrüdern im Märchen und im Schwank vgl. Nr. 5 u. 21. – AT 1567 C.

***103*** Maiskorn (Gonçalves, Contos, S. 10f., Madeira). Die Titelfigur entspricht dem Daumesdick bzw. Daumerling bei Grimm, dem Däumling bei Bechstein (zu letzterem vgl. auch Nr. 54). Andere Märchen mit einem winzig kleinen Helden: Braga, S. 191f. («Manuel Bohne» = Cascudo, S. 232–34); Coelho I, Nr. 33 («Maiskorn»); Vasconcellos, Bd. 1, Nr. 328 («Maiskorn»). – AT 700.

***104*** Der Schweinehirt (Braga, S. 169–71, São Miguel, Azoren). Vgl. Anm. zu Nr. 18, zum Motiv der Eingeweide Prieto, Nr. 53. – AT 1004 + AT 1563.

***105*** Die drei Ratschläge (Contos Lugo, Nr. 1). Vgl. Nr. 59. – AT 910.

***106*** Die Spiegeleier (Contos Lugo, Nr. 150). Weitere Fassungen: Carré, Nr. 34; Pires, S. 75–77; Prieto, Nr. 26; Vasconcellos, Bd. 1, Nr. 188f. Zum Motiv der Rückversicherung nach dem Motto «Auch der Teufel ist nicht übel» vgl. noch: Baptista, S. 218. Weitere Verianten des Themas der unausgebrüteten Eier: Braga, S. 224f.; Coelho I, Nr. 47; Neves, S. 232 (ebenfalls mit dem Teufel als Advokaten). Zum Thema der Gerichtsverhandlung vgl. Nr. 117. – AT 821 B.

*107* Der Schützling des heiligen Antonius (Contos Lugo, Nr. 87). Zur Rolle des Hl. Antonius im Volksglauben vor allem Portugals vgl. Anm. zu Nr. 63.

*108* Die Mahnungen des Todes (Contos Lugo, Nr. 4). Beispiel der aus der reichen mittelalterlichen und späteren Exempelliteratur überkommenen moralischen Erzählungen. Vgl. Nr. 12, 32, 34, 53, 79. Eine schwankhafte Geschichte, in der der Alte den Tod betrügen will, bei Carré Nr. 77; vgl. dort auch Nr. 78. – AT 335.

*109* Wer ist Herr im Hause? (Carré, Nr. 39). Vgl. Nr. 7 u. Anm. – AT 1375.

*110* Die Absicht genügt (Contos Lugo, Nr. 169). Zur Heimzahlung mit gleicher Münze im Zusammenhang mit der Beichte vgl. Neves, S. 210; zu weiteren Schwänken mit Geistlichen als Zentralfiguren Nr. 36 u. Anm. – AT 1804.

*111* Wie der Teufel dem Pächter half (Contos Lugo, Nr. 96). Vgl. Anm. zu Nr. 85. – Mot. S. 211 + cf. AT 810 A + AT 1175.

*112* Der dumme Hans (Prieto, Nr. 7). Weitere Fassungen des «Tischlein-deck-dich»-Themas: Barbosa, Bd. 23, Nr. 36; Braga, S. 120–22; Coelho I, Nr. 24; Coelho II, Nr. 7; vgl. auch Vasconcellos, Bd. 2, Nr. 573. – AT 563.

*113* Freude, Sauberkeit und Respekt (Contos Lugo, Nr. 2).

*114* Der Knecht, der den Bauern tanzen ließ (Prieto, Nr. 6). Weitere Fassungen dieser Parallele zum Grimmschen «Der Jude im Dorn»: Braga, S. 248 f.; Vasconcellos, Bd. 1, Nr. 150–52; vgl. auch Bd. 2, Nr. 573. – AT 592.

*115* Liebe unter Eheleuten (Contos Lugo, Nr. 37). Weitere Fassungen bei: Barbosa, Bd. 22, Nr. 28; Carré, Nr. 80, 81; Fonseca, S. 43; Prieto, Nr. 44. Zum Thema der Erprobung der angeblich besonders innigen ehelichen Liebe vgl. auch Barbosa, Bd. 20, Nr. 24; Braga, S. 156–58; Buescu, S. 181 f.; Prieto, Nr. 42. Siehe auch Anm. zu unserer Nr. 7. – AT 1354.

*116* «So Gott will» (Contos Lugo, Nr. 191). Andere Fassung: Carré, Nr. 68. «Se Dios quere» (port. «Se Deus quiser», span. «Si Dios quiere») ist eine auf der Iberischen Halbinsel und in Lateinamerika besonders geläufige Formel, mit der man die Aussagen über zukünftiges Geschehen, insbesondere über Zukunftspläne, vorsichtig einschränkt, z. T. sogar in abergläubischer Weise Unheil vorzubeugen glaubt (vgl. unsere «Unberufen, toi, toi!»). Américo Castro hat darin einen möglichen Nachklang islamischer und jüdischer Tradition vermutet, was durch das Fortleben des arabischen

«Wa scha llah!», «Und gebe Gott!» in Form von span. *ojalá*, port. *oxalá* (mit gleicher Bedeutung) gestützt wird. Vgl. Werner Beinhauer, *El español coloquial*. Madrid [2]1973, 135, Anm. 18. – AT 830 C.

*117* Ein guter Richter (Carré, Nr. 28). Eine portugiesische Variante: Coelho II, Nr. 3. Dem Hänfling scheint in dieser Geschichte eine ähnliche Bedeutung zuzukommen wie sie sonst, etwa in der römischen Wahrsagekunst der Antike, hauptsächlich Raben, Krähen usw., und meist nur unter bestimmten Umständen, als Vorboten eines Unglücks haben. Zum Thema der Gerichtsverhandlung vgl. Nr. 106. – AT 1534.

*118* Das Geheimnis (Contos Lugo, Nr. 53). Eine Fassung aus La Coruña, in der ein geiziger alter Junggeselle die Hauptperson ist, bei Carré, Nr. 40; eine völlig andere über das gleiche Thema ebda., Nr. 27. Vgl. noch Nr. 7 u. Anm. – AT 1381 D.

*119* Der Tote als Gast beim Bankett seiner Freunde (Prieto, Nr. 17). Verwandte Fassungen bei Braga, S. 146f.; Cascudo, S. 199–201. Die Einladung des Toten zum Mahl und dessen Gegeneinladung knüpft möglicherweise an das Motiv des steinernen Gastes in den Literaturwerken über die Don-Juan-Geschichte an (vgl. Elisabeth Frenzel, *Stoffe der Weltliteratur*. Stuttgart [3](1970), s. v. «Don Juan»). Der Stoff erfreut sich in Spanien besonderer Beliebtheit infolge der regelmäßigen Aufführungen des romantischen *Don Juan Tenorio* (1844) von José Zorrilla. Vgl. auch die Anm. zu Nr. 16 des Bandes *Spanische Märchen*, Nr. 43 der *Provenzalischen Märchen* und Nr. 83 der *Brasilianischen Märchen* (alle MdW) sowie unsere Nr. 34. Eine Fassung der Geschichte vom steinernen Gast bei Braga, S. 213f. Vgl. auch Pereira, Nr. 2721. – AT 470.

*120* Der Müller und der Schankwirt in der Hölle (Contos Lugo, Nr. 204). Vgl. hier Carré, Nr. 59: «Der Müller und der heilige Petrus».

*121* Der Andalusier und der Galicier (Contos Lugo, Nr. 173). Vgl. Anm. zu Nr. 68. – AT 1960 D + F.

*122* Die Burgruine von Baran (Contos Lugo, Nr. 216). Bei dem Berg in dieser Sage handelt es sich um einen «castro», d. h. einen Berg mit Resten einer alten, oft vorgeschichtlichen Befestigung. Das Zauberbuch des Hl. Cyprian des Zauberers (zur Unterscheidung vom Hl. Cyprian von Karthago) ist ein im portugiesischen Sprachraum oft veröffentlichtes und vielgelesenes Werk, vgl. *O verdadeiro Grande Livro de S. Cipriano ou Tesouro do Feiticeiro* (Rio de Janeiro 1952), vor allem aber Vasconcellos, Bd. 2, «Lendas», Nr. 311. Weitere galicische Sagen: Carré, Lendas. – Mot. D 735.2.

***123*** Die Geschichte von Roland und den drei Näherinnen von Puxares (Contos Lugo, Nr. 227). Die Stoffe und Gestalten der karolingischen Tradition – so Roland – leben in der spanisch-portugiesischen Literatur (mittelalterliche Epik, Romanzen, moderne Groschenheftchen) und in der volkstümlichen Sage in vielfältiger Form weiter. Im vorliegenden Fall ein kurioser patriotischer Akzent gegen den «Franzosen Roland», der das Klischeebild vom frivolen Franzosen verkörpert. Eine andere Rolandgeschichte bei Vasconcellos, Bd. 2, «Lendas», Nr. 165. Zum Rolandstoff in Brasilien (unter anderem als Bänkelliedstoff, vgl. Anm. zu Nr. 18) vgl. Cascudo 1969, S. 25–27 und die in Anm. zu Nr. 18 genannten Bände *Literatura popular em verso*, Kat. Nr. 141 u. 295, Anth., S. 303–21.

# *Typenregister*

Fettgedruckte Zahlen bezeichnen AT- und Motif-Index-Nummern,
Zahlen in Normaldruck bezeichnen
die Textnummern in der vorliegenden Sammlung.

# *Inhalt*

## **Portugiesisches Festland**

## *Madeira und die Azoren*



## *Galicien*